U0540597

涉人工智能犯罪刑法规制问题研究

房慧颖 著

法律出版社
北京

图书在版编目（CIP）数据

涉人工智能犯罪刑法规制问题研究／房慧颖著.
北京：法律出版社，2025. -- （华东政法大学70周年校庆文丛）. -- ISBN 978-7-5197-9626-6

Ⅰ. D914.399.04

中国国家版本馆CIP数据核字第2024MC5056号

涉人工智能犯罪刑法规制问题研究
SHE RENGONG ZHINENG FANZUI XINGFA GUIZHI WENTI YANJIU

房慧颖 著

策划编辑 沈小英
责任编辑 沈小英 李晶晶
装帧设计 李 瞻

出版发行 法律出版社	开本 710毫米×1000毫米 1/16
编辑统筹 法治与经济出版分社	印张 13.75　字数 201千
责任校对 王语童　张翼羽	版本 2025年7月第1版
责任印制 吕亚莉	印次 2025年7月第1次印刷
经　　销 新华书店	印刷 北京中科印刷有限公司

地址：北京市丰台区莲花池西里7号（100073）
网址：www.lawpress.com.cn
投稿邮箱：info@lawpress.com.cn
举报盗版邮箱：jbwq@lawpress.com.cn
版权所有·侵权必究

销售电话：010-83938349
客服电话：010-83938350
咨询电话：010-63939796

书　号：ISBN 978-7-5197-9626-6　　　　定价：88.00元

凡购买本社图书，如有印装错误，我社负责退换。电话：010-83938349

谨以此书献给华东政法大学70周年华诞!

《华东政法大学70周年校庆文丛》编委会

主　任

郭为禄　叶　青　何勤华

副主任

张明军　王　迁

委　员

（以姓氏笔画为序）

马长山　朱应平　刘　伟　刘宪权　孙万怀
杜　涛　杜志淳　李　峰　李秀清　杨忠孝
肖国兴　何益忠　冷　静　沈福俊　张　栋
陆宇峰　陈金钊　陈晶莹　范玉吉　林燕萍
金可可　屈文生　胡玉鸿　贺小勇　徐家林
高　汉　高奇琦　高富平　唐　波

以心血和智慧服务法治中国建设

——华东政法大学 70 周年校庆文丛总序

华东政法大学成立 70 周年了！70 年来，我国社会主义法治建设取得一系列伟大成就；华政 70 年，缘法而行、尚法而为，秉承着"笃行致知，明德崇法"的校训精神，与共和国法治同频共振、与改革开放辉煌同行，用心血和智慧服务共和国法治建设。

执政兴国，离不开法治支撑；社会发展，离不开法治护航。习近平总书记强调，"没有正确的法治理论引领，就不可能有正确的法治实践。高校作为法治人才培养的第一阵地，要充分利用学科齐全、人才密集的优势，加强法治及其相关领域基础性问题的研究，对复杂现实进行深入分析、作出科学总结，提炼规律性认识，为完善中国特色社会主义法治体系、建设社会主义法治国家提供理论支撑"。

厚积薄发七十载，华政坚定承担起培养法治人才、创新学术价值、服务经济社会发展的重要职责，为构建具有中国特色的法学学科体系、学术体系、话语体系,推进国家治理体系和治理能力现代化提供学理支撑、智力支持和人才保障。砥砺前行新时代,华政坚定扎根中国大地,发挥学科专业独特优势,向世界讲好"中国之治"背后的法治故事,推进中国特色法治文明与世界优秀法治文明成果交流互鉴。

"宛如初升的太阳,闪耀着绮丽的光芒"——1952年11月15日,华东政法学院成立之日,魏文伯院长深情赋诗,"在这美好的园地上,让我们做一个善良的园工,勤劳地耕作培养,用美满的收获来酬答人民的期望"。1956年6月,以"创造性地提出我们的政治和法律科学上的成就"为创刊词,第一本法学专业理论性刊物——《华东政法学报》创刊,并以独到的思想观点和理论功力,成为当时中国法学研究领域最重要的刊物之一。1957年2月,更名为"法学",坚持"解放思想、不断进步"的治学宗旨,紧贴时代发展脉搏、跟踪社会发展前沿、及时回应热点难点问题,不断提升法学研究在我国政治体制改革中的贡献度,发表了一大批高水平的作品。对我国立法、执法和司法实践形成了重要理论支持,在学术界乃至全社会产生了巨大影响。

1978年12月,党的十一届三中全会确定了社会主义法制建设基本方针,法学教育、法学研究重新启航。1979年3月,华东政法学院复校。华政人勇立改革开放的潮头,积极投身到社会主义法制建设的伟大实践中。围绕"八二宪法"制定修订、土地出租问题等积极建言献策;为确立社会主义市场经济体制、加入世界贸易组织等提供重要理论支撑;第一位走入中南海讲课的法学家,第一位世界贸易组织争端解决机构专家组中国成员,联合国预防犯罪和控制犯罪委员会委员等,都闪耀着华政人的身影。

进入新世纪,在老一辈华政学人奠定的深厚基础上,新一代华政人砥砺深耕,传承中华优秀传统法律文化,积极借鉴国外法治有益成果,为中国特色社会主义法治建设贡献智慧。16卷本《法律文明史》陆续问世,推动了中华优秀传统法律文化在新时代的创造性转化和创新性发展,在中国人民代表大会制度、互联网法治理论、社会治理法治化、自贸区法治建设,以及公共管理、新闻传播学等领域持续发力,华政的学术影响力、社会影响力持续提升。

党的十八大以来,学校坚持以习近平新时代中国特色社会主义思想为指导,全面贯彻党的教育方针,落实立德树人根本任务,推进习近平法治思想的学习研究宣传阐释,抓住上海市高水平地方高校建设契机,强化"法科一流、多科融合"办学格局,提升对国家和上海发展战略的服务能级和贡献水平。在理论法学和实践法学等方面形成了一批"立足中国经验,构建中国理论,形成中国学派"的原创性、引领性成果,为全面推进依法治国,建设社会主义法治国家贡献华政智慧。

建校70周年,是华政在"十四五"时期全面推进一流政法大学建设,对接国家重大战略,助力经济社会高质量发展的历史新起点。今年,学校将以"勇担时代使命、繁荣法治文化"为主题举办"学术校庆"系列活动,出版"校庆文丛"即是其重要组成部分。学校将携手商务印书馆、法律出版社、上海人民出版社、北京大学出版社等,出版70余部著作。这些著作包括法学、政治学、经济学、新闻学、管理学、文学等多学科的高质量科研成果,有的深入发掘中国传统法治文化、当代法学基础理论,有的创新开拓国家安全法学、人工智能法学、教育法治等前沿交叉领域,有的全面关注"人类命运共同体",有的重点聚焦青少年、老年人、城市外来人口等特殊群体。

这些著作记录了几代华政人的心路历程,既是总结华政70年来的学术成就、展示华政"创新、务实、开放"的学术文化;也是激励更多后学以更高政治站位、更强政治自觉、更大实务作为,服务国家发展大局;更是展现华政这所大学应有的胸怀、气度、眼界和格局。我们串珠成链,把一颗颗学术成果,汇编成一部华政70年的学术鸿篇巨作,讲述华政自己的"一千零一夜学术故事",更富特色地打造社会主义法治文化引领、传承、发展的思想智库、育人平台和传播高地,更高水准地持续服务国家治理体系和治理能力现代化进程,更加鲜明地展现一流政法大学在服务国际一流大都市发展、服务长三角一体化、服务法治中国建设过程中的新作为、新担当、新气象,向学校70年筚路蓝缕的风雨征程献礼,向所有关心支持华政发展的广大师生、校友和关心学校发展的社会贤达致敬!

七秩薪传,续谱新篇。70年来,华政人矢志不渝地捍卫法治精神,无怨无悔地厚植家国情怀,在共和国法治历史长卷中留下了浓墨重彩。值此校庆之际,诚祝华政在建设一流政法大学的进程中,在建设法治中国、实现中华民族伟大复兴中国梦的征途中,乘风而上,再谱新章!

郭为禄

叶　青

2022年5月4日

前　言

　　根据智能机器人的"智能"程度,我们可以将人工智能时代划分为三个阶段——普通智能机器人时代、弱人工智能时代和强人工智能时代。普通智能机器人、弱智能机器人和强智能机器人都可以在一定程度上实现对人类大脑功能的替代。其中,普通智能机器人与弱智能机器人的区别在于是否具有深度学习能力;弱智能机器人与强智能机器人的区别在于是否具有独立的辨认能力和控制能力,即能否在自主意识和意志的支配下实施行为。简言之,从普通智能机器人到弱智能机器人再到强智能机器人的"进化"史,其实就是一部机器人的辨认能力与控制能力逐渐增强的历史,是机器人中"机器"的因素逐渐减少而"人"的因素逐渐增多的历史,是机器人从"机器"向"类人"乃至"超人"进化的历史,也是机器的"智能"逐渐增强并对自己的行为达到自控的历史。随着智能机器人的不断进化,人与智能机器人在对"行为"的控制与决定能力上存在此消彼长的关系。

　　人工智能技术的发展经历了普通智能机器人时代,

正处于弱人工智能时代,并终将迎来强人工智能时代。正如霍金所言,"我们站在一个美丽新世界的入口,而这是一个令人兴奋的、同时充满了不确定性的世界"。人工智能技术在促进经济发展、提高人民生活水平、为人类社会带来种种"惊喜"的同时,也会引发诸多风险和不确定性。因此,我们应未雨绸缪、积极布局,努力探索人工智能时代涉人工智能犯罪的刑法规制路径,防控人工智能时代的技术风险,发挥人工智能技术的最大价值,为社会的稳定健康发展出谋划策、为社会的和谐安全发展保驾护航,这是刑法及刑法学者在人工智能时代始终应当肩负的任务和使命。

根据内容布局,本书共分为五个部分。在第一部分即本书第一章,笔者系统阐述了智能机器人的属性(包括伦理属性和法律属性);在第二部分即本书的第二章,笔者提出了在人工智能时代我们所面临的刑事风险及挑战;在第三部分即本书的第三章,笔者分析了为解决人工智能时代的刑事风险及挑战,刑法及刑法学者应采取的立场与理念;在第四部分即本书的第四章,笔者阐述了应对人工智能时代挑战的理论和实践对策;在第五部分即本书的第五章和第六章,笔者系统阐述了在人工智能时代对犯罪论体系的省思和对刑罚论体系重构的设想。五个部分环环相扣、层层深入,从现象到本质,严格遵循了提出问题、分析问题、解决问题的基本逻辑思路。具体内容如下。

第一部分(第一章)是人工智能时代的伦理和法律问题,对智能机器人的伦理属性和法律属性进行了研究和阐述。

第一,关于智能机器人的伦理属性。在人工智能技术革新与大数据支持的背景下,机器人已经迈向高度智能化,能够独立自主地在人类事先设计和编制的程序范围内实施行为,且其自主性程度正在飞速提高。目前看来,智能机器人与自然人的差异在于其不具有人类生命,智能机器人与动物和普通机器的差异在于其能够在一定程度上替代人类大脑的功能。因而从伦理属性上可以将智能机器人定位为经程序设计和编制而成的"人工人"。智能机器人的主体地位正在逐步显现,可以预见的是,未来自然人与智能机器人的主从关系将慢慢淡化。我们应当正视这一社会伦理现象,考虑赋予其适当的主体资格与地位。

第二,关于智能机器人的法律属性。笔者认为,智能机器人具备法律人格的基础,将其作为法律主体对待不会对法律上"人"的概念产生根本冲击。随着时代的变革与理念的转变,法律上"人"的内涵与外延经历了不断的演进。因此,立法上赋予智能机器人法律人格与权利义务并非完全不可能,将智能机器人作为法律上的"人"似乎是契合时代潮流的,在世界范围内早已有国家或组织针对该议题进行研究或立法。

第二部分(第二章)是人工智能时代社会面临的刑事风险及挑战,对人工智能时代的刑事风险从不同维度进行了研究和阐述。人工智能技术在为人类带来福祉的同时,也为人类带来了诸多刑事风险,如危害国家安全和公共安全、侵犯公民人身权利和财产权利、破坏经济秩序和社会秩序等。从"纵向"来看,在普通智能机器人时代、弱人工智能时代和强人工智能时代,社会面临刑事风险的类型和大小会存在显著区别;从"横向"来看,在当今的弱人工智能时代,传统犯罪会发生"量变"和"质变"。

第一,从"纵向"来看,不同类型的智能机器人为人类社会带来的刑事风险存在本质区别。就普通智能机器人而言,其作为犯罪工具时,与一般工具无异;其作为犯罪对象时,可能会因自身的特性而影响犯罪的性质。就弱智能机器人而言,其仍然只能在人类设计和编制的程序范围内实施行为,其行为本质上是智能机器人的研发者或者使用者行为的延伸,实现的是研发者或使用者的意志,行为所产生的后果也应全部归责于研发者或使用者。对于其中的绝大部分刑事风险所涉及的犯罪行为,刑法及相关司法解释可以进行有效的规制。但是,我们也应看到,人工智能技术的井喷式发展和法律的滞后性也形成了不和谐的局面,"无法可依"的危害在某些领域已显露端倪。因此,应为弱智能机器人的研发者和使用者设定相应义务,并明晰二者的刑事责任承担路径。就强智能机器人而言,当其超出设计和编制的程序,在自主意识和意志的支配下实施行为时,其已经完全超出工具的范畴。因为此时的强智能机器人已具有独立的意识和意志,其行为不再是研发者或使用者行为的延伸,甚至从根本上违背研发者或使用者的目的,行为所产生的后果也不能当然地归责于研发者或使用者。在此状态下,强智能机器人完全可能在自主意识和意志的支配下独立作出决策并实施人类无法控制的严重危害社会的行为。尽管现行刑法尚未有规制,但是在应然层面,应将其作为刑事责任主体,并针对其特点设立特殊的刑罚处罚方式。

第二,从"横向"来看,人工智能时代传统犯罪的危害可能会发生"量变"和"质变"。其一,可能使部分传统犯罪的危害发生"量变"。一方面,从犯罪危害的"广度"而言,人工智能技术可能使犯罪行为的危害覆盖面积更"广";另一方面,从犯罪危害的"深度"而言,人工智能技术可以使产品全面智能化,也可以使犯罪工具以及犯罪手段更智能,由此犯罪行为所造成的社会危害可能更"深"。其二,可能使传统犯罪的危害发生"质变"。一方面,人工智能技术的应用可能会导致新的犯罪形式产生;另一方面,智能机器人可能因为种种因素脱离人类控制,进而独立实施严重危害社会的犯罪行为。

第三部分(第三章)是人工智能时代应秉持的刑法立场与理念,对刑法规制涉人工智能犯罪的正当性与适当性以及在人工智能时代应秉持的刑法理念进行了研究与阐述。

第一,关于人工智能时代应秉持的刑法理念。现有的刑法规定难以妥善解决人工智能时代层出不穷的新问题。为了更好地发挥刑法的保护机能,促进人工智能技术的健康发展和社会的稳定繁荣,我们需要树立前瞻性的刑法理念,建立和完善适应人工智能时代要求的刑事立法和司法体系。前瞻性的刑法理念不同于缺乏可靠科学依据的科幻小说,不等同于盲目扩大犯罪圈,也不会导致刑罚的泛化使用。前瞻性的刑法理念可以为涉人工智能犯罪的刑法规制预留必要的解释空间和缓冲空间,避免刑法的修改过于频繁,使刑法规定既能应对当前风险,又能适应未来发展,从而增强和延长刑法条文之生命力。

第二,关于刑法规制涉人工智能犯罪的正当性与适当性。面对人工智能技术的发展所可能带来的风险,刑法应当及时介入,为社会稳定安全发展保驾护航,这是刑法规制涉人工智能犯罪的正当性所在。同时,刑法不应将人工智能技术视为"洪水猛兽",禁止或阻碍其发展,也不应成为人工智能技术发展的"绊脚石",这是刑法规制涉人工智能犯罪的适当性要求。

第四部分(第四章)是应对人工智能时代挑战的理论和实践对策,对涉人工智能犯罪刑法规制的路径进行了研究与阐述。针对人工智能时代社会面临的"纵向"和"横向"的刑事风险,分别确定不同的涉人工智能犯罪的刑法规制路径。

第一,从"纵向"来看,对于人工智能时代不同阶段的刑事风险,应采取不同的刑法规制策略。在认定涉普通智能机器人犯罪的刑事责任时,须明确其与传统工具的不同,即人的意志通过程序在普通智能机器人身上得以体现,普通智能机器人所体现的意志就是人的意志,因此普通智能机器人可以成为诈骗类犯罪的对象。对于弱智能机器人来说,一方面,要为其研发者和使用者设立相应的风险防范义务,相关人员违反了相应的法律规范并对社会造成严重危害的,可以追究其刑事责任;另一方面,在将弱智能机器人当成犯罪工具,利用其进行犯罪的情况下,如果其研发者与使用者并非同一人,且两者之间没有通谋,需要细分不同情况来明晰两者之间的刑事责任分担方式。对于强智能机器人来说,将在设计和编制的程序范围外实施行为的强智能机器人作为行为主体与社会成员来看待,对其实施的严重危害社会的行为予以刑罚处罚,是强人工智能时代规制强智能机器人行为的必由之路。同时,共同犯罪的形式和具体构成也完全可能有不同的表现形式,强智能机器人不能和研发者成立共同犯罪,但其和使用者之间或者强智能机器人之间完全有可能构成共同犯罪。

第二,从"横向"来看,对于人工智能时代不同类型的犯罪应采取不同的刑法规制策略。根据现行刑法对涉人工智能犯罪的规制能力的规定,我们可以将涉人工智能犯罪划分为现行刑法规定能够规制的涉人工智能犯罪、现行刑法规定规制不足的涉人工智能犯罪和现行刑法规定无法规制的涉人工智能犯罪三种类型。其一,针对现行刑法规定能够规制的涉人工智能犯罪,可能会存在规定过于模糊的问题,需要完善相关司法解释,从而对此类犯罪予以全面、准确评价。其二,针对现行刑法规定规制不足的涉人工智能犯罪,需要调整相关犯罪的构成要件,将更新之后的行为方式纳入刑法条文的调整范围。其三,针对现行刑法规定无法规制的涉人工智能犯罪,需要设立新的罪名加以规制。根据研发者或使用者故意或者过失犯罪的不同情况,分别增设滥用人工智能产品罪和人工智能产品事故罪。

第五部分(第五章和第六章)是人工智能时代刑法理论的重构,包括人工智能时代刑法中犯罪论体系的省思和刑罚论体系的重构。

第一,关于人工智能时代犯罪论体系的省思。针对人工智能时代的犯罪理论难题,应对现有犯罪理论进行省思和重构。首先,关于强智能机器人的刑事责任主体资格难题。对具有自主意识和意志的强智能机器人能否成为刑事责任主体,学界存在肯定说与否定说两种截然相反的观点。智能机器人已经完全不同于冷兵器时代的刀枪剑戟、热兵器时代的枪支大炮。即使是弱智能机器人,也有可能在某些情况下失控。在这样的背景下,如果我们仍然坚持智能机器人只具有工具属性,即使在其完全脱离人类控制时,也只能将其作为普通工具对待,显然有些不合时宜、不切实际。既然强智能机器人可能在自主意识和意志的支配下实施行为,就应该用刑法理论重新"审视"其本质,如果其具备刑事责任主体相关的各种必备要件,就应赋予其刑事责任主体的地位。应当看到,"智能"只有自然人才具有,其他任何动物和物品均不具有"智能",智能机器人与一般机器的区别就在于其具有自然人才具有的"智能",即人工智能实际上就是自然人创造了只有自然人才具有的"智能"。而建立在"智能"基础之上的"自由意志"又决定了智能机器人独立的辨认能力和控制能力的存在,那么智能机器人的"智能"一旦全面达到甚至超过自然人的智能,其具有自由意志似乎就是一个不言而喻的结论。强智能机器人具有自由意志,也就具有了独立的辨认能力和控制能力,应当被认定为刑事责任主体。其次,关于涉人工智能犯罪中研发者主观罪过的认定难题。由于弱智能机器人和强智能机器人可能在设计和编制的程序范围内或者范围外发挥自主性,在介入使用者使用行为这个中间环节的情况下,对于其造成的严重危害社会的结果,应当如何判定研发者的主观罪过？这一问题值得探讨。认定涉人工智能犯罪中研发者的主观罪过,包含两方面的内容：一是认定在涉人工智能犯罪中研发者有无罪过；二是认定在涉人工智能犯罪中研发者有何种罪过。前一方面的主要作用,是防止不当处罚智能机器人的研发者进而阻碍人工智能技术的发展；后一方面的主要作用,是防止研发者故意将智能机器人作为代替其实施犯罪行为的工具或者过失导致智能机器人造成严重危害社会的结果,从而降低人工智能技术可能给社会带来的风险。准确认定涉人工智能犯罪中研发者的主观罪过,有利于贯彻罪刑相适应的刑法基本原则,避免重罪轻罚或轻罪重罚,有利于在促进人工智能技术发展和防范涉人工智能刑事风险二者之间寻找恰当的平衡点。当研发者设计了以实施犯罪行为为主要目的的智能机器人时,对于智能机器人造成的一切严重危害社会的结果,研发者的主观罪过应被认定为直接故意。当研发者设计了以实施非犯罪行为为主要目的的智能机器人时,对于智能机器人造成的严重危害社会的结果,若研发者违反了注意义务且有刑法明文规定,则其主观罪过应被认定为犯罪过失,且应根据智能机器人的"智能"程度来确定研发者犯罪过失的认定标准。当上述危害结果由普通智能机器人造成时,研发者的过失类型为直接过失；当上述危害结果由弱智能机器人造成时,应参考管理过失理论确定研发者犯罪过失的处理标准；当上述危害结果由强智能机器人造成时,应参考监督过失理论确定研发者犯罪过失的处理标准。最后,关于刑法中行为内涵的难题。在弱人工智能时代,弱智能机器人的能动性融入自然人行为之中；在强人工智能时代,强智能机器人自主实施行为,达到对行为过程的完全掌控。人工智能时代新场景中的"行为"对刑法中行为内涵的冲击主要体现在对智能机器人实施的行为是否符合刑法中行为的第一个条件(是否受人的意识支配)的考察和判断。如果将上述人工智能新场景中的行为纳入刑法中行为的范畴,会面临两点困境。其一,弱智能机器人在行为过程中能动性的融入是否会影响人的意识对行为支配力的评价?认定一行为属于刑法中行为的第一个条件是"受人的意识支配"。对"支配"的通常理解是,人的意识在行为过程中起到100%的影响和作用。但是当弱智能机器人的能动性融入行为过程中时,自然人对行为的影响和作用似乎就不再是100%了。其二,认定刑法中行为的第一个条件"受人的意识支配"是否必须将主体限定为"人",能否是拥有与人类似的意识的其他主体?如果将强智能机器人超出人类设计和编制的程序范围所实施的行为纳入刑法中行为的范畴,就意味着强智能机器人拥有了与实施刑法中行为的主体相同的资格。这就更是对传统刑法理论上刑法中行为内涵的冲击。应当看到,融入弱智能机器人能动性的行为仍属于在人的意识和意志支配下实施的行为;强智能机器人自主实施的行为与自然人在自主意识和意志支配下实施的行为都是行为主体自由意志的体现。以刑法中行为内涵的法理根基为判断依据,应将上述两种行为纳入刑法中行为的范畴,这是人工智能时代对刑法中行为内涵的应然拓展。

第二,关于人工智能时代刑罚体系的重构。在确定了强智能机器人具有刑事责任主体资格的基础上,当强智能机器人在设计和编制的程序范围外实施了严重危害社会的行为时,其理应受到刑罚处罚。我国现有刑罚体系由生命刑、自由刑、财产刑和权利刑四大类刑罚构成,刑罚处罚对象及方式均无法涵盖强智能机器人。重构我国刑罚体系并将强智能机器人纳入刑罚处罚的范围不仅符合刑罚的目的,也符合人工智能时代发展的需要且并未违背基本法理。建议增设能够适用于强智能机器人的删除数据、修改程序、永久销毁等刑罚处罚方式,并在条件成熟时增设适用于强智能机器人的财产刑或者权利刑等刑罚处罚方式。将强智能机器人纳入刑罚处罚的范围,本质上是对强智能机器人社会成员资格的承认,这是由其参与人类生产生活的程度、所处的经济社会地位所决定的。

"凡事预则立,不预则废",面对人工智能时代刑事责任方面的"时代之问",刑法学者不能袖手旁观、漠不关心,刑事立法、刑事司法更不能无所作为,而应居安思危、未雨绸缪。刑事立法、刑事司法以至刑法学者都应关注并重视人工智能技术这样一块"巨石"在刑事领域掀起的"波澜",以免终有一天其演变为惊涛骇浪,到那时,我们可能会措手不及。本书正视人工智能技术带来的刑事风险以及对现有刑法体系的冲击,并针对普通智能机器人时代、弱人工智能时代、强人工智能时代不同阶段的特征,深入挖掘、研究刑法的理论,并展开深度的思考。

目录

第一章 人工智能时代的伦理和法律问题 /1

第一节 智能机器人的伦理属性 /3

一、智能机器人与自然人的关系 /3

二、智能机器人道德应被赋予和认可 /5

第二节 智能机器人的法律属性 /8

一、智能机器人的特性 /9

二、智能机器人的法律地位 /13

第二章 人工智能时代的刑事风险 /16

第一节 人工智能时代不同阶段的刑事风险 /17

一、普通智能机器人时代的刑事风险 /17

二、弱人工智能时代的刑事风险 /20

三、强人工智能时代的刑事风险 /29

第二节 人工智能时代传统犯罪的"量变"和"质变" /37

一、人工智能时代传统犯罪的"量变" /38

二、人工智能时代传统犯罪的"质变" /39

第三章　人工智能时代刑法的立场与理念 /43

第一节　人工智能时代应秉持前瞻性的刑法理念 /44

一、人工智能时代需要革新刑法理念 /44

二、前瞻性刑法理念与相应误区辨析 /48

第二节　刑法规制涉人工智能犯罪的正当性与适当性 /51

一、刑法规制涉人工智能犯罪的正当性 /51

二、刑法规制涉人工智能犯罪的适当性 /55

第四章　涉人工智能犯罪刑法规制的路径 /62

第一节　人工智能时代不同阶段刑事风险的刑法规制 /62

一、人工智能时代不同阶段刑事责任类型划分 /63

二、普通智能机器人时代的刑事责任认定 /66

三、弱人工智能时代的刑事责任认定 /67

四、强人工智能时代的刑事责任认定 /80

第二节　人工智能时代不同类型犯罪的刑法规制 /98

一、涉人工智能犯罪的类型划分 /99

二、刑法规制不同类型涉人工智能犯罪的路径 /104

第五章　人工智能时代刑法中犯罪论体系的省思 /115

第一节　强智能机器人刑事责任主体地位的认定 /116

一、问题的缘起 /116

二、准确认定智能机器人刑事责任主体地位的重要性 /117

三、强智能机器人与其他刑事责任主体没有本质差异 /120

四、强智能机器人可能接受的刑罚处罚 /129

五、确立强智能机器人刑事责任主体地位不会违背罪责自负原则 /132

第二节　涉人工智能犯罪中行为人主观罪过的认定 /134

一、问题的缘起 /135

二、准确判定涉人工智能犯罪中研发者主观罪过的重要性 /137

三、涉人工智能犯罪中研发者犯罪故意的认定/140

　　四、涉人工智能犯罪中研发者犯罪过失的认定/144

第三节　人工智能时代刑法中的行为含义新解/153

　　一、问题的缘起/153

　　二、准确确定人工智能时代刑法中行为含义的重要性/156

　　三、刑法中行为含义的法理根基/161

　　四、人工智能时代刑法中行为的应有之义/165

第六章　人工智能时代刑法中刑罚论体系的重构/171

第一节　人工智能时代我国刑罚体系重构的必要性/172

　　一、强智能机器人犯罪应受刑罚处罚的原因/172

　　二、人工智能时代我国现行刑罚体系的局限性/175

第二节　人工智能时代我国刑罚体系重构的可行性/179

　　一、能够实现刑罚的功能/179

　　二、能够实现刑罚的目的/180

　　三、符合刑事立法规律/182

第三节　人工智能时代我国刑罚体系重构的设想/184

　　一、具体刑罚体系设计应坚持的原则/184

　　二、具体刑罚体系设计构想/186

参考文献/193

第一章　人工智能时代的伦理和法律问题

伴随大数据技术与人工智能技术的深度发展,智能机器人替代人类的程度越来越高,在越来越多的领域发挥重要作用。例如,在抢险救灾、交通运输、医疗救治等诸多领域,都已有可与人类通力合作以完成相应任务的智能机器人。再如,在知识产权领域,智能机器人能够创作出难以和人类作品严格区分开来的艺术成果。考虑人工智能现阶段发展水平以及在未来的发展方向,笔者认为,下述问题应该在理论上得到解答:智能机器人和人的本质区别为何?在法律地位方面,智能机器人和人之间有没有难以逾越的鸿沟?在法律主体方面,智能机器人应否具备法律人格,并进而作为法律主体?智能机器人完全具备实施严重危害社会的行为的能力,在人工智能时代,以"人"为中心构建的刑事法律体系有没有"过时",其是否应依据人工智能时代出现的新问题、新情况而作出及时的更新?如果答案是肯定的,现行的刑事法律体系应该在哪些方面作出调整和更新?

上述笔者提到的不单纯是法律问题,其同时也涉及伦理问题。在哲学领域,法律和伦理的关系是一个重要命题,这是康德哲学观的重要内容。简言之,一方面,伦理与法律是互相独立的社会规范,伦理是内化于人心的约束,法律是外化于社会的秩序;另一方面,伦理与法律内外相辅、和谐共生、刚柔并济地共同调整着社会秩序。2017年,国务院《新一代人工智能发展规划》将伦理规范与法律法规并列,与政策体系一起,成为国家在人工智能时代完善社会治理的重要战略目标。由此可见,社会生产力的发展水平是社会规范(法律与伦理)的发生基础。法律与伦理都源自实际的社会生活并且需要适应社会生活。只有在存在社会的共同生活的地方,法律与伦理才有现实性。在来自共同的社会生活这一方面,法律和伦理并不存在矛盾。[①] 同时,伦理与法律对于社会的发展具有反作用力,合理的伦理与法律制度可以在一定程度上助推社会生产力的发展。概言之,与人工智能相关的伦理规范和法律制度等的现实来源和产生基础是人工智能技术的发展水平;同时,涉人工智能的伦理规范和法律制度的适时建立、完善,能够促进人工智能技术的规范发展,强化人工智能技术的安全保障并加速其发展。在人工智能技术发展的初期,法律制度的建立要以伦理为根基。首要解决人工智能引发的道德伦理问题,才能顺应民意,不与时代的发展要求相背离。因此,此时的伦理规范优先于政策法规。当人工智能时代随着人工智能技术的发展深化至一定程度时,相关的法律法规已逐渐体系化,伦理道德应退居其次,成为法律法规落实和推广的助力。在本章中,笔者将着重探讨人工智能时代的机器人伦理、道德,并探究智能机器人在法律中的地位,从而为后文中对智能机器人刑事责任的探讨奠定基础。

[①] 参见[日]川岛武宜:《现代化与法》,王志安等译,中国政法大学出版社1994年版,第10页。

第一节 智能机器人的伦理属性

"人工智能"这一概念,在1956年召开的达特茅斯会议上被首次提出。但是直至2012年,其才逐渐演变为一项影响人类社会并开启一个新时代的技术。人工智能技术与其他技术手段存在显著区别,其除了在各个方面影响、改变、提升人类的社会生活外,还显现出了前所未有的特征,即创造性、主体性等。例如,智能机器人在神经网络技术的加持下,基于其深度学习能力,可以创作出"作品",且其创作的"作品"与自然人创作的作品难分伯仲;再如,某些国家赋予智能机器人公民的身份,承认其在法律上的主体地位。上述现象在令世人惊叹的同时,也促使人们重新认识人与机器人之间的关系。在人工智能时代,仍然将机器人完全等同于工具是否太过片面?伴随人工智能技术的发展和人类与智能机器人关系的渐变,有关伦理道德和法律制度是否应重新"洗牌"?这不是学者天马行空的幻想,而是在人工智能时代,我们不得不面对的社会科学重大命题。法律制度的演进、更新不能脱离伦理与价值取向的基础。对机器人伦理的探讨是构建和完善人工智能时代相关法律规范的重要前提和支撑。而我们思考和探讨机器人伦理,应着眼于防控人工智能技术在发展和应用过程中可能出现的风险,并努力引领人工智能技术朝着有序、健康、安全的方向发展。因此,对机器人伦理的探讨应坚持前瞻性的思维方式,不拘泥于人工智能技术发展的现状,科学判断人工智能技术的发展前景,并针对其中蕴含的风险和挑战,提出相应对策。

一、智能机器人与自然人的关系

机器人的社会关系包含两个方面的内容:一是智能机器人之间的关系,二是智能机器人和自然人之间的关系。其中,最为重要的当属后者。应当看到,智能机器人和自然人之间的关系会随着技术的发展和社会环境的改变而逐渐发生变化。这种变化体现最明显之处即为在法律体系与伦理体系中,智能机器人所处地位的演变。对智能机器人的伦理地位进行思索,正在逐渐成为人类必须面对的价值基点。智能机器人被用加引号的"他"字来形容更妥恰,而不应被形容为"它",也不应直接用不加引号的"他"字来形容,事实上,智能机器人更像是一种在"他"和"它"两者之间的"准他者"。用加引号的"他"来形容智能机器人,意味着人类应当承认其内在价值与独立伦理地位,只有如此,人类方能与智能机器人和平共处,才能在人机结合的发展进程中形成妥适的伦理规范。智能机器人逐渐增强的创造性和主体性使机器人的伦理地位成为一个不可回避的问题。在漫长的历史时期中,协助人类进行生产生活的一切事物都是人类的工具,这是人们根深蒂固的观念。但在人工智能时代,智能机器人能够在某些方面与人类相媲美甚至表现出更强的能力。智能机器人的主体地位不再被认为是天方夜谭的问题,而成为一个值得探讨的伦理和法律问题。至此,许多人对人工智能技术的发展保持复杂而矛盾的态度。一方面,人类热切盼望技术发展可以使机器人全方面替代其工作,使其可以去追寻更高层次的需求;另一方面,人类对智能机器人脱离其控制的恐慌更严重,希望将人工智能技术的发展控制在一定范围内。上述复杂且矛盾的心理态度从侧面揭示了人工智能技术可能会为人类社会带来的福祉与风险。回顾机器人技术的发展史,我们可以发现,以往的机器人(并非智能机器人)本质上是机械自动化技术的产物,可以替代人类的身体从事相应劳动,但无法替代人类大脑的功能,其被视为人类的工具是无可厚非的。然而,随着大数据技术和人工智能技术的发展,以往的机器人技术获得了突飞猛进的发展,朝着高度智能化迈进。高度智能化了的机器人即智能机器人。智能机器人不仅能够替代人类的身体从事劳动,而且能够在一定程度上替代人类的大脑实施相应行为。此时,智能机器人和人类之间的关系也会发生相应的变化。依此趋势,未来,智能机器人和自然人之间的主从关系将会逐渐向平等关系演变。智能机器人和自然人之间的沟通将逐渐从人类对工具的利用演变为两个主体之间的互动和交流。肇始于图灵测试,运算速度不再是人工智能技术发展所追寻的唯一目标,"情感计算"也成了其重要目标和方向。图灵测试即对智能机器人模仿人类进行对话能力的测试,其昭示着人类渴望跟智能机器人进行沟通和交流,并希望其能够最大限度地满足人类的心理与情感需求,而非仅仅完成作为工具的使命(协助或替代人类完成相应的工作任务)。上述需求反映并引领了人工智能技术的发展方向。具备情感运算能力、可以和人类进行沟通交流的智能机器人诞生(如菲比小精灵、帕罗机器人海豹等),成为某些人的"陪伴宠物",帮助人类抒发情感、排解寂寞。以帕罗机器人海豹为例,其在 2010 年 11 月 7 日获得"户籍",而在户口簿上,其发明人的身份是父亲。可能会有人认为,智能机器人与人类的情感并不真实,只是基于人类漫无意义的主观臆想。但日本京都大学与丰桥技术科学大学的一项研究成果表明,从神经生理学角度来看,人类可以与智能机器人产生情感共鸣。[①] 在社会伦理方面,我们不应断然否认智能机器人可能会具有主体地位的趋势,而应正视技术发展水平,考虑在适当的时机赋予智能机器人适当的法律地位,并以此为基础完善相关的法律体系和法律制度。

当然,我们也不应否认,智能机器人很难也不应获得与自然人同等的主体地位。以霍金为代表的科学家曾多次警告人类,人工智能技术若不受控制,可能会威胁人类生存和发展的根本利益。为了更好地保护人类、维护人类的根本利益,智能机器人的主体地位应在一定程度上受到限制,主要表现为,人类和机器人在任何时候产生利益冲突,都应优先确保人类利益。

二、智能机器人道德应被赋予和认可

智能机器人在实施行为之前需要首先判断自己的行为是否正当,我们

[①] 参见房慧颖:《人工智能犯罪刑事责任归属与认定的教义学展开》,载《山东社会科学》2022 年第 4 期。

将智能机器人判断自己所实施的行为正当与否的标准称为机器人道德。机器人道德对于智能机器人而言必不可少,是智能机器人参与并融入社会生活的最低要求。众所周知,道德并非人与生俱来的,而是通过后天的教育和培养而逐渐形成的。这也就意味着,道德并不一定专属于自然人。我们利用智能机器人的深度学习能力,对其进行"教育"和"培养",同样可以帮助其形成道德观念。可能会有人认为,目前的智能机器人尚不具有道德意识,甚至绝大多数智能机器人还没有情感,更何谈道德,因此机器人道德本身就是一个伪命题。笔者不同意此观点。就目前而言,智能机器人确实仍不具有道德意识,但以此并不能推断出将来的智能机器人也不具有道德意识。尽管从当前的技术手段来看,将道德意识"加载"到智能机器人身上尚存在诸多技术困境,但这些技术困境并非不可突破。同时,将道德意识"加载"于智能机器人具有其必要性。例如,当智能机器人被应用于战争场景时,具有极强杀伤力和破坏性的军用智能机器人如何明了,平民和投降者不应被杀害或伤害;在恐怖分子劫持人质,而击毙恐怖分子的同时可能会伤害人质的情况下,接受了击毙恐怖分子指令的智能机器人如何在完成任务和不能伤害人质之间进行权衡?又如,被用于医疗场景的智能机器人在面对病人因感染而须被截肢的情况时,如何区分"伤害"和"治疗"?再如,面对人类长久都无法解决的"洞穴奇案""电车难题"等伦理难题,智能机器人又应作出怎样的选择?如果将"电车难题"中的电车假设为自动驾驶的电车,面对一条轨道上的5个人和另一条轨道上的1个人,自动驾驶的电车应该驶向何方?显然,这是一个没有正确答案的问题,否则也不会长久地困扰着人类,成为人类面临的伦理困境。但是,在为自动驾驶的电车编制和设计程序时,这却是一个必须正视的问题。如果对此问题采取回避态度,就等同将人类的命运交到了智能机器人手上,而让智能机器人决定某个人或某些人生存还是死亡,这是不是更严重的不道德?当然,当智能机器人越来越广泛、深入地影响社会生活时,上述伦理困境只不过是冰山一角,可能面临的道德问题将会数不胜数。应当看到,当智能机器人的自主性越来越高时,用道德规范智能机器人行为的需求就会越来越强烈。智能机器人的自主性、创造性是一把"双刃剑",其在促进生产力的提升、方便人们生活的同时,也完全可能引发系统性的风险——在人工智能发展、应用过程中,出于各种原因(技术故障或其他外力等)而对个人或国家社会造成损害。将道德意识通过程序"加载"于智能机器人可能会成为防范系统性风险发生的不可或缺的方式。

将道德意识通过程序"加载"到智能机器人身上,意味着承认机器人道德拥有者是机器人本身而非使用者、研发者等。有人提出,决定机器人道德的是软件或者程序,但从更深层次理解,却是使用智能机器人的人,所以在程序设定上体现出道德力量,应当是必要且关键的。[①] 也就是说,机器人道德的主体应是其使用者或研发者。笔者不同意此观点。不同于传统意义上的工具,智能机器人具有相当程度的自主性和创造性,也就完全有可能作为道德的主体。当然,不可否认,这种道德是通过人类编制或设计的程序赋予的"人工道德"。事实上,"人工道德"的概念并非无稽之谈,而其已在伦理学、哲学、计算机等领域被广泛接受。例如,为了让军用智能机器人具备人性,美国的人工智能专家阿金(Ronald Arkin)向社会公众征集机器人应遵守的相关伦理道德规范,且其在研发机器人的过程中,在机器人的系统中植入了"人工良心"。[②] 因此,智能机器人可以作为道德主体,并实践道德判断。智能机器人实践道德判断,即智能机器人在具备道德能力的前提下,模仿人类进行有关道德的判断并作出相应决策的过程。智能机器人遵循的道德不应脱离人类的道德,且应与人类道德具有同一性。这就需要智能机器人程序中包含与人类道德同一的道德准则、价值观等,以便使智能机器人在面临道德判断的情境时能够作出合法、合理、合情的决定。这也就意味着,智能机器人的设计者、研发者需要将人类基本道德准则、规

[①] 参见王东浩:《机器人伦理问题研究》,南开大学2014年博士学位论文,第5页。
[②] 参见杜严勇:《现代军用机器人的伦理困境》,载《伦理学研究》2014年第5期。

范等写入智能机器人的程序、算法中,并监督智能机器人的深度学习过程,以便不断进行修正,以免出现智能机器人在"后天"学习的过程中偏离人类的道德观念的情况。笔者认为,智能机器人的设计、生产到使用的全过程中都应融入对其"道德水平"的全方位监管,以免其因缺乏道德或者背离人类基本道德而给人类带来灾难。设计者、生产者、使用者等故意或者过失导致智能机器人的"道德算法"产生问题从而引发相应后果的,应承担相应的责任。举例而言,研发者如果过失取消了智能机器人程序中的"机器人三法则"①,从而导致智能机器人伤害了人类,则可能会为此承担相应责任。再如,使用者在使用智能机器人的过程中,故意让智能机器人接触大量严重违反人类道德的数据,并利用智能机器人的深度学习能力为其传输违法犯罪方法,从而导致智能机器人伤害了人类,则应追究使用者相应的责任。当然,当智能机器人脱离程序、算法的控制,实施严重背离人类道德的行为,从而给人类带来严重伤害时,智能机器人的设计者、生产者、使用者等无须为此后果承担刑事责任,而应由具有独立意识与意志的智能机器人自身承担。

第二节　智能机器人的法律属性

与道德伦理相比,法律规范和法律制度更具有确定性,可以作为防范和抵御人工智能时代的风险的"主力军"。但是,法律规范和法律制度的制定离不开对伦理、道德等的研究。因此,对机器人伦理的研究是研究、探讨智能机器人法律属性和完善人工智能时代的法律规范、法律制度的基础、

---

① 在1942年发表的短篇科幻故事《环舞》(*Runaround*)中,阿西莫夫首次明确阐述了他有关"机器人三法则"的思想。第一法则:机器人不得伤害人类,或坐视人类受到伤害;第二法则:除非违背第一法则,机器人必须服从人类的命令;第三法则:在不违背第一法则及第二法则的情况下,机器人必须保护自己。"机器人三法则"虽然来源于科幻小说作者的遐想,但笔者认为对通过程序赋予机器人道德具有重要的指导意义。

前提和依据。同时,智能机器人的伦理道德最终要通过法律制度、规范予以固定。人工智能时代的法律规范、法律制度所应体现的对于智能机器人所可能具有的法律人格、权利、责任等的基本立场,可被总结为"承认和限制",即承认智能机器人在某些情形下可以被作为法律主体看待,享有相应的权利并承担相应的责任,但同时智能机器人的法律主体资格与自然人并不完全等同,即二者利益产生冲突的时候,应始终优先保障自然人的利益。

一、智能机器人的特性

在确认智能机器人所具有的法律属性时,我们可以采用对比研究的方式,分别将其与自然人、动物、普通机器进行对比,总结分析其特有的性质。

第一,同自然人[①]对比,智能机器人没有生命。其所赖以"生存和发展"的基础是编程,而非类似人类肉体的生命实体。长久以来,世界各国都只承认自然人的公民身份,但是2017年10月,索菲亚(Sophia,机器人)被沙特阿拉伯授予公民身份。这一事件是否表明智能机器人已经和自然人不存在差别了呢?答案当然是否定的。原因在于,特定的身份可以被人为赋予,但是生命不能。沙特阿拉伯可以赋予索菲亚公民身份,但是却无法赋予索菲亚生命。而在人工智能时代,生命的存在与否,正是智能机器人区别于自然人的重要标志。生命对任何一个自然人而言都不可或缺,是自然人存在的基础,是自然人拥有人格的基础,也是自然人享受权利、承担义务的基础。与之不同的是,智能机器人存在的基础以及对外界情境作出相应反应的基础是编程。仍以索菲亚为例,其能够在不同情境下作出快速反应,并能够熟练地组织语言同其他人进行交流,而为上述活动提供支撑的是编程而非生命。随着技术快速、纵深、持续地发展,机器人外在表现将会愈加接近自然人。正如同科学家的预测,将来的智能机器人不仅可能拥有比现在的智能机器人更完备和高超的"智商",还可能拥有"情商"。人类智慧重要的表现形式之一,便是人类拥有理解情感的能力,并能基于此作

---

① 此处的自然人特指具有刑事责任能力的自然人。

出适当的反应,这一能力在将来也会被智能机器人所理解、掌握。① 智能机器人拥有对情感的理解能力并能够有针对性地作出适当反应,就意味着其拥有了"情商"。和自然人相同,智能机器人也有可能会具有自主意志与意识。我们不能因智能机器人是人制造的,就简单地将其作为人类的工具。因为智能机器人与传统"工具"不同,其具有深度学习和思考的能力,正是这种能力使智能机器人具有了一定程度上的自主性和创造性。举例而言,阿尔法狗(AlphaGo)可以战胜围棋世界冠军,且其下棋的能力由人类编制与设计的程序赋予,但为阿尔法狗编制与设计程序的自然人却没有能力战胜围棋世界冠军。所以,阿尔法狗在围棋比赛中获胜得益于其基于程序所具有的自主性和创造性。应当看到,随着人工智能技术的发展,将来的智能机器人完全有可能具有辨认能力与控制能力。如果有现实需要,智能机器人的动作、形貌也可以无限接近自然人。也就是说,在内在思想意识和外在形貌方面,智能机器人与自然人可以保持一致。尽管如此,智能机器人与人类仍存在笔者在上文所述的本质差别,即智能机器人并非大自然孕育的生命体。人类的内在思想意识和外在形貌存在的本源都是生命,而智能机器人内在思想意识和外在形貌存在的本源则是程序。

第二,同动物对比,智能机器人有更强的辨认能力、控制能力。围绕自然人所建立的传统刑法体系认为,除人之外的任何事物都不可能具有辨认与控制能力。然而,传统刑法诞生的时代发生了变革,在人工智能时代,一种能够与人类相媲美甚至会超越人类的"事物"(智能机器人)已经诞生,并正在飞速地演进和发展。其一,智能机器人有辨认能力,可以辨认自己所作出行为的性质、后果等。其辨认能力甚至可以超过自然人。众所周知,智能机器人有"电子眼"(摄像头等装备)和"电子耳"(音频设备等装备),可以360度的视角观察周围环境,且可以聆听、甄别不同频率的声音,能"眼观六路、耳听八方"。事实上,其对环境的感知能力和反应速度远超

---

① 参见[美]库兹韦尔:《奇点临近》,李庆诚等译,机械工业出版社2011年版,第14页。

人类。智能机器人不仅可以精准、详细地捕捉周围环境中的有效数据,而且可以凭借高速运算的能力对其捕捉到的数据进行快速分析并作出精准判断。例如,人工驾驶汽车的安全系数远低于自动驾驶;再如,人工智能外科医生在手术过程中的精准度也远超人类医生。正因如此,在要求极高精准度的场合,人类需要智能机器人的辅助甚至完全用智能机器人替代其从事相关工作。其二,智能机器人拥有控制能力,即智能机器人有能力控制自己的行为。仍以自动驾驶汽车为例,其可以精准地计算出,从起点行驶到终点会经过哪些路口和红绿灯以及红灯会在何时亮起,每个路段的车辆密度,等等,进而根据上述数据作出是否绕路行驶、行驶的最佳时速等判断。得益于远超人类的数据采集和分析能力,智能机器人的辨认与控制能力可能会超越人类甚至(在某些领域)已经超越了人类。有人将智能机器人与动物相提并论,并借对动物处刑的荒谬性来否定智能机器人具有法律主体地位的合理性。事实上,动物与智能机器人在辨认与控制能力方面存在天壤之别。动物并不具有辨认与控制能力。据传闻,有一头驴啃坏左宗棠心爱的树,左宗棠将驴判处死刑。此传闻非但不能说明法律承认动物的辨认与控制能力,恰恰相反,此故事因其新奇性而被广泛流传,说明将动物作为法律主体对待是荒诞不经的。对动物施加刑罚的荒谬之处主要在于,动物不具有辨认与控制能力,其所实施的行为完全出自本能,用法律或者其他方式对某一动物实施惩戒,并不会影响其他动物之后的行为。但是有辨认、控制能力的机器人,可以通过深度学习,对自己所作行为的性质、意义有所了解,并用于指导自己今后的行为。这一特点更接近于"人性"而非"动物性",因此从这一意义上来说,智能机器人是具有辨认与控制能力的"人工人"。

第三,同普通机器对比,智能机器人能够在一定程度上替代人脑的(部分)功能。纵观人工智能技术的发展史,我们可以发现,人类已经依次制造出初级机器人(无法感知外界环境的机器人)、高级机器人(能够感知外界环境的机器人)、智能机器人(不仅可以感知外界环境而且能够根据感知到的内容进行推理和决策的机器人)。不难想象,根据生产力的发展规律以及人工智能技术的发展速度,未来的智能机器人将会越来越接近"人"并可能在某方面超越人类,其可能会模仿人的思维,甚至能够自我创造。而所谓的机器人可能会像"人"一样思维,并非不切实际的幻想。20 世纪 50 年代,图灵(计算机科学之父、数学家)曾发表题为《计算机器与智能》一文,并在文中提出了被众多计算机学家热切关注的问题——"机器能够思维吗?"根据图灵的观点,如果人在与机器进行交谈之后,无法辨别刚才自己所交谈的对象是人还是机器,则这台机器就通过了图灵测试,而通过图灵测试就意味着这台机器的"思考"过程与人类的思维难以区分。人工智能技术在经历了几十年的发展之后,早已达到了使智能机器人通过图灵测试的程度,不仅如此,智能机器人还有可能在与人类的对话过程中撒谎。这样的过程与自然界中所发生的真实的生物演变非常类似。随着智能机器人所拥有的智能水平的提高,其也会呈现各不相同的善或者恶的本性。[①]正如人类并非从远古时期就拥有如现在这般高超的智慧,智能机器人也会在人工智能技术的不同发展阶段呈现出不同的"智慧"水准。从普通智能机器人到弱智能机器人,再到强智能机器人,虽然都可以在一定程度上替代人类的大脑功能,但是替代的程度(智能机器人的"智能"程度)有很大不同。同时,细究"人工智能"这四个字,我们不难发现智能机器人与普通机器的本质区别。一般认为,具有"智能"的只有自然人,世界上其他的万事万物(包括动物、物品等)都不具有"智能"。而人工智能技术就是将本来只有自然人才拥有的"智能",通过人类编制与设计的程序和算法赋予机器人,由此,智能机器人就具备了本来只有自然人才拥有的"智能"。这也意味着,在人工智能时代来临之前,只有自然人才具有"智能";在人工智能时代来临之后,自然人和智能机器人都具有了"智能"。因此,我们也许可

[①] 参见房慧颖:《智能风险刑事治理的体系省思与范式建构》,载《山东社会科学》2021 年第 2 期。

以这样总结,人工智能时代,就是一个让机器像人甚至像超人的神奇时代。如果如此,将智能机器人简单地等同于普通机器就是荒谬的。

根据笔者在上文所述,智能机器人与自然人、动物和普通机器都存在本质的区别。其中,智能机器人和自然人所存在的本质差别在于生命的有无;智能机器人和动物所存在的本质差别在于辨认能力、控制能力的有无;智能机器人和机器所存在的本质差别在于人脑替代功能的有无。笔者认为,智能机器人作为新生事物已经开启了一个全新的时代。在新的时代面对新生事物,人们不应固守传统理念和陈旧视角,而应在探索和吸收传统理论精华的前提下,结合人工智能时代的新问题、新特点,创造性地提出解决问题的新思路,用吸取了传统理论精华同时又符合时代特点和要求的新理论去评价人工智能时代中智能机器人的研发者、设计者、生产者、使用者乃至智能机器人本身的行为,并重新考量智能机器人的法律地位。

二、智能机器人的法律地位

由上文所述可知,智能机器人不同于普通机器,也不同于动物,其可被视为"人工人"。在伦理层面,不宜将其与动物或者普通机器等同对待。而法律规则、制度建构的前提是伦理规范,对于智能机器人来说,其在伦理中的地位和其在法律上的地位是紧密相连的。法律人格之内涵会随时代变迁而日渐丰富。法律人格发展的历史进程源于伦理性,但最后会超越伦理性(并非脱离伦理性);从一定程度上来讲,伦理性是法律人格的深层基础,如果抛弃作为本源的伦理性,则可能会使法律人格丧失发展动力、迷失方向。[1] 由此可见,智能机器人的伦理地位会极大地影响智能机器人的法律地位,但是却不能完全决定智能机器人的法律地位。智能机器人的法律地位除受到社会对其伦理态度的影响外,还与人工智能技术的发展程度具有重要的关联。进言之,正是人工智能技术的发展,才使人们对智能机器人

---

[1] 参见马骏驹、刘卉:《论法律人格内涵的变迁和人格权的发展——从民法中的人出发》,载《法学评论》2002年第1期。

的伦理态度发生改变,进而影响其法律地位。智能机器人在服务领域、军事领域乃至情感领域具有突出表现,与人类的关系越来越密切。例如,能够带来"真人"体验的性爱机器人在不少国家出现且流行,有人希望能够与其结为伴侣;再如,数次救过士兵性命的名为 Packbot 的机器人因执行任务被炸毁之后,其救过的士兵恳求技术人员将其修复,因为这些士兵已经把 Packbot 机器人认定为"救命恩人"。我们可以预测,随着智能机器人逐渐深入人类社会生活的方方面面,其伦理主体地位将得到认可,并最终反映到对智能机器人法律主体地位的认可中。

根据目前人工智能技术的发展水平,智能机器人已具备下列能力和特征:第一,能够模仿其他机器作出的行为;第二,有能力探索周围的环境,并能够针对探索到的数据作出相应的反应;第三,能够基于自身之前获取的正面数据或负面数据作出不同反应(可以将其理解为"从之前的错误中吸取教训");第四,具有目的性和创造性;第五,具有自我再生的能力;第六,具有自我修复能力。物只是人类实现目的的手段,其是没有理性的;而人在本质上是作为自身的目的而存在的,是有理性的,不能仅被作为手段。[①]由上述智能机器人已经具有的能力来看,智能机器人已经具有了理性,与作为理性的生灵——"人"之间的界限已渐趋模糊。

法律会将现实中各具特点、形形色色的人,以统一标准与制度,构建成抽象意义上的、法律上的人。[②] 不可否认,把机器人视为法律主体在目前仍有很大困难。回顾法学发展历程,我们不难发现,有关法律人的构建存在诸多学理上的纷争,并由此产生了不同的流派,其中最有代表性的是自然法学派、功利法学派和分析法学派有关"人"的法律构建。自然法学派从人性出发,认为符合人类共性的即可被认定为法律上的"人"("抽象人")。[③] 功利法学派也从人性出发,但其与自然法学派对"人"的认定存在区别,即

[①] 参见[德]卡尔·拉伦茨:《德国民法通论》,王晓晔等译,法律出版社 2013 年版,第 46 页。
[②] 参见胡玉鸿:《法律主体概念及其特性》,载《法学研究》2008 年第 3 期。
[③] 参见赵敦华:《西方哲学简史》,北京大学出版社 2001 年版,第 289 页。

其以"现实人"为基础,而非自然法学派那样以"理性人"为基础。分析法学派与自然法学派和功利法学派的最大区别在于,其不以人性为基础,而是从制度和规范的角度去解构"人",认为人必须生存于制度中,人的所有权利和自由都必须依附于制度获得。① 正如凯尔森所言,法律意义上的人,不是与权利、义务分立的实体,而是将权利、义务进行人格化之后的统一体。或者,法律意义上的人的权利、义务本身就是法律规范,所以法律上的"人"可以被看作将法律规范人格化后的统一体。② 笔者认为,从法规范角度来看,法律上的"人"的构建源自法律规范而并非源自人性。法律上的"人"之概念的产生本身就是运用法律制度将"人"这一概念定型化和类型化的结果。因此,立足于制度和规范比立足于人性去解构法律上的"人"更具有合理性。如果以制度和规范为出发点去解构法律上的"人",那么,当智能机器人符合制度和规范的相关标准时,赋予其法律上之人格也就并非天方夜谭。人之为人,不是因为他具有肉体与精神,而是因为人以符合法律规则的形式展现出自我目的。如此一来,如果想要证明人类群体有可能具备法学上的人格,则无须证明在生物学意义上人类是相同的实体,而要证明无论在人类群体还是在个体身上,其所体现的自我目的是一致的。③ 当未来出现基于自主意识与意志实施行为(具有自我目的)的强智能机器人时,根据上文所述,我们完全可以认为其已具备了法律人格的条件和基础。

可能会有人担心,将强智能机器人作为法律主体会对法律上"人"的概念带来致命冲击,进而导致建立在此基础上的法学大厦全面崩塌。事实上,这种担忧是多余的。众所周知,从古至今,在法律中,"人"的内涵与外延在不断随时代变革而演变。"法人"概念的确立便是最好的例证。笔者将在下文(第五章第一节)中对此展开详细论述,此处不作赘述。

---

① 参见胡玉鸿:《"法律人"建构论纲》,载《中国法学》2006年第5期。
② 参见[奥]凯尔森:《法与国家的一般理论》,沈宗灵译,中国大百科全书出版社1996年版,第106页。
③ 参见[德]G.拉德布鲁赫:《法哲学》,王朴译,法律出版社2005年版,第134页。

第二章 人工智能时代的刑事风险

普通智能机器人、弱智能机器人、强智能机器人是智能机器人的三种类型,其中,普通智能机器人和弱智能机器人已经对经济社会发展产生了重要影响,强智能机器人可能会随着人工智能技术的发展而成为现实。其中,普通智能机器人和弱智能机器人的区分标准为能否进行深度学习;弱智能机器人与强智能机器人的区分标准主要在于是否具有自主的意志与意识。从本质上来看,深度学习的能力和自主的意志与意识,都是智能机器人"智能"高低的反映,进而会影响智能机器人可能对社会造成的刑事风险的样态和大小。从"纵向"的视角来看,在人工智能时代的不同阶段(普通智能机器人时代、弱人工智能时代与强人工智能时代),社会将会面临不同样态和不同大小的刑事风险;从"横向"的视角来看,在人工智能时代,传统犯罪的社会危害性会发生显著变化(包括"质变"与"量变")。

第一节 人工智能时代不同阶段的刑事风险

人工智能三个不同阶段的演进和发展过程,实质上是智能机器人从"非智能"到"智能"、从"弱智能"到"强智能"的进化史。在这一历程中,智能机器人的辨认和控制能力越来越强,人的意志和意识对其"行为"的影响和作用越来越弱。同时,智能机器人中"人"的因素渐渐增加、"机器"的因素渐渐减少。在这一历程中,人的辨认能力、控制能力与智能机器人的辨认能力、控制能力是"此消彼长"的,这将在根本上对刑事风险的类型、样态产生影响。

一、普通智能机器人时代的刑事风险

普通智能机器人的"身份"可以在"犯罪工具"和"犯罪对象"之间进行切换。当其"身份"为"犯罪工具"时,其与一般工具并无差别;当其作为"犯罪对象"时,因其所具有的特性,可能会对犯罪性质的认定产生影响。

(一)普通智能机器人的特性

机器人(robot)是自动执行工作任务的机械装置。普通智能机器人和普通机器存在的差异为,普通机器能在一定程度上代替人类身体完成相应工作(通常为危险或者重复烦琐的工作);而普通智能机器人除了能够在一定程度上代替人类身体完成相关工作外,更关键的是其还能够在一定程度上代替人脑完成相应任务。换言之,如果我们将普通机器看作人的双手的延伸,则普通智能机器人既是人的双手的延伸,也是人的大脑的延伸。最典型的普通智能机器人是ATM。笔者在下文中将以ATM为例来分析和论述在普通智能机器人时代,我们的社会可能面临的刑事风险。

ATM,又被称为自动柜员机,即可以替代银行柜员,为客户提供转账、存取款等业务的服务设备。ATM所承担的职能原本由银行柜员履行。

ATM 的性质在学界存在争论。第一种观点认为,ATM 等同于普通机器;①第二种观点认为,ATM 能够替代银行柜员实施相关行为,所以其等同于人;②第三种观点认为,将 ATM 等同于机器欠妥,将 ATM 等同于人亦不妥当,应将 ATM 作为"机器人"看待。③ 笔者同意第三种观点。原因有如下几点。

首先,将 ATM 等同于机器并不合理。ATM 之所以能够替代银行柜员完成相应任务,是因为 ATM 的设计者、研发者利用编程将本来只有人类大脑才拥有的识别功能赋予 ATM。具有人脑识别功能的 ATM 能够准确地将持卡人在银行的预留密码与取款时输入的密码进行对比,如果二者相吻合,那么取款人能够成功取出钱款,反之,则取款人不能取出钱款。笔者曾在前文中论述过普通机器与普通智能机器人的区别就在于是否能够在一定程度上替代人脑的功能。由此可见,将具备了人脑识别功能的 ATM 作为普通机器看待显然有失合理性。

其次,将 ATM 等同于人也不合理。ATM 除了具有人脑识别功能之外,并无人脑其他功能。事实上,ATM 实施的所有行为都完全受控于编程,具有可预测性。ATM 的"行为"具有可预测性是指其每一步操作均以编程具体设定的步骤和准则为圭臬,其下一步会作出什么反应完全可以被人所预测。比如,一个在 ATM 上的普通取款步骤为,持卡人把账户、密码、取款金额等告知 ATM,ATM 根据预先设定好的程序进行判断与识别,如果密码与持卡人预留密码一致且用户资金充足,那么 ATM 会吐出相应钱款。ATM 的上述特性决定了其不可能与人等同。人(具有刑事责任能力的人)具有自主意志与意识,并能够根据自己的主观目的决定是否实施行为以及实施何种行为,这是一个无法被其他人精确预测的过程。将只具有人脑识

---

① 参见张明楷:《许霆案的刑法学分析》,载《中外法学》2009 年第 1 期。
② 参见刘明祥:《再论用信用卡在 ATM 机上恶意取款的行为性质——与张明楷教授商榷》,载《清华法学》2009 年第 1 期。
③ 参见刘宪权:《网络侵财犯罪刑法规制与定性的基本问题》,载《中外法学》2017 年第 4 期。

别功能,而不具有人脑其他功能(如语言功能、情感功能、运动功能等)的ATM等同于人,似乎也不合理,因为ATM中"机器"的成分远超"人"的成分。

最后,将ATM作为"机器人"来看待颇具合理性。ATM具有电脑编程赋予的识别功能,使其从根本上区别于普通机器;其又不具有人脑除识别功能之外的其他功能,使其从根本上区别于人。但是,ATM既具有"机器"的因素,又具有人的因素;其既能够在编程的支配下从事相应劳动,又具有本只有人脑才具有的识别功能。所以我们将ATM看作普通智能机器人具有合理性,可以全面、准确地反映其本质和特性。ATM是将人的意识通过程序予以体现的产物。涉及侵犯财产犯罪或者金融犯罪时,我们可以根据行为人所利用的"机器人"的功能来判断行为人所实施行为的性质。行为人利用"机器人"识别功能的错误以获取钱财,则应被认定为诈骗类的犯罪;行为人利用"机器人"本身的机械故障以获取钱财(如许某案),则应被认定为盗窃类的犯罪。

(二)普通智能机器人时代的刑事风险

笔者认为,从ATM特性与工作程序方面进行分析,可以发现,其隐含两方面的刑事风险:其一,行为人可以利用ATM的认识错误获取钱财。ATM具有识别功能,当ATM在发挥或实现这一功能的过程中存在疏漏时,就会给行为人留下可乘之机。众所周知,持卡人持信用卡取钱时应符合三个条件:一是取款人是合法持卡人或者经过合法持卡人的合法授权;二是取款人所持信用卡合法有效;三是取款人在取款时输入与持卡人预留密码一致的密码(正确的密码)。但是,当取款人持信用卡在ATM上取钱时,只需具备上述两个条件即可取款成功,即取款人所持信用卡合法有效,以及取款人在取款时输入了正确的密码。即使是非法持卡人,只要符合上述两个条件,也可以在ATM上成功取款。ATM的这一特性与工作程序,为行为人非法持有信用卡并恶意运用ATM识别功能获取钱财提供了空间。其二,当ATM出现机械故障或者程序紊乱时,也为行为人恶意地利用这一时机获取钱款提供了可能,如2006年许某案。许某为了实现非法占有的目的,利用ATM的机械故障,在卡内原本只有170多元的情况下,取走17万余元的现金。从许某案中我们不难发现,许某是合法持卡人,持有合法有效的信用卡,并输入了正确的密码,其并没有利用ATM识别功能上的漏洞获取钱财,而是利用ATM本身的机械故障。因此,许某的行为最终被认定为盗窃罪而非诈骗罪。

二、弱人工智能时代的刑事风险

智能机器人发展演进的初级阶段是普通智能机器人,进而便是弱智能机器人。弱智能机器人相较普通智能机器人的优势在于其具有深度学习的能力。辛顿(Hinton)等在2006年提出了深度学习概念。深度学习作为机器学习中的新领域,其动机是通过模拟、建立模仿人脑学习、分析的神经网络,来模拟人脑机制来解释数据(包括文本、声音、图像等)的目的。[1] 具有深度学习能力的智能机器人已经深入人类生产生活的方方面面,并极大地改变了人类生产生活的样态。例如,自动驾驶、人机对话、购物平台为用户提供的个性化服务等,都利用了弱人工智能技术背景下智能机器人的深度学习能力。弱智能机器人能够在人类编制与设计的程序控制范围内对相关数据进行分析、判断并自主作出决策。但是,弱智能机器人具有上述能力并不能说明其具有独立意志与意识。事实上,弱智能机器人发挥自主性和创造性的空间仅限于人类为其编制与设计的程序控制范围。因此,我们仍可将弱智能机器人看作人类用于改造世界的工具(区别于传统工具的新型工具)。

(一)弱人工智能技术为人类带来福祉

弱人工智能技术已经并将继续改变人类的生产生活方式和社会面貌,可谓人类科技发展史上的里程碑,极大地造福了人类。即使在生产力高度发展的现在,人类社会仍面临重重困难,诸如繁重劳动、环境污染、瘟疫、战

---

[1] 参见段艳杰等:《深度学习在控制领域的研究现状与展望》,载《自动化学报》2016年第5期。

乱、贫困等。如果人类不能持续有效地提高生产力的发展水平,上述困扰人类社会几千年的困难和问题仍将继续存在。所以,人类亟须新的技术手段来提高生产力的发展水平,并进而用于帮助解决上述困难。人工智能的产生,为人类解决上述难题提供了新思路、新方法。近年来,具有深度学习能力的智能机器人被广泛应用,极大地方便了人类生活,并成为生产力发展、经济提升的新引擎。具体而言,其一,在生活领域,智能机器人的运用方便了人们的生活,并能够节约能源。例如,家居机器人可以通过获取居住人休息、起床、下班回家、做饭时间等各项数据,自动切换相关模式,以达到尽量消耗最少的能源而使人们享受最舒适的生活状态的目的。再如,自动驾驶汽车的发明和逐渐普及,在将人类从长途驾驶的疲劳中解放出来的同时,也极大地降低了交通事故发生的概率。其二,在生产领域,人工智能可以把人类从繁重或者危险劳动中解放出来,大大节约了人力成本并提高了生产效率。例如,工业生产中运用风车发电的场合,在人工智能技术介入之前,需要根据风向来人为调整风车朝向,而应用人工智能技术之后,智能机器人代替了人类,通过对相关数据进行智能化分析,便能达到根据风向自动调整风车朝向的目的。其三,在商业领域,智能机器人的运用极大地提高了交易质量,帮助实现买方和卖方的"双赢"。例如,卖家利用人工智能技术对买家的交易频率、交易领域等数据进行分析和整合,从而契合买家需求提供个性化、针对性服务。其四,在医疗领域,人工智能的应用提高了手术成功率。智能机器人具有精准的控制力和强大的学习和分析能力,可以帮助医生处理和分析病情,并在手术中为医生提供帮助,从而增加医生手术的精准度,提高手术的成功率。其五,在文化领域,人工智能的运用方便了不同文化群体的交流和沟通,并能够丰富人类的精神和文化生活。例如,智能翻译机器人可在不同语言之间快速、准确地切换,能够帮助不同语言群体的人们互通有无。再如,智能机器人创作的诗篇已与人类作者创作的诗篇难分伯仲。

(二) 弱人工智能时代的刑事风险

人工智能技术在为人类社会带来巨大福祉的同时,也隐藏着严峻的风险。如果犯罪分子恶意利用智能机器人,将可能给社会带来难以预想的后果。伊隆·马斯克(Elon Musk)等26个国家和地区的人工智能技术专家在2017年8月向联合国提交了倡议书,强烈呼吁禁止对"杀人机器人"的设计、研发和使用。以马斯克为代表的人工智能专家的担忧,反映了在弱人工智能时代,人类对弱人工智能技术可能对人类社会引发的风险的担忧。弱智能机器人长于普通机器之处在于,其具有深度学习的能力,可以在某一领域完全替代人类的行为,帮助人类实现预期的目的。犯罪分子利用弱智能机器人的这一优势,可以最小的代价对社会造成更大的破坏。由此可见,弱人工智能技术就像一把"双刃剑",用之得当,则人类受益无穷;而用之不当,则会给人类社会带来巨大灾难。具体到刑事领域,弱人工智能技术可能会在国家与公共安全、公民人身与财产权利、经济与社会秩序等领域,系统性地引发刑事风险。具体刑事风险如下。

第一,弱人工智能技术的运用,可能会引发国家安全和公共安全等领域的刑事风险。由于弱智能机器人能够在某一领域替代人类的行为,犯罪分子在破坏国家安全和公共安全时无须亲力亲为,只需编制与设计相应程序代码即可。人工智能技术的"井喷式"发展,让立法者措手不及,法律和相关制度的滞后、延迟,为人工智能技术偏离合理发展轨道埋下了隐患,并威胁国家与公共安全。毋庸置疑,弱人工智能发展不当,有可能威胁国家安全,甚至会威胁世界和平。军事领域中人工智能技术的"加持",促进了军用无人机技术、自动枪械系统的发展。犯罪分子利用上述技术,就可以在不冒任何生命危险的情况下实施自杀式袭击。同时,由于弱智能机器人具有很强的数据获取、整合和分析能力,其可以成为犯罪分子刺探、窃取情报的"好助手"。这些因素都会成为国防利益乃至国家安全的巨大威胁。2017年,算法战争跨功能团队(Algorithmil Warfare Cross-Functional Team,AWCFT,美国国防部和谷歌公司联合建设)意图通过机器学习技术强化美国国防部整合大数据的能力。换言之,就是通过人工智能技术处理和分析无人机收集的世界各地的视频资料,为美国国防部提供数据资料。在该项目中,谷歌公司提供了检测图像时所不可或缺的技术支持。美国国防部利用人工智能技术来获取、分析、整合世界上各个地方的视频数据,其目的"暧昧"不明,很有可能威胁别国安全,甚至会威胁世界和平。如此"助纣为虐"的不只谷歌公司一家。2018年,韩国科学技术院宣告成立人工智能研究中心,该中心成立的主要目的是研发用于目标追踪、作战指挥等的智能机器人。此消息一出,立即遭到30余个国家人工智能专家的反对。这些专家担忧韩国科学技术院有关人工智能技术的研究成果被恐怖分子恶意利用,从而引发史无前例的大规模战争。当然,我们不能否认,人工智能技术在军事领域的合理运用,可以帮助人类减轻安全威胁,帮助维护国家安全。例如,扫雷机器人可以准确、快速地完成扫雷任务,最重要的是,其可以极大地降低人类在执行扫雷任务时的伤亡率。但是从另一角度来说,军用智能机器人会强化战争对人类的杀伤力,相比传统战争,其会给人类带来更大威胁,尤其当其被极端恐怖分子以及某些意图危害世界安全的国家恶意利用的时候,带来的恶果更是难以想象。弱人工智能技术的运用,也可能会威胁公共安全。例如,自动驾驶技术作为弱人工智能技术发展的典型成果,在方便人类生活的同时,也会引发相应风险。2016年,在美国的佛罗里达州,发生了全球首例无人驾驶汽车致人死亡的事故。之后,无人驾驶汽车事故接连发生,不胜枚举。无人驾驶除有可能引起交通事故、破坏公共安全外,还可能被应用于无人汽车炸弹等领域,给人类安全带来的威胁将会难以想象。

第二,弱人工智能的运用,有可能侵犯公民个人信息。无论是合法还是非法运用人工智能,都蕴含侵犯公民个人信息的隐患。其一,合理运用人工智能技术,可能会侵犯公民的个人信息。众所周知,数据对于人工智能技术的发展来说,其重要性犹如空气之于人类。离开海量数据的支持,人工智能技术就如同无本之木。而数据的泄露可能会引发巨大风险,威胁公民利益。举例而言,腾讯基于微信、QQ等产品获取的数据,建立了一个10亿级别覆盖度的基础库,从而实现分析客户群的活动轨迹、跟踪人群流动、估量人流的拥挤程度、获取社交网络情况等目的,进而帮助客户精准地定位目标人群。[①] 上述信息对公民个人而言极为重要,甚至关乎公民的生命和财产安全,如果被故意或过失地泄露,那么可能会造成严重后果。再如,剑桥大学于2018年成立"天眼"项目组,该项目组的研究目标为,运用人工智能技术来分析无人机上的摄像头拍摄并传输回来的人群影像,从而将人群中的暴力行为识别并提取出来。这本是帮助维护社会治安、边境安全的一种有力的技术手段,但不可否认,这项技术的应用和实现过程可能会侵犯公民的个人信息乃至个人隐私。又如,购物平台通过运用人工智能技术分析整合用户数据,为用户提供个性化服务。从积极方面来看,上述举措有利于为用户带来更好的购物体验,但从消极方面来看,却暗含侵犯公民个人信息的危险。其二,行为人非法利用人工智能技术,更有可能侵犯公民个人信息。例如,黑客通过"脱库"[②]与"撞库"[③]手段,获取公民信息,并进而利用获取到的信息实施其他犯罪行为,这一黑色"产业链"已经对公民的生命财产造成了巨大的危害。犯罪团伙利用"脱库"和"撞库"手段可以更精准地获取公民信息,无疑比利用传统手段获取信息更便利,同时也给公民财产甚至生命安全带来更严重的威胁。

第三,弱人工智能技术的不当运用,可能会破坏经济秩序与社会秩序。首先,不合理地运用弱人工智能技术,可能会破坏经济秩序,并引发相应刑事风险。例如,行为人利用人工智能技术对证券市场交易中的数据进行分析,从而优先掌握相关信息。而在人工智能技术被广泛应用之前,对证券交易市场中的数据进行分析的工作只能由具有专业知识的高素质人才完

[①] 参见房慧颖:《智能风险刑事治理的体系省思与范式建构》,载《山东社会科学》2021年第2期。
[②] 利用网站的漏洞来获取网站后台的用户数据。
[③] 将获取的数据用于登录其他的网站,以得到该用户在其他网站的账号与密码。

成。智能机器人在数据整合的准确度和速度上的"成就",目前已远优于金融分析师。犯罪分子完全可以利用智能机器人的上述优势,非法获取影响证券、期货交易价格的信息,或者进行高频交易,从而造成证券、期货的交易价格非正常波动,并趁机获利。例如,伦敦、纽约等地的证券交易已基本实现完全的"机械自动化",交易大厅形同虚设。① 在此情况下,如果犯罪分子利用程序漏洞,控制乃至篡改证券交易的程序并从中获利,可能会造成交易市场的全线崩溃。而犯罪分子相当于只付出极小甚至可以忽略不计的代价(只需一个指令或者代码),就收获了累累"硕果"。这将极大破坏"三公"②的证券交易规则,也会带来远比普通操纵证券市场行为更大的损失。需要明确的是,行为人通过人工智能操纵证券交易,与运用"智能投顾"帮助投资者作出更好的投资决策,二者之间存在本质的差别。智能投顾(Robo-advisor),又称机器人理财,是指运用人工智能对数据的高速处理、分析、运算能力,且与用户理财需求、自身特点(如用户的投资偏好、投资风格、投资目标、风险承受能力和水平等)相结合,为用户提供有关资产配置、投资理财等的咨询服务。可见,"智能投顾"并未侵蚀公平、公正、公开的证券与期货交易原则,并没有恶意运用人工智能技术牟利,与运用人工智能操纵证券市场牟利行为具有本质的差别,不应被认定为犯罪行为。

其次,不合理地运用弱人工智能技术,可能会破坏社会秩序,并引发相应刑事风险。例如,阿尔法狗在围棋比赛中战胜世界冠军之后,有居心不良的人意识到,可以利用智能机器人优于人类的快速反应速度和深度学习能力,在围棋赛中作弊,以谋取不正当的利益。如果这一类型的比赛为获胜选手提供丰厚奖金,则利用智能机器人作弊的行为人有可能会因虚构事实、隐瞒真相骗取钱财而构成诈骗罪。当然,如果这一类型的比赛不为获胜选手提供丰厚奖金,那么,虽然相关人员利用智能机器人作弊的行为破

---

① 参见房慧颖:《新型操纵证券市场犯罪的规制困局与破解之策》,载《华东政法大学学报》2022年第1期。
② 公平、公正、公开。

坏了比赛中的公平规则,并违背了围棋比赛精神,背离了举办围棋比赛的初衷,但根据现行《中华人民共和国刑法》(以下简称《刑法》)的规定,仍不能认定相关行为构成犯罪。也许有人认为,无论围棋赛举办方是否为获胜选手提供奖金,利用智能机器人作弊的行为都有可能构成刑事犯罪,原因在于在围棋比赛中作弊的行为与在考试中作弊的行为并无本质不同,如果该围棋比赛是国家级比赛,那么,可按照考试作弊类的犯罪追究相关人员的刑事责任。笔者不同意此观点。普通的考试与围棋比赛存在本质不同,其对考试者或参赛者的思维能力的要求并不相同,二者的侧重点、特点存在诸多不同。众所周知,普通考试的目的通常是考查考生对特定知识的掌握程度和运用能力,往往具有唯一的标准答案或者固定的判分标准。而围棋棋盘上有 361 个落子点,并由此产生了 2^{360} 个排列组合,即在下围棋的过程中存在诸多可能性,并无唯一正确答案。智能机器人的高速运算和深度学习能力在围棋比赛中发挥的作用与普通考试相比会更显著。深度学习的实现需要对大型神经网络进行一定的训练,使其对数据模式作出反应。[①]但笔者并非意在说明智能机器人在普通的考试中没有用武之地。事实上,在普通考试中,智能机器人也可发挥作用,如写诗作文等。更重要的是,由于智能机器人具有远超人类的信息收集能力,可以作为犯罪分子获取考试内容的犯罪工具。因此,利用智能机器人在考试中作弊,当符合相关犯罪的构成要件时,行为人可能会构成组织考试作弊罪等考试作弊类犯罪。例如,弱智能机器人可以在编制与设计的程序控制范围内发挥自主性,单独完成任务。基于弱智能机器人的这一特点,犯罪分子可能会利用智能机器人完成走私、运输毒品、破坏电力设备或者交通设施等一系列犯罪活动。将智能机器人作为实施上述行为的犯罪工具,可以帮助犯罪分子以最小的犯罪成本实现对社会秩序的更大破坏。再如,莫斯科某酒店在"世界杯"举

[①] 参见房慧颖:《数据犯罪刑法规制的具象考察与策略优化》,载《宁夏社会科学》2023 年第 3 期。

办期间推出了一项特殊服务,即让智能机器人充当性工作者为客人提供服务。无独有偶,荷兰政府也宣布,将在 2050 年之前推出类似项目。这项特殊的服务得到了政府的特别许可,因此并不违法,更不涉及刑事犯罪的问题。试想,如果同样的"项目"在我国推出,由于我国法律明确规定卖淫嫖娼行为违法,且组织卖淫等行为涉及刑事犯罪,则相关人员是否会构成诸如组织、容留、介绍卖淫等罪?如果给出肯定答案,则应继续探讨,利用智能机器人提供性服务和普通的卖淫行为具有本质区别,那么上述结论的得出是否采用了类推解释的解释方法?而类推解释违背了罪刑法定原则,因此上述解释方法是错误的。[①] 如果给出否定答案,则应继续考虑,无论是利用智能机器人提供性服务,还是利用自然人提供性服务,都可能会在一定程度上妨害社会管理秩序,都可能会对社会造成严重的危害。将组织自然人卖淫的行为作入罪处理,而将组织智能机器人卖淫的行为作出罪处理,这种"简单粗暴"的处理方式是否存在不妥之处?对于这些问题,现行的法律尚不能作出明确回答。

第四,弱人工智能的不当运用,有可能侵犯公民人身、财产安全。犯罪分子利用智能机器人实施犯罪行为,能够克服采用传统方式实施犯罪行为容易留下痕迹的缺陷,从而使其更方便地逃避法律制裁。例如,人们一度对杀手机器人的出现感到极度恐慌。原因就在于,杀手机器人比一般的自然人杀手或者杀人工具能够更精准地识别伪装、搜寻目标和击中目标。被害人一旦被杀手机器人认定为执行任务的对象,那么几乎无所遁形。除了利用智能机器人实施杀人行为,行为人还可能会利用智能机器人实施拐卖、绑架等限制或剥夺被害人人身自由的一些行为。再如,犯罪分子远程操纵无人机,或者事先为无人机设定好飞行路线,并在无人机上装载好扩音器、手枪等装置,以射击被害人头部相要挟,勒令其交出财物。[②] 也有犯

[①] 参见马克昌:《比较刑法原理——外国刑法学总论》,武汉大学出版社 2002 年版,第 15 页。
[②] 参见刘宪权、房慧颖:《涉人工智能犯罪的前瞻性刑法思考》,载《安徽大学学报(哲学社会科学版)》2019 年第 1 期。

罪分子在无人机上装载红外照相机,通过人工智能技术分析照相机传输回的图片,确定大麻种植位置,并操纵无人机盗窃大麻。又如,外科医生在利用智能机器人做手术的过程中,操作失误或者智能机器人本身出现故障,都有可能导致手术失败,甚至危及病人生命。在英国第一例运用人工智能所做的心瓣恢复术中,人工智能在协助医生进行手术的过程中将病人的心脏放置在错误的位置上,并戳穿了病人的大动脉,最终导致病人死亡。[①] 通过笔者列举的上述案例可见,人工智能技术的不当运用,可能会威胁公民生命、健康、财产安全。

如今,弱人工智能技术的发展如火如荼,依笔者之见,虽然弱智能机器人能够在程序控制的范围内发挥一定程度的自主性,可以代替人类的大脑或者身体的部分功能,甚至可以在某一方面超越人类,但其仍不具有自主的意志与意识,独立进行决策更是无从谈起。弱人工智能技术逐渐将人类从繁复、繁重乃至危险的劳动中解放出来,让人类有更多的时间和精力去追寻更高的意义和价值。但与此同时,弱人工智能技术也为人类社会带来诸多的刑事风险。如笔者在前文中所列举的,弱人工智能不当运用,有可能危害国家与公共安全、侵犯公民人身与财产安全、破坏经济与社会秩序等。应当看到,《刑法》和其相关司法解释可以对上述列举的大部分利用智能机器人实施的行为进行有效规制。例如,针对利用智能机器人侵犯公民个人信息的行为,可以通过《刑法》所规定的侵犯公民个人信息罪以及相关的司法解释进行规制。再如,行为人恶意利用智能机器人获取证券或期货市场的内幕信息,或者利用人工智能技术操纵证券或期货交易从而牟取暴利的行为,可以利用《刑法》所规定的操纵证券、期货市场罪,内幕交易、泄露内幕信息罪以及相关的司法解释进行规制。又如,利用智能机器人实施杀人行为,或者研制人工智能杀伤武器等行为,也可通过《刑法》和相关的

[①] 参见房慧颖:《人工智能犯罪刑事责任归属与认定的教义学展开》,载《山东社会科学》2022年第4期。

司法解释进行规制。但我们必须承认,技术"井喷式"的发展速度和法律滞后性凸显了立法滞后问题,这一问题的典型表现就是处理某些人工智能技术造成严重社会危害的情形时"无法可依"。以自动驾驶为例,自动驾驶汽车事故接二连三地发生,然而在处理这些危害公共安全和公民人身安全的事故时,我们却尚未有行之有效的法律法规。以上即我们在弱人工智能时代所面临的刑事风险。

三、强人工智能时代的刑事风险

普通智能机器人和弱智能机器人已经成为现实,强智能机器人尚未出现,但有关强智能机器人的刑事风险依然值得探讨。根据《辞海》的解释,"风险"是人们遭遇意外事件、自然灾害等不确定事件的可能性。"风险"和"实害"的区别在于,"风险"指侵害可能发生的情况,而"实害"指侵害已然发生的情况,两者之间是未然和已然的关系。"风险"与"危险"的区别在于,"风险"指危害结果发生的可能性一般,而"危险"指危害结果发生的可能性较大,两者的位阶存在高低之分。由此可见,刑事风险应指犯罪发生的一般可能性。

既然刑事风险的发生具有一般可能性,也就意味着刑事犯罪有可能不发生,也有可能发生。在此阶段,针对刑事风险发生的一般可能性,刑法应作出相应的回应:其一,当刑事犯罪发生的时候,需要解决分配刑事责任的问题;其二,当刑事犯罪尚未发生的时候,需要通过立法以及相应的立法准备来预防和威慑犯罪。由此可见,在强人工智能时代尚未到来时,对于笔者在此所探讨的强人工智能时代的刑事犯罪或者刑事风险,应从更广阔的视角来看待。所谓强人工智能时代的刑事风险,并不应仅局限在实然法层面,即不应仅以刑法规定构成犯罪的行为为全部探讨对象,还应扩展到应然层面,即顺应时代变化的情势需求,将应被规定为犯罪但还未被规定为犯罪的行为纳入探讨范围。对于涉人工智能犯罪,一方面,针对具有人工智能时代的特色但是仍可为现行刑法的框架所规制的犯罪行为,需以现行的刑法作为出发点,寻求合适的解决方案;另一方面,对于人工智能时代催生的前所未有且不能为现行刑法框架所规制的具有严重社会危害性的行为,需要在前瞻性刑法思想的指引下,对现行刑法体系进行适当修补乃至重构,并以更新后的刑法为基点,寻求处理进路。与笔者在前文中所述的弱智能机器人存在本质不同,强智能机器人具有自主的意志与意识,其可以超出人类设计和编制的程序控制范围发挥自主性,进而实现自身的意志。由此,强智能机器人实施的行为可被划分为两种:一是在程序控制范围内实施的行为;二是超出程序控制范围实施的行为。当强智能机器人实施的行为属第一种情况时,从本质上来看,行为实现的意志并非强智能机器人的意志,而是设计者、制造者或者使用者的意志。对此情况并无单独研究的必要。当强智能机器人实施的行为属第二种情况时,其实现的是自身的独立意志,而并非设计者、制造者或者使用者的意志,且有可能完全违背了使用者或研发者意志,行为后果当然不能归责于使用者或研发者。当强智能机器人超出程序控制范围并基于自身意志实施了严重危害人类社会的行为时,应如何对其进行规制?现行《刑法》并未给出答案。笔者认为,在应然层面,强智能机器人应成为刑事责任的主体,且《刑法》应根据强智能机器人的特点对其进行刑罚处罚。

(一)对强智能机器人行为的规制具有必要性

2001年,《人工智能》(Artificial Intelligence)(科幻电影,史蒂文·斯皮尔伯格执导)上映。影片讲述的是在21世纪中期,人类迈入强人工智能时代,一个智能机器人大卫渴求探求人性、找寻自我,并为此作出了种种努力的故事。影片中所描述的强智能机器人大卫和强人工智能时代的生活场景,都是创作者的幻想。但不可否认,人类的幻想正是技术进步的源泉和动力。1903年,人类第一架飞机成功试飞,实现了庄子对于"列子御风"的幻想;1969年,"阿波罗号"登上月球,实现了古人对于"嫦娥奔月"的幻想。当代人类社会的科技是呈指数级发展的。神经网络技术、类脑智能技术、深度学习技术等正在如火如荼地发展,强智能机器人的出现并非痴人说梦。从弱人工智能时代,到未来的强人工智能时代,可谓从量变到质变。

而根据马克思主义哲学观,质变是量变逐渐积累并最终达到一定的程度时所出现的必然结果。质变可能会突然到来,并且其到来的时间并不会受人的意志影响。① 正因如此,我们应提前想好应对强人工智能时代的刑事风险的策略,以免到时措手不及。

有人提出,弱人工智能技术仍处在发展的初期,在这种情况下考虑强人工智能时代的刑事风险并对其进行研究,就相当于在写建立在想象之上的科幻小说。无论是库兹韦尔提出的奇点理论,还是霍金作出的人工智能会带来人类末日之警告,都是猜测和假想。在预见人工智能的未来发展情境方面,专家和普通人都只能是信口开河或者盲人摸象。② 笔者不认同上述观点。笔者认为,我们应从下述两个角度来探讨刑法学者是否有研究强人工智能时代刑事风险以及刑法应对策略这一问题的必要。

第一,刑法学者是否应该相信科学家有关人工智能技术发展前景的预测?霍金等科学家多次预测了人工智能技术发展将会对人类社会带来的影响,并表示出对于智能机器人脱离人类的控制之后可能会对人类造成毁灭性打击的担忧。③ 如果我们不能学会规避危险,则人工智能可能会成为人类文明的终结者。脱离束缚的人工智能可以加速状态对自身进行重新设计。霍金作为著名物理学家、享誉全球的科学家,对于科技问题的预测显然不会是信口开河。当然,也有部分商业经营者提出,智能机器人威胁人类的说法纯属夸大其词。在2018年中国国际大数据产业博览会上,李彦宏(百度公司CEO)提出,尽管大众对人工智能的看法各不相同,但可以肯定的是,人工智能不会对人类安全产生威胁。④ 面对科学家与商业经营者发出的两种截然不同的声音,刑法学者应该相信谁?笔者认为,鉴于科学家与商业经营者的不同立场,刑法学者更应相信科学家的预测,而非商

---

① 参见史平:《量变和质变关系之新解》,载《江西社会科学》1998年第1期。
② 参见黄云波:《论人工智能时代的刑法机能》,载《人民法治》2018年第11期。
③ 霍金提到的可能会毁灭人类的"人工智能"即笔者在本节中所探讨的能够在自主意识和意志的支配下独立作出决策并实施行为的"强智能机器人"。
④ 参见房慧颖:《强人工智能刑事责任主体地位之证成》,载《法律方法》2022年第3期。

业经营者的说法。商业经营者在预测人工智能技术的发展前景时,可能更多的是考虑如何能够更好地追求经济效益。毫无疑问,当人工智能技术在受到最小限制的状态下蓬勃自由地发展时,相关企业的利益才可能最大化。可能会有人对此质疑,认为即使在科学家群体中,关于人工智能技术的发展前景,也存在不同的观点。时下就有一些科学家认为强智能机器人永远不会出现,更不可能对人类造成毁灭性打击。笔者需要在此说明,研究强人工智能时代的刑事风险,并不意味着对此风险的出现持100%的肯定态度,正如最优秀的预言家也不可能断言未来一定会发生什么事件。但是,刑法学者不应囿于时下的现状,而应居安思危、放眼未来。对强人工智能时代刑事风险的研究会出现两种可能性:如果强人工智能时代并未到来,学者的"多虑"并无任何危害;如果强人工智能时代真的到来,那么人类不会陷入被动局面,而可以从容应对相关风险,有效规制相关犯罪。

第二,对于尚未到来的强人工智能时代可能出现的刑事风险,是否有必要未雨绸缪,提前想好应对措施?目前,有学者提出,即使当强人工智能时代来临时,人类社会可能面临毁灭性打击,也无须在弱人工智能技术尚在发展初期的当下,就考虑对未来刑事风险的规制策略。笔者不同意此观点。科技发展的历史已经多次证明,科技的发展、时代的更迭,可能会远远超出人类想象。即便在短短的半个世纪之前,普通人也很难想象今天生活在信息化时代的人类的生活场景。同样地,在科技高速发展的前提下,今天的我们也很难想象半个世纪之后人类的生活场景和社会发展状况。如今,科技的发展速度可谓日新月异,而法律本身就具有滞后性,其制定需要经过漫长的过程,刑法更是如此。如果等到强人工智能时代真的来临时,再去考虑规制强智能机器人严重危害社会的行为,那么可能早已回天乏力。"居安思危,思则有备,有备无患。"[①]尽管弱智能机器人在方便人类生

[①]《左传·襄公十一年》。

产生活的同时,也带来了相应的刑事风险,但其仍在人类能够承受或控制的范围之中。我们可以根据科技发展的现状预测,随着云计算、蒙特卡洛树搜索、神经网络、深度学习等技术的进一步演进,强智能机器人的出现并非完全不可能。既然如此,刑事立法和司法以及刑法理论就应提前做好准备,以防强智能机器人真正实施严重危害社会的行为时会措手不及、难以应对。因此,立法者在通过相关立法促进人工智能技术进一步发展,继续为人类社会造福的同时,也应考虑通过相关法律法规做好防控风险的预案,防患于未然。

(二) 强人工智能时代的刑事风险

强人工智能的运算、学习能力都远胜于人类,且其还完全可以拥有坚不可摧的强壮躯体。正因如此,如其摆脱了人类编制与设计的程序控制,做出违背人类根本利益的举动,就可能给人类社会带来巨大灾害。20世纪40年代,阿西莫夫(Isaac Asimov)就曾预想到,为了预防未来的智能机器人脱离人类的控制而做出威胁人类利益的事情,人类应准备相应的应对策略。为此,他提出"机器人三原则",并获得"机器人之父"这一称号。阿西莫夫所提出的"机器人三原则"体现了人类不希望人工智能技术威胁其生存的愿望。当然,我们不得不承认,即使有了"机器人三原则",智能机器人也未必会遵守。当强智能机器人脱离程序的控制实施危害人类社会的行为时,依然会让人类面临巨大的威胁。电影《机械公敌》(I, Robot)讲述了在21世纪30年代,智能机器人已经渗透至人类生活和生产的方方面面,智能机器人的研发者、生产者在制造智能机器人的时候,都会为智能机器人输入不得危害人类的程序("机器人三原则"),以此来作为其行事准则。但是,随着人工智能技术的进一步发展,以及智能机器人本身学习能力的增强,"他们"逐渐发展出独立思考的能力,并开始用自己独有的方式去理解"机器人三原则"。"他们"认为自由的人类会不间断地发动战争并最终导致人类的灭亡。为了更好地保护人类,智能机器人剥夺了人类的自由,由此展开了人类和智能机器人之间长时间的冲突。1973年上映的《西部世界》(West World)讲述了机械乐园中的智能机器人失去控制后残忍杀害了所有游客的故事。与之类似的影片不胜枚举。另外,2018年,美国的麻省理工学院媒体实验室(MIT media lab)对智能机器人输入有关尸体、死亡的文本内容和图像内容,将这些内容作为智能机器人深度学习的素材,最终培养出号称世界首个被罪恶吞噬了"灵魂"的变态智能机器人(World's first psychopath AI)。当然,这一智能机器人所表现出的精神变态的行为仍受控于人类为其编制与设计的程序。但是,一旦更为先进和强大的人工智能技术使智能机器人在某一节点脱离程序控制,类似这样精神变态的智能机器人为人类带来的危害将难以想象。

对智能机器人向着负面发展的防范应该尽早开始,而不能等到智能机器人与人类智能相等的那一天到来的时候才开始。智能机器人虽然会改善人类生活,帮助人类提升工作效率,但也可能会改变或者冲击人类社会中的一些规则。① 如笔者在前文中所述,对弱智能机器人的不当利用会引起国家与公共安全、公民人身与财产安全、社会与经济秩序等各方面的刑事风险,但无论如何,弱智能机器人不可能超出人类编制的程序控制范围,相对人类的主体地位,弱智能机器人只具有工具地位。对于弱人工智能时代的种种刑事风险,我们只能从考虑规制相应行为人而非智能机器人的行为的角度去完善现有刑事法律法规,或者制定契合时代需求的新的法律法规。换言之,人类利用弱智能机器人实施相应的犯罪行为时,智能机器人不可能为造成的严重危害社会结果承担刑事责任。然而,当强智能机器人超出程序控制,独立作出决策,并作出危害行为时,可能会严重冲击现行的法律体系。智能机器人的普及是大势所趋,智能机器人的工具地位逐渐淡化并可能具有法律主体的地位,也是技术发展的必然结果。法律须顺应社会生活的变化而作出适度调整。我们需要明确认识强人工智能与弱人工智能的本质差别,进而确定强人工智能的刑法地位。强智能机器人超出

---

① 参见封锡盛:《机器人不是人,是机器,但须当人看》,载《科学与社会》2015年第2期。

编制与设计的程序控制范围并实施犯罪行为,刑法应如何处理?这是在强人工智能时代刑事立法、司法及刑法理论都不可回避、必须解决的问题。

根据笔者在上文所述,超出程序控制范围的强人工智能,完全可能会实施严重危害社会的行为,即强智能机器人可以通过实施相应行为,而侵犯刑法所保护的客体。

刑法所指的"行为"仅指"危害行为",即行为人在自由意志的支配下所实施的刑法禁止的危害社会的客观表现。刑法不会惩罚思想犯,行为才是刑法所规制的唯一对象。值得探讨的是,作为法律唯一规制对象的行为,是否需要理解为必须由人作出?假设我们通过分析总结得出结论,强人工智能作出的行为完全符合法律所规定的行为的所有构成要素,则我们是否可以得出结论——强智能机器人所实施的行为可以被认定为刑法规制的行为范畴?对这一问题,笔者将于第五章进行细致阐述,此处不再赘述。笔者认为,相比传统刑法理论对"行为"的定义,强智能机器人超出编制与设计的程序控制范围所实施的行为,除不满足"具有生命体的人"这一主体要素,其他构成要素均已满足。传统刑法理论中关于"行为"的理论具有的共性之一便是,认为只有具有生命体的人所实施的行为才有可能被认定为刑法上的"行为"。毫无疑问,传统刑法理论是以自然人为中心予以构建的,这与传统刑法理论构建之时的经济社会发展状况相适应。上述有关行为的理论在一定程度上契合了当时的时代需求,自有其合理性。但是上述理论构建时不可能预见人工智能技术所取得的进展和突破(当时的人工智能技术还未崛起),当时的刑法学者更不可能预测到强智能机器人出现后的场景。法律及对法律的研究均应随着时代的演进而持续发展,不能墨守成规。如果时代出现了新情况、新问题,那么法律及相关理论也应作出适度调整。具体到强人工智能时代的刑法,当强智能机器人超出设计与编制的程序控制范围,实施了严重危害社会的行为的时候,刑法便需考虑重新对强智能机器人进行定位。对于被害人来说,其被强智能机器人故意重伤和被自然人故意重伤并无本质区别。强智能机器人故意伤害他人的行为和自然人故意伤害他人的行为在客观上造成了同样程度的社会危害。唯一的区别就是,故意伤害被害人的行为主体是否具有生命体。我们可以清楚地看到,是否具有生命体这一区别,并未改变行为的性质及后果。从这一意义来讲,把强人工智能超出程序控制范围作出的行为认定为刑法上的"行为"不足为奇,虽然这在一定程度上突破了传统理论,但是契合了人工智能时代的要求和特征。

具有自由意志是刑事责任主体承担刑事责任的基础。具有自由意志的前提是具有辨认控制能力,而具有辨认控制能力的基础又是具有思维能力。自然人具有思维能力,其思维能力来自大脑。强智能机器人也具备思维能力,而其思维能力源自算法程序。在刑法层面,所谓辨认能力,是指行为人能知晓自己作出的行为的性质、后果等的能力。强人工智能具有"电子眼"、"电子耳"和深度学习能力,可以对行为具有事实认识和规范认识,且其可以凭借高速运算能力和快速的反应来精准地控制自身的行为,具有控制能力。与人类基于大脑而具有辨认控制能力类似,强智能机器人可以基于算法或程序而拥有辨认控制能力。由此,强智能机器人符合成为犯罪主体的基本要求。

主观罪过有两种表现形式:故意、过失。"所谓故意,是指明知自己的行为会发生危害社会的结果,并且希望或者放任这种结果发生的心理态度。"[1]"所谓过失,是指应当预见自己的行为可能发生危害社会的结果,因为疏忽大意而没有预见,或者已经预见而轻信能够避免,以致发生这种结果的心理态度。"[2]无论故意还是过失,其成立均须同时具备认识因素与意志因素两个方面的要素。正如笔者在前文所论述的,智能机器人有辨认能力、控制能力。而认识因素的具体体现是辨认能力,意志因素的具体体现就是控

---

[1] 刘宪权主编:《刑法学》(第4版),上海人民出版社2016年版,第152页。
[2] 刘宪权主编:《刑法学》(第4版),上海人民出版社2016年版,第159页。

制能力。强智能机器人具有辨认控制能力,就意味着在主观方面,其有可能成立故意或者过失。笔者所言的强智能机器人在主观上有可能成立故意或者过失,并不意味着对于强智能机器人故意或者过失的判断与对于自然人故意或者过失的判断采用完全一致的标准。应当看到,强智能机器人与自然人辨认控制能力的来源不同,自然人的辨认控制能力的来源是大脑的思维能力,而大脑思维能力会受到自然人生活环境和生活经验的影响;而强智能机器人的思维能力来源于程序、算法。研发者、设计者在设计强智能机器人时,初衷通常是让其在某一或某些领域发挥积极作用,所以强智能机器人可能会缺乏对于生活的全方位认知,其对于是非善恶的判断标准也未必与自然人相同。既然强智能机器人的思维能力的形成机制和影响机制迥异于自然人,则对于强智能机器人主观罪过的认定标准也就不应完全与对于自然人主观罪过的认定标准保持完全一致。但是无论如何,强智能机器人可以具备刑法规定的犯罪主观要件的要素,对此应无异议。

第二节 人工智能时代传统犯罪的"量变"和"质变"

人工智能时代的核心,是人工智能技术的研发和应用。人工智能技术即通过神经网络技术等培养计算机的深度学习能力,使其可以模仿人类进行判断、分析并作出决策,从而实现对人类大脑功能的替代。这种前所未有的"智能"在造福人类的同时,也会引发相应的道德伦理风险和法律风险等。对于人工智能技术引发的法律风险中的刑事风险,我们不能坐视不理,任其蔓延。以传统犯罪为基点探讨人工智能时代的刑事风险,即从横向探讨在人工智能时代传统犯罪发生的变化,我们可以将人工智能时代的刑事风险划分为两类:一是使一部分传统犯罪的社会危害程度发生"量变";二是使传统犯罪的社会危害程度发生"质变"。其中,传统犯罪的社会危害程度发生"质变"又包含两种情况:一是新的犯罪形式的产生;二是强人工智能摆脱程序控制而作出危害社会的行为。

一、人工智能时代传统犯罪的"量变"

纵观人类科技的发展史,我们可以发现,科技发展虽然会给人类社会带来积极变化,但也会增加社会风险。例如,工业革命虽然帮助人类提高了社会生产的效率,但也帮助犯罪分子更新了犯罪工具;计算机技术发展虽然使人类之间可以用更便捷的方式互通有无,但网络的普及也成为滋生网络犯罪的"温床"。从工业革命到信息技术革命,技术的演进在人类社会发展中扮演着不可或缺的重要角色,但同时也帮助传统犯罪增添了"羽翼",传统犯罪乘着科技的"东风"也在"更新换代"。因此,我们有充分的理由相信,人工智能在提高人们生活水平、促进社会发展之时,也使社会风险系数增加。

从犯罪危害性的"广度"来说,人工智能的运用与普及,有可能会使犯罪行为所带来的危害的覆盖面更广。人工智能技术的发展极其迅速,且影响范围也在不断扩大,智能机器人的身影遍布诸多行业。可以预测的是,在不久的将来,更多工作可以由智能机器人代替人类完成。在诸多方面,人工智能已表现出与人类近似甚至超过人类的水平。如在医疗行业,手术机器人可以协助医生进行手术,提高手术精准度,还可以协助医生对肿瘤的大小、肿瘤的位置等进行判断,并提供治疗方案;在艺术领域,智能机器人创作的诗歌颇具美感,能慰藉人类心灵,智能机器人也可以创作乐曲,美化人类生活;在工业方面,智能机器人更是已经在发挥着无与伦比的作用,帮助人类大幅度提高生产效率,同时产品中蕴含的人工智能技术,也提高了产品的性能;在洪水、地震等自然灾害面前,智能机器人更是以其特有的优势,更加精准、快速地帮助人类抢救受灾人员生命财产,减轻人员伤亡与财产损失。根据国家战略规划,未来,我国将构建全方位智能化社会,涵括制造、金融、农业、家居、商务等各领域。无疑,这些战略规划是鼓舞人心的、令人向往的,但同时也会引发人们的担忧与警惕。当人工智能技术全方位覆盖社会生活时,一点小小的隐患可能就会引发"牵一发而动全身"的风险。为此，我们需要提前做好预案。

从犯罪危害性的"深度"来说，人工智能技术的应用会使产品更智能，但同时也可能会使犯罪手段、工具等更智能，即会使犯罪的社会危害程度更"深"。行为人运用人工智能实施犯罪计划，可以取得"事半功倍"的效果，对社会所造成的危害性远比传统犯罪更大，且更难得以修复。例如，犯罪分子可以利用智能机器人的深度学习能力和获取数据的速度，窃取其他公司的技术成果或商业秘密，从而牟取暴利或者破坏该公司的正常运行。上述手段的危害性与传统侵犯商业秘密类的犯罪相比，可谓存在天壤之别。再如，犯罪分子利用智能机器人的数据分析能力和快速的反应速度，实施高频交易或者其他操纵证券市场的行为，从中牟利或者故意扰乱证券市场的秩序。这种行为对证券市场乃至经济发展的危害远超一般操纵证券市场行为的危害。

二、人工智能时代传统犯罪的"质变"

在人工智能时代，新型犯罪可能会产生，智能机器人可能因种种因素而脱离程序控制并自主实施具有严重社会危害性的行为，即传统犯罪发生"质变"。

（一）人工智能技术可能会导致新的犯罪形式产生

人工智能的飞速发展除导致一些传统犯罪危害的广度与深度发生变化（"量变"）之外，还可能会因出现新结合点而引发新型犯罪。

第一，人工智能技术与数据滥用相结合会引发新型犯罪。目前，人工智能技术主要是通过编码程序和算法构建的神经网络体系，让计算机对大量的数据进行分析和学习（深度学习），从而使计算机具有识别、决策等本来只有人类大脑才具有的功能。从这个意义上来说，离开大数据的背景支撑，人工智能技术就如同"无本之木、无源之水"。大数据是智能机器人进行深度学习的基础和前提，其重要性不言而喻。因而在人工智能迅猛发展的大背景下，可能会"孕育"出滥用数据与滥用人工智能两种行为结合的新形式犯罪。人工智能引起广泛关注之前，我们通常认为，滥用数据行为所涉及犯罪类型,主要是以非法手段获取计算机信息系统的数据所构成的犯罪。根据最高人民法院、最高人民检察院的司法解释,[①]我国《刑法》和相关司法解释更注重保护与信息系统功能、访问控制等有关的数据,而并未关注数据内容属性的保护必要与价值。但是,在人工智能时代,可能会出现针对数据本身的内容属性的新型犯罪。在大数据时代,众多数据的聚集会引发风险,原因在于,数据的海量聚集,使数据所包含的信息量成倍增长,犯罪分子只需攻击一次数据库,就可以获利颇丰,这使犯罪成本大大降低。更严重的是,有些数据仅从表面来看并不包含关键、敏感的信息,但是犯罪分子利用智能机器人对海量数据进行分析,可能会得到超出预期的结果,即人类从表面无法分析出关键信息的数据,但智能机器人可以通过综合分析、比对,从而推算、演绎出敏感、关键信息,且这些信息还可能与国家和公共安全、公民生命和财产安全有关。同时,人工智能技术的发展速度远超对数据进行安全防护的技术,这就意味着,对于人工智能技术与数据滥用相结合产生的新型犯罪其无法及时作出预警反应。

第二,针对智能机器人自身特点所实施的新型犯罪。智能机器人是具有识别功能和决策功能的,而其所具有的识别功能和决策功能被犯罪分子利用时,就可能会产生新型犯罪。犯罪分子通过篡改指导智能机器人实施行为的算法或程序,就可以使智能机器人产生识别错误或者决策错误。一方面,犯罪分子可以利用智能机器人产生的识别错误或者决策错误逃脱制裁。随着人工智能技术的发展和普及,未来,警方在侦破案件时会在很大程度上依赖智能机器人。犯罪分子要想逃之夭夭,仅需成功"欺骗"智能机器人即可,这给社会的稳定和安全带来很大隐患。另一方面,犯罪分子可以利用智能机器人产生的识别错误或者决策错误,让自己的非法行为披上合法的"外衣"。智能机器人的运行离不开程序和算法。犯罪分子通过篡

---

① 2011年最高人民法院、最高人民检察院《关于办理危害计算机信息系统安全刑事案件应用法律若干问题的解释》第1条规定,获取支付结算、证券交易、期货交易等网络金融服务的身份认证信息10组以上的,或除此以外的身份认证信息500组以上的,属于"情节严重"的情形。

改程序和算法,或者利用程序和算法本身的漏洞,有可能成功"欺骗"智能机器人,为自己的行为"洗白"。

(二)智能机器人可能脱离人类控制而实施犯罪行为

自人工智能技术初步发展时起,人类对于智能机器人可能会伤害人类的担忧就从未停止过。为此,人类也一直在寻求能够有效控制智能机器人并保证其不会做出伤害人类举动的有效方法。阿西莫夫(Isaac Asimov)虽然提出了"机器人三原则",并将此作为阻止智能机器人伤害人类的策略,但其仍在科幻小说中多次描写了智能机器人伤害人类的场面,这说明"机器人三原则"并不能从根本上维护人类在人工智能时代的安全。著名物理学家霍金曾在多个场合多次强调人工智能技术的发展可能会在未来威胁人类,甚至会导致人类的灭亡;马斯克将人工智能技术形容为人类文明所面临的最大威胁。科幻小说和电影也从一定程度上反映了人类对智能机器人失控的担忧和恐惧。在名为《2001太空漫游》的著名科幻电影中,智能机器人HAL自主决定,将宇宙飞船上的科学家全部杀死。当智能机器人脱离了人类为其编制与设计的程序控制,自主决定实施行为时,上述场景未必不会出现在人类真实的社会生活中。当具有自主意志与意识的强智能机器人出现并实施了严重危害社会的行为时,由于这种行为的实施违背了其研发者、设计者的意志,不应由研发者、设计者承担刑事责任,而应由强智能机器人自身来承担刑事责任。但是根据现行《刑法》,只有自然人或者单位才能承担刑事责任。强智能机器人与自然人最大的区别在于强智能机器人没有生命而自然人拥有生命,但是二者都具有辨认与控制能力,而辨认与控制能力才是承担刑事责任的最重要的要素。所以,强智能机器人完全有可能成为刑事责任主体。而且,强人工智能有两面性:一是当强人工智能在程序控制范围内实施行为的时候,实现的是研发者、设计者或者使用者的意志,而非实现自身的意志,此时的强智能机器人当然不应为自己的行为承担责任;二是当强智能机器人在程序控制范围外实施行为的时候,实现的是自身的意志,此时的强智能机器人和其他刑事责任主体在实施犯罪行为时的情况并无区别。自然人从出生到具备完全刑事责任能力的过程,可以被看成刑事责任能力"纵向"递增的过程,即分别为完全无刑事责任能力(未满12周岁)、相对负刑事责任能力(已满12周岁未满16周岁)和完全负刑事责任能力(已满16周岁)的阶段。强智能机器人从程序控制范围内到程序控制范围外的行为可以被看作刑事责任能力"横向"转化的过程,即当强智能机器人在程序控制范围内作出行为的时候没有刑事责任能力;反之,则具有刑事责任能力。人工智能技术的发展势不可当,人工智能技术的发展对经济社会的影响乃至法律变革的需求也会随之而来。强智能机器人在人类社会中的地位发生从工具到主体的转换,是不可回避的历史发展趋势。为此,强人工智能时代的法律制度有必要根据人工智能技术的发展状况作出相应调整,以适应时代发展需求。

第三章　人工智能时代刑法的立场与理念

为了更好地促进人工智能技术发展和社会繁荣,发挥刑法保护社会的机能,我们有必要坚持前瞻性刑法理念,建立和完善与人工智能时代相适应的刑事立法、司法体系。前瞻性刑法理念有利于为刑法规制涉人工智能犯罪预留必要的缓冲空间、解释空间,以免对刑法的修改太过频繁,从而使刑法既能有效应对当前的风险,又能从容应对未来的发展,进而延长和增强刑法条文的生命力。人工智能技术的发展可能会为社会带来相应的风险,刑法为了发挥为社会稳定发展、人民安居乐业保驾护航的作用,应及时介入,防患于未然。这是刑法惩治涉人工智能犯罪的正当性根基。与此同时,人工智能技术并非"洪水猛兽",其会为人类社会带来诸多益处,刑法不能阻碍更不能禁止人工智能的发展。这是刑法规制涉人工智能犯罪的适当性根基。

第一节　人工智能时代应秉持前瞻性的刑法理念

人工智能时代的到来,在为人类生活带来便利的同时也带来了前所未有之刑事风险。应当承认,对于在人工智能时代频繁出现的新风险、新问题,现有刑法规制起来有些力不从心。刑法具有保护社会的机能,促进社会的稳定繁荣、促进人工智能技术健康发展,是刑法不可推卸的责任和使命。为此,我们需要在前瞻性刑法理念的指引下,建立并完善与人工智能时代特点相适应的立法、司法体系。

一、人工智能时代需要革新刑法理念

"风险"一词首次进入大众视野,得益于德国社会学家乌尔里希·贝克在 1986 年出版的著作——《风险社会》。在这本书中,乌尔里希·贝克将"风险"一词解释为社会发展变化的关键词。《辞海》关于"风险"一词的解释为"人们在生产建设和日常生活中遭遇能导致人身伤亡、财产受损及其他经济损失的自然灾害、意外事件和其他不测事件的可能性"[①]。人工智能技术给人类社会带来的极大便利有目共睹。智能机器人可以协助人类在仓库中快速运送货物,可以扮演服务员的角色为在餐厅用餐的人们提供优质服务,也可以代替矿工在矿井下发掘矿物。但是,红利与风险是成正比的,人工智能技术给人类带来的风险也随之增加。笔者认为,在弱人工智能时代,涉及人工智能的刑事风险可以被分成两类:一类是研发者、设计者或者使用者正常利用弱智能机器人的时候所引发的刑事风险;[②]另一类是研发者、设计者或者使用者将智能机器人作为犯罪工具并实施相应犯罪行

[①] 王晓楠:《风险社会视角下网络涉警舆情引导路径》,载《辽宁警察学院学报》2019 年第 2 期。

[②] 主要包括行为人由于疏忽大意而没有预见到智能机器人可能造成损害,以致严重危害社会的结果发生和行为人已经预见到智能机器人可能造成损害但轻信能够避免,以致严重危害社会的结果发生这两种情形。

为的刑事风险。

研发者、设计者或者使用者正常利用弱智能机器人的时候造成具有严重的社会危害性后果的案例并不鲜见。例如,2018年,在美国的亚利桑那州,发生了一起无人驾驶汽车将行人撞死的事故。再如,购物平台为了提升用户的购物体验,利用智能机器人分析用户的消费模式和消费习惯,以便为用户提供个性化的服务,其中便隐藏着侵犯公民的个人信息的刑事风险。又如,在英国的首例利用智能机器人实施心瓣恢复的手术中,智能机器人出现错误导致被害人死亡。此类研发者、设计者或者使用者在正常利用智能机器人的过程中造成具有社会危害性后果的事件时有发生,笔者在此不再一一列举。

研发者、设计者或者使用者将智能机器人作为犯罪工具实施犯罪行为的案例也层出不穷。例如,行为人可以利用智能机器人的深度学习能力对图片的验证码进行识别,轻松地绕过某些互联网公司专门设置的维护账户安全的装置,从而为网络诈骗等犯罪提供工具。[1] 再如,被用于扫雷等军事领域的智能机器人一旦被恐怖分子恶意利用,将会导致我们为了保障安全而设置的各种防范措施宣告无效,进而造成难以想象的局面。又如,犯罪分子在无人机上搭载手枪、扩音器等装置用于实施抢劫行为,使被害人的人身安全面临很大威胁,同时也使抓捕犯罪分子的难度提高。

"刑法必须敏感地应对时代变化。"[2]现行刑法难以从容地应对在人工智能时代出现的各种各样的刑事风险。为此,我们应根据时代发展的情况,树立前瞻性刑法理念,及时地调整立法与司法体系。有学者提出,对于智能机器人的刑事责任主体资格的探讨,可谓无稽之谈。智能机器人只能被看作协助人类处理某些事物的工具。[3] 笔者对上述观点不敢苟同。虽然

---

[1] 参见王肃之:《人工智能犯罪的理论与立法问题初探》,载《大连理工大学学报(社会科学版)》2018年第4期。
[2] 李振林:《人工智能刑事立法图景》,载《华南师范大学学报(社会科学版)》2018年第6期。
[3] 参见时方:《人工智能刑事主体地位之否定》,载《法律科学(西北政法大学学报)》2018年第6期。

当前我们仍然处于弱人工智能时代,弱智能机器人的所有行为均受研发者、设计者编制与设计的程序控制,弱智能机器人仍然具有工具属性,不是刑事责任主体。当行为人将弱智能机器人作为实施犯罪行为的工具时,只能追究利用者而非智能机器人的刑事责任。但这并不意味着,弱智能机器人与普通的犯罪工具或者犯罪对象并无差别,在弱人工智能时代刑法对行为人的刑事责任认定没有任何变化。应当看到,当弱智能机器人作为犯罪工具或者犯罪对象的时候,会对行为人的刑事责任认定有所影响。具体如以下几方面。

其一,当智能机器人作为行为人实施犯罪行为所针对的对象时,会影响对行为人的刑事责任认定。事实上,早在普通智能机器人时代,具有部分人脑功能(如识别功能)的普通智能机器人就已经影响对行为人的刑事责任认定。"以 ATM 为例,2008 年 4 月 18 日最高人民检察院《关于拾得他人信用卡并在自动柜员机(ATM 机)上使用的行为如何定性问题的批复》指出,拾得他人信用卡并在自动柜员机上使用的行为,属于刑法第 196 条第 1 款第 3 项规定的'冒用他人信用卡'的情形,构成犯罪的,以信用卡诈骗罪追究刑事责任。"[1]有学者提出,机器是没有意识的,陷入认识错误更是无从谈起,因此机器不可能被骗,也不可能因产生了错误认识而处分财产。冒用他人信用卡,在 ATM 上取钱的行为,应以盗窃罪认定。[2] 上述学者的观点明显与司法解释的结论相悖。笔者不认同上述学者的观点,而认为上述司法解释具有合理性。原因在于:ATM 具有人类通过编程对其赋予的识别功能,实际上是发挥金融机构工作人员的作用来处理金融业务。既然金融机构工作人员能够作为诈骗罪的对象,则与金融机构工作人员履行完全相同的职责的 ATM 也当然能够作为诈骗罪的对象。[3] 换言之,

---

[1] 刘宪权、房慧颖:《涉人工智能犯罪的前瞻性刑法思考》,载《安徽大学学报(哲学社会科学版)》2019 年第 1 期。

[2] 参见张明楷:《许霆案的刑法学分析》,载《中外法学》2009 年第 1 期。

[3] 参见刘宪权:《金融犯罪刑法学原理》,上海人民出版社 2017 年版,第 508~509 页。

ATM 并非普通机器,而是具有本来只有人脑才具备的识别功能的智能机器人。其在作为犯罪行为所针对的对象时,可能会影响刑事责任认定。由此,ATM 不能被等同于普通机器,但也不能被等同于人。因为其并不具备人脑除识别功能之外的其他功能。另外,既然我们已明确 ATM 是普通智能机器人而非普通机器,就应明确 ATM 所具有的识别功能会在一定程度上影响刑事责任认定。我们还须作以下讨论:第一,犯罪分子利用 ATM 所具有的识别功能(让 ATM 陷入错误认识)而获取钱财的,应被认定为诈骗类犯罪。上述司法解释中将冒用他人的信用卡在 ATM 上取钱的行为认定为信用卡诈骗罪即典型例证。第二,犯罪分子在 ATM 出现机械故障之时趁机取钱的,应被认定为盗窃类犯罪。原因在于,机械故障与人的认识错误具有本质差异。"许某案"即典型例证。即使在普通智能机器人时代,即智能机器人所具有人脑功能尚且较少的时代,将智能机器人作为犯罪行为所针对的对象,仍然会在很大程度上影响刑事责任认定。由此可见,将具备更多人脑功能的弱智能机器人作为犯罪行为所针对的对象,将会对行为人刑事责任认定产生更大影响。

其二,将智能机器人作为实施犯罪行为的工具时,会影响对行为人的刑事责任认定。主要体现在,根据智能机器人智能程度的强弱,对于研发者、设计者或者使用者的刑事责任认定和分配会有所不同。例如,当汽车驾驶员违反交通规则导致重大的交通事故时,应由驾驶员(汽车的使用者)而非汽车的研发者、生产者承担相应的刑事责任。但当无人驾驶汽车(无须人干预的全自动驾驶的汽车)违反交通规则导致重大交通事故发生时,承担刑事责任的主体会发生改变。众所周知,无人驾驶汽车的行驶路径、行驶速度、行驶方式等完全由程序控制,车上没有驾驶员,只有乘车人。无人驾驶汽车违反交通规则的行为也受程序控制,而程序又是无人驾驶汽车的一个组成部分,所以无人驾驶汽车违反交通法规导致重大交通事故发生时,不可能由驾驶员承担责任(因为此时无人驾驶的汽车上根本不存在驾驶员),而应由无人驾驶汽车的设计者、研发者承担刑事责任。由此可见,当智能机器人作为犯罪工具的时候,会影响刑事责任的认定或者分配,从这个意义上来说,智能机器人作为犯罪工具的时候,不能和普通犯罪工具等同视之。

库兹韦尔定律给我们的启示是,技术是呈指数级发展的。当前人工智能技术对人类的影响远非历史上的任何一个时刻所能比拟。2015年霍金就曾警示人类,要提防人工智能技术所带给人类的潜在风险,不能一味只关注技术发展而忽略防范风险措施的重要性和紧迫性。在一定程度上而言,法律就是国家为了达到某一个特定的目的而有意识地制定的。[①] 刑事立法、司法体系以及刑法理念都应顺应时代发展的潮流进行相应调整,从而发挥刑法的保护机能,使刑法更好地发挥社会最后一道防线的作用。人类从原始社会到农业社会,再从工业社会到信息社会,技术的演进对人类社会的影响日渐突出。在不同的社会形态当中,刑法体系与理念各不相同,这说明,刑法会顺应时代和社会的发展而不断调整自身。当前,弱智能机器人对人类社会的影响已经体现在方方面面,并将继续对社会演变和发展产生重要影响。因此,我们需要适时革新和调整刑法的理念,以实现促进人工智能技术健康发展和治理、防控技术带来的刑事风险的双重目标,维护人类社会的整体利益,促进社会发展和进步。

二、前瞻性刑法理念与相应误区辨析

正如笔者在前文中所论述的,为了适应人工智能技术发展所带来的变化,我们应坚持前瞻性刑法理念。在人工智能时代,刑法所立足的社会条件与技术背景等都处在急速发展变化之中。面对人工智能技术已经带来和可能带来的刑事风险,必须提前做好准备予以应对,只有做到未雨绸缪,才能够临危不乱。具体到刑法领域,"加强前瞻预防和约束引导"就是要树立和坚持前瞻性刑法理念,提前想好应对措施,完善刑事立法、司法体系。

[①] 参见[美]博登海默:《法理学:法律哲学与法律方法》,邓正来译,中国政法大学出版社1999年版,第109页。

在此,针对前瞻性刑法理念,笔者有必要对以下两个误区予以澄清。

第一,将前瞻性刑法理念与科幻小说类比纯属歪曲事实。有学者提出,前瞻性刑法理念针对尚未发生的风险提出规制策略,这和科幻小说并无二致。① 笔者不同意这种观点。笔者认为,技术的快速发展和刑法立法的滞后性之间的矛盾是始终存在的,但是这种矛盾在人工智能时代会显得尤为突出。如果刑事立法依然坚持原有步调,将无法妥善规制在人工智能时代出现的具有严重的社会危害性的行为。不得不承认,这种尴尬的局面在弱人工智能时代已经多次发生。举例而言,无人驾驶汽车事故不断发生,已经危害到公共安全以及公民的人身、财产安全。对于这些社会风险,我们尚未建立起行之有效的法律制度和体系来进行规制。在这样的背景下,作为指导刑事司法与刑事立法的刑法理念,也面临是否有必要调整、如何调整的疑问。② 刑法理念本身属于主观的意识形态范畴,但是物质决定意识,人们选择何种刑法理念天然地取决于人们所处时代的生产力发展水平。笔者所言在人工智能时代应坚持前瞻性刑法理念,并非凭借脱离技术发展实际水平的主观想象,来"畅想"将来的刑事立法、司法体系,而是主张在明晰和洞察技术发展水平和时代背景的前提下,破解在人工智能时代中刑法需要应对的难题。同时,我们需要防患于未然,在前瞻性理念的指引下,引领科技朝着正确的方向发展,以降低人工智能技术可能带来的风险。

第二,前瞻性刑法理念与"过度刑法化"无关。在有关社会治理的探讨中,学界对"过度刑法化"趋势持批判态度。有学者提出,过度刑法化背弃了刑法沉稳和谦抑的品格,将会导致刑罚对犯罪人予以谴责的功能退化,从而引发社会治理的风险。③ 这种批判自有其道理,但是与前瞻性刑法理念并无关联。笔者认为,前瞻性刑法理念与"过度刑法化"在逻辑上毫无关

---

① 参见时方:《人工智能刑事主体地位之否定》,载《法律科学(西北政法大学学报)》2018 年第 6 期。

② 参见刘宪权:《网络犯罪的刑法应对新理念》,载《政治与法律》2016 年第 9 期。

③ 参见何荣功:《社会治理"过度刑法化"的法哲学批判》,载《中外法学》2015 年第 2 期。

联。过度刑法化意味着,本来可以采用道德谴责或者行政、民事等手段予以规制的具有一定社会危害性的某些行为,刑事立法仍然将其认定为犯罪行为,其主要表现就是风险所在之处即刑法所在之处。[①] 但是,前瞻性刑法理念与此存在本质区别。前瞻性刑法理念能够为刑法规制涉及人工智能的犯罪预留必要的缓冲空间和解释空间,从而避免过于频繁地修改刑法,其既不会导致犯罪圈的盲目扩大,也不可能造成刑罚泛化。这是我们吸取刑法规制网络犯罪教训后应得出的结论。回顾各国有关网络犯罪的相关立法,可以看到,当一个国家的立法经历了冗长且复杂的立法程序,将某一网络行为归入本国法律规制的范围时,却惊讶地发现,这种行为已经近乎销声匿迹了,取而代之的是另外一种法律还未关注的、新型的行为。这种法律在生效后不久就在实质上近乎失效的状况经常在有关网络犯罪的立法中发生。[②] 坚持前瞻性刑法理念,可以使我们避免重蹈覆辙。在应对涉人工智能犯罪的时候坚持前瞻性刑法理念,需要我们既立足当前现状(契合技术发展现状和针对实际已经发生的危害),又能预见将来状况(契合技术发展前景和针对将来可能产生的风险),并据此适当对刑法规定作出调整,为将来可能产生的刑事风险和挑战预留足够的空间,使刑法既能有效应对当前的风险,又能合理契合未来发展状况,从而使刑法条文的生命力得以延长和增强。同时,笔者在此需要说明的是,在网络时代,大量传统的犯罪转移为网络犯罪,与此相同,在人工智能时代,许多的传统犯罪也可能会因缺乏生存空间而向人工智能犯罪转移。所以,在人工智能时代,坚持前瞻性刑法理念并不会必然地导致犯罪圈扩大,和"过度刑法化"更无关联。

[①] 参见刘宪权:《刑事立法应力戒情绪——以〈刑法修正案(九)〉为视角》,载《法学评论》2016年第1期。

[②] 参见李怀胜:《三代网络环境下网络犯罪的时代演变及其立法展望》,载《法学论坛》2015年第4期。

第二节 刑法规制涉人工智能犯罪的正当性与适当性

刑法应当适时规制人工智能时代的风险,有效发挥保护社会的机能,为社会发展保驾护航。同时,刑法不能阻碍,更不能禁止人工智能技术的更新和发展,此即刑法规制涉人工智能犯罪的适当性和正当性要求。

一、刑法规制涉人工智能犯罪的正当性

人工智能技术相当于一把"双刃剑":一方面,促进了社会发展,给人类的社会生活带来很大便利;另一方面,为犯罪插上了高科技的"翅膀",使犯罪的危害性成倍增长,甚至会导致新型犯罪的大量产生。更严重的是,随着人工智能技术的持续发展,智能机器人可能会脱离人类为其编制与设计的程序,在自主的意志与意识下独立决定实施具有严重社会危害性的行为。针对现有的弱人工智能技术已经为社会带来的危害和将来的强人工智能技术可能为社会带来的风险,刑法理应充分发挥为社会保驾护航的功能,此即刑法规制涉人工智能犯罪的正当性的根基。

根据智能机器人是否可能超出人类为其编制与设计的程序控制范围实施行为,即智能机器人是否具有自主的意志与意识,我们可以将智能机器人分为强智能机器人与弱智能机器人。不具有自主意志与意识的弱智能机器人不具有辨认与控制能力,其所实施的任何行为均受程序控制,实现的是研发者、设计者或者使用者的意志而非自身的意志。人类可以将弱智能机器人作为犯罪工具,帮助自己实现相应的犯罪目的。正如李开复(创新工场CEO)所言,目前的机器没有情感,没有自我认知,即使其作出决定也无法讲出为何会作出这种决定。将智能机器人作为犯罪工具时,犯罪的社会危害程度可能会极大地增加,原因在于:其一,科技的发展虽然可以促进生产力的发展和提高,但也可以帮助犯罪分子实施犯罪的手段"更新换代",使犯罪分子以更小的代价获得更大的收益。在人工智能时代之前,必须由犯罪分子冒险亲自去做的事情,在人工智能时代到来之后便可能由智能机器人替代完成。其二,人工智能技术的发展历程概括起来便是人类通过编程和算法,赋予智能机器人相应的能力,而这些能力本来只有人类的大脑才具有,任何其他事物都不具有。换言之,随着人工智能技术的发展,人类会通过各种技术措施将越来越多的辨认与控制能力赋予智能机器人,从而使智能机器人身上蕴含越来越多"人"的成分,相应地,其所蕴含的"机器"成分就会越来越少。上述人工智能技术的发展趋势必然会对研发者、设计者和使用者以及其他刑事主体之间的注意义务配置产生影响,从而进一步影响刑事责任的分配方式和刑事风险的样态。从这个意义上来说,目前我们所作的有关人工智能时代刑事风险的研究以及有关刑法规制涉人工智能犯罪正当性的探索,可谓意义深远。具有自主意志与意识的强智能机器人具有辨认与控制能力,其可以摆脱程序控制作出行为,实现的并非使用者或研发者的意志而是自身的意志。因此强智能机器人具有刑事责任能力,当其实施具有严重社会危害性的行为时,可以对其进行刑事处罚。[1] 虽然一直以来人类并未停止探索避免智能机器人伤害人类的方法和措施,但是我们应当看到,物质决定意识,意识反作用于物质。换言之,物质世界的现实情况会对人类意识起决定作用,而人类的意识又会反过来对物质世界发展的状况产生影响。人工智能技术的发展现状和趋势表明,人类所设想的具有自主意志与意识的强智能机器人终有一天会成为现实。有人认为,未来并非说来就来,对于人工智能相关的法律检讨应该立足现状。[2] 也有人认为,虽然对科技发展进行适当的前瞻性预测,有利于缓解法律的滞后性所带来的困境,但是没有建立在可靠科学依据的基础之上的理

---

[1] 参见刘宪权:《人工智能时代的"内忧""外患"与刑事责任》,载《东方法学》2018年第1期。
[2] 参见刘艳红:《人工智能法学研究的反智化批判》,载《东方法学》2019年第5期。

论探讨和科幻小说并无区别。① 上述观点用一句话总结,即只有当人工智能技术对社会带来危害的预测都成为现实时,我们才有必要考虑如何对这些风险进行刑法规制。笔者不认同上述观点。历史多次证明,科技发展、时代更迭之迅速经常会超过人类想象。古时凭车马舟轿出行的人们难以想象今天的人类能够凭高铁、飞机等交通工具实现"坐地日行八万里";古时凭飞鸽传递书信的人们也很难想象今天的人类凭手机、电脑等通信工具实现全球互通。今天的人类同样也难以想象未来人类所处的社会生活状况。科技发展是日新月异的,但法律尤其是刑法的制定和修改则需较长时间。当强智能机器人出现并自主决定实施严重危害人类的社会行为时,没有做好充分准备的人类可能会束手无策。所以,我们必须未雨绸缪,现在就认真考虑通过立法等措施,在促进和鼓励人工智能技术发展的同时,做好风险防控,防患于未然。

有学者提出,目前对人工智能技术所带来的刑事风险的研究并无必要。正如法学界曾经对克隆人的法律风险的研究一样,人工智能技术法学研究的热潮就如昙花一现,终将无疾而终。② 笔者不同意上述观点。无论从技术层面来看,还是从对法律规制的探讨层面来看,二者都有本质不同,不宜等同视之。克隆人技术与人工智能技术存在以下几点显著区别。

第一,人工智能技术为人类社会带来的利益和改变远超克隆人技术。人工智能技术在诸多领域带来让人欢欣鼓舞的影响。在医疗领域,智能机器人可以帮助医生诊断病情,辅助医生进行手术操作从而提高手术成功率;在工业领域,智能机器人的广泛应用大大提高了生产效率,并将人类从繁重、危险的劳动中解放出来;在文学艺术领域,智能机器人可以创作出美妙的诗篇和旋律。反观克隆人技术,其仅是用特殊手段繁育人的技术,为

---

① 参见时方:《人工智能刑事主体地位之否定》,载《法律科学(西北政法大学学报)》2018年第6期。
② 参见郝铁川:《不可幻想和高估人工智能对法治的影响》,载中国政法大学法治政府研究院网 2018年1月12日,https://fzzfyjy.cupl.edu.cn/info/1038/8019.htm。

人类社会带来的利益屈指可数。① 从广度和深度两个维度来看,克隆人技术给人类社会带来的影响和利益显然远不如人工智能技术。

第二,人工智能技术发展趋势的难以预测性远超克隆人技术。正如笔者在前文所述,人工智能技术的发展在为人类带来利益的同时,也有可能产生难以估量的危害。由于智能机器人的数据分析、决策能力可能会远超人类,犯罪分子将智能机器人作为犯罪工具,或者强智能机器人产生自主的意志与意识并实施严重危害人类社会的行为,都会为人类社会带来巨大的威胁,甚至可能威胁人类的安全。霍金曾说,人工智能可能会是人类历史上最美好的事物,也可能是最糟糕的事物。② 反观克隆人技术,其发展巅峰也只不过是出现和被克隆的人基本相同的另一个自然人,且克隆人在各方面的能力不太可能远超被克隆人,这就使除对伦理方面的考量外,克隆人技术给人类社会带来的危害是可预测的。

第三,人工智能技术得到的认可程度远超克隆人技术。2017年7月,国务院《新一代人工智能发展规划》明确,集举国之力,抢占人工智能技术的"制高点"。在党的十九大报告中,习近平总书记强调,"推动互联网、大数据、人工智能和实体经济深度融合"③。国家将促进人工智能技术发展上升为国家的战略方针,可见对人工智能技术的认可程度之高。同时,腾讯、百度、阿里巴巴等互联网行业的领航者作出的财务报告也显示,推动公司业绩快速增长的新"引擎"是人工智能,上述公司也正在以人工智能作为基础驱动力,来完善核心业务。反观克隆人技术,其从未得到如同人工智能技术这般深刻而广泛的认可,也未得到"举国之力"的支持,而是在技术被公布的第一时间就受到广泛的抵制、限制乃至禁止。

第四,人工智能技术的发展引发了一个全新时代——人工智能时代的

---

① 参见李书源:《图说克隆技术》,吉林出版集团有限责任公司2012年版,第4~5页。
② 参见房慧颖:《强人工智能刑事责任主体地位之证成》,载《法律方法》2022年第3期。
③ 习近平:《决胜全面建成小康社会 夺取新时代中国特色社会主义伟大胜利——在中国共产党第十九次全国代表大会上的报告(2017年10月18日)》,人民出版社2017年版,第30页。

到来,而克隆人技术不可能引发"克隆人时代"。正如笔者在前文所述,人工智能技术终将从各个方面改变人类社会和人类的生活面貌。面对人工智能技术发展为人类社会带来的巨大利益,我们不能因其存在相应风险就禁止这一技术的发展,否则便是"因噎废食"。历史的车轮滚滚前进,非人力能阻止。人工智能技术已经且必将继续向着纵深方向发展,并对这个时代产生越来越深刻的影响。而克隆人技术对人类社会发展产生的有利影响微乎其微,却会带来巨大的道德、伦理风险。正是由于克隆人技术带来的风险远超利益,所以其必然受到各国政府的限制乃至禁止。

综上所述,无论从广度还是深度来看,克隆人技术所带来的影响力远不如人工智能技术,我们不宜将二者相提并论。以对克隆人的法律规制研究历史来否定对人工智能技术的法律规制研究并不适宜。犯罪分子利用智能机器人实施犯罪可以"事半功倍",脱离程序控制的强智能机器人的危害更是难以想象。刑法作为"社会治理的最后一道防线",理应保障社会健康、稳定发展。严密惩治涉人工智能犯罪的刑事法网,完善刑法规制涉人工智能犯罪的相关规定,不仅必要,而且正当。

二、刑法规制涉人工智能犯罪的适当性

关于刑法规制涉人工智能犯罪的正当性,笔者已在前文进行了充分的论述。但是,规制涉人工智能犯罪的目的并非阻碍人工智能技术的演进和发展,因此刑法对涉及人工智能技术犯罪的规制,理应保持适当限度,不能阻碍甚至扼杀人工智能技术的发展与创新。

(一)人工智能技术能够增进人类福祉

人工智能技术的发展使人类社会发生了翻天覆地的变化,对世界经济和社会的进步以及人类的生产生活产生了深刻影响。新一轮的产业变革所依赖的核心驱动力即人工智能技术。提高生产力,为人类更加美好的生活提供充足动力和良好的物质基础,是人工智能技术乃至所有科技的原动力和目标。

目前的智能机器人仍受控于人类为其编制与设计的程序,未超出工具范畴,相当于人类改造世界所用的新型工具。人工智能技术相当于人类四肢和大脑的延伸,能够在一定程度上替代人类从事相应活动,在解放劳动力的同时,弥补人类技能的不足。人工智能技术给人类带来了巨大福祉。例如,家居智能机器人为人类生活带来很大便利,并提高了能源的利用率;工业领域的智能机器人代替人类从事高危、繁重的劳动,节约了人力成本,提高了生产效率;商业领域的智能机器人帮助企业分析用户需求,为用户提供个性化的服务;医疗领域的智能机器人可以辅助医生进行工作,还可以精准分析病人的病症并提供治疗方案,从而有效帮助国家解决"看病难"问题。从1956年至今,人工智能技术已走过60多年的历程,虽几经起落,但业已进入平稳快速发展的轨道。

从长远来看,人工智能可以催生绿色制造、柔性制造、全球制造、智能制造等,对实体经济的升级转型意义深远,并能够使产业化应用成为现实,为实体经济的发展提供新的动力。人类长久以来面临的环境污染、能源不足等困扰,随着人工智能技术发展有望得到解决。另外,随着智能机器人帮人类摆脱高危、繁重、无意义的工作,人类的生产效率大大提高,人类将会有更多的时间与精力去追寻人之为人的更高层次的意义和目的。如同康德(Immanuel Kant)在《纯粹理性批判》中所提出的,"人不是他人的工具,而是自身的目的"①。智能机器人帮助人类从重复、繁重的工作中解放出来,人类不再作为生产环节的一个"工具",而可以去探索世界以及自身的意义。从长远来看,人工智能技术的出发点和落脚点是全人类的解放和福祉。

(二)刑法规制涉人工智能犯罪的限度

人工智能技术自1956年诞生至今,历经两次"潮涨潮落",进入稳步发展阶段。虽然人工智能技术的发展中蕴含一定的风险,但也蕴含巨大的价值。我们不可能"因噎废食"而阻碍人工智能技术的发展。因此,对于涉及

---

① [德]康德:《纯粹理性批判》,邓晓芒译,人民出版社2017年版,第15页。

人工智能犯罪的刑法规制应保持在合理适当的限度之内。一方面,刑法要发挥保护社会的机能,不能让滥用人工智能技术的行为对人类社会造成威胁或破坏;另一方面,刑法的规制力度应控制在不干预或阻碍技术发展创新的限度之内。

与其他的部门法比较,刑法最大的特点在于,其所调整和规制的社会关系更具广泛性,手段更具严厉性。刑法是社会治理的最后一道"防线",根据《刑法》规定,刑法的基本任务就是同一切犯罪作斗争。换言之,严重危害社会的行为,理所当然应被视为刑法规制范畴之内的行为。同时,由于刑法本身所具有的严厉性无可比拟,所以刑法对社会的干预应保持合理限度,对于某类具有严重社会危害性的行为,只有在迫不得已的情况下,即在其他部门法无法规制或调整的情况下才能介入进而进行规制和调整,此即刑法应遵循的谦抑性原则,也是绝大多数刑法学家的共识。刑法是所有部门法中最严厉的,因此刑法不能随意地干预人们的社会生活,而应尽量地维护公民的自由,节制自身对社会的干预力度。① 对犯罪起到抑制作用的手段并不只有刑法。只有在行政、经济等手段对某一具有严重社会危害性行为的调整与规制无能为力的时候,刑法才应当介入。这便是在立法方面刑法谦抑性的体现。② 笔者对此深以为然。对于人工智能技术蕴含的风险,如果用经济、行政等手段可以防治,就无须用刑事手段解决;只有当用其他手段无法解决时,才有必要用刑事手段。而用刑事手段解决的途径,便是在适当时机完善与修改现行刑法,从而规制涉及人工智能的犯罪。由此可见,刑法介入人工智能领域应当慎之又慎,虽不可因人工智能技术为人类社会带来巨大利益而对其中蕴含的风险视而不见,但是更不可不分情况,一律将人工智能技术当成"洪水猛兽"予以坚决打击,一味强调惩治犯罪、预防风险,这显然违背了刑法谦抑性的原则,不利于鼓励和促进人工智

---

① 参见陈兴良:《刑事政策视野中的刑罚结构调整》,载《法学研究》1998年第6期。
② 参见刘宪权:《论互联网金融刑法规制的"两面性"》,载《法学家》2014年第5期。

能技术的发展创新。

　　人工智能技术的产生、发展是生产力发展的必然结果,也会进一步成为推动生产力发展的内源动力机制。在人工智能技术内部,也会逐渐形成相应的调解机制,以推动技术向着有利于社会发展、人类安全的方向迈进。这毫无疑问应成为人类推动人工智能技术发展的出发点与落脚点。事物具有两面性,任何一次技术创新或变革都不例外。人类历史上数次技术革新虽然都带来了一定程度的负面影响,但是其最终结局都是促进了人类社会整体的进步。因此,我们不能因技术创新或变革所带来的部分负面影响而否定技术整体所带来的积极作用。例如,在第一次工业革命时,瓦特发明的蒸汽机引发一系列爆炸事故,如果立法者因此将蒸汽机的生产者、制造者全部处死,并将蒸汽机当作给人类带来灾难的"恶魔"而予以全面抵制,就不会有后来的轮船、火车等交通工具的发明,更没有如今快捷、便利的生活。再如,计算机和网络技术的革新与发展,引发了以网络犯罪为主的新型犯罪,并且传统犯罪也因插上网络科技的"羽翼"而呈现出以几何倍数增长的社会危害性,如果为此全面抵制计算机和网络,就不会有计算机时代的到来,更没有如今便捷多彩的生活。事实上,对于计算机和网络技术发展所带来的新型犯罪,立法者针对其特点增设了相应罪名,将利用或针对网络和计算机所实施的具有严重社会危害性的行为纳入刑法规制的范畴。此举既遏制了网络和计算机技术进步对社会造成的负面影响,又未阻碍技术进一步发展。因此,对于人工智能发展所带来的负面影响也应采取这种思路对待。人工智能技术发展为社会带来的负面影响是显而易见的,但是其为人类文明进步所作的贡献更是不容忽视。人工智能技术在近年来的快速发展,主要得益于处理器速度的迅速提高和大数据技术的迅猛发展。处理器对数据的处理能力迅速提高使数据能够得到非常及时的处理和分析,而大数据技术的迅猛发展,使智能机器人的深度学习具有充足素材。人工智能技术发展需要学习大量的经验知识,而对于智能机器人来说,经验和知识最终的表现形式就是数据,大数据技术迅猛发展、处理器处理能力快速提高,相当于为智能机器人的深度学习提供了源泉和动力,也就相当于为人工智能技术的发展增添了"羽翼"。由此可见,人工智能技术发展是社会生产力发展进步的必然结果,是势不可当、不可逆转的必然趋势。

如果我们因为人工智能技术所存在或者可能带来的风险,而通过刑法对其进行过度的规制,从短期来看,这必然会阻遏这一新兴行业的崛起和发展,并进一步削弱社会经济发展的重要支撑;从长远来看,这种过度规制是在抵抗人类社会发展的规律,同必然规律抗衡的结果注定是一无所获、徒劳无功。理论上认为,刑法的主要目的并非维护伦理秩序或者保护国家权益,而是保护公民个人的生命、自由、财产。[1] 这就要求刑法保持谦抑性,即当道德谴责以及行政、民事等手段都无法对某一危害社会行为予以规制的时候,方可考虑采用刑事手段进行规制。这有利于维持公民利益和国家利益之间的平衡,也有利于更好地实现刑法目的。[2] 笔者所提倡的对人工智能行业发展所带来的风险的规制要保持审慎和适度,并非在提倡放纵涉及人工智能的犯罪,而是认为,当对于其中某些行为的规制方法在刑法和其他部门法之间举棋不定、难以抉择时,应优先选择刑法以外的规制方法,尽量不要将其纳入刑法的处罚范畴。从现实来看,目前我们所处的时代是大变革时期,过去的诸多行为所具有的传统意义正在发生蜕变。与此同时,一些在过去闻所未闻、见所未见的新事物正在出现。[3] 对于人工智能技术对经济社会发展的重大积极作用,我国政府已有充分认识,这在国务院颁布的《新一代人工智能发展规划》和党的十九大报告中均有体现。上述两个文件均明确指出,要促进和支持人工智能发展,并且要推动人工智能技术和实体经济融合。刑法作为国家治理的工具之一,不能违背国家的大政方针,理应顺应时代的潮流,保持规制和介入的限度,在防范、治理人工

---

[1] 参见[日]平野龙一:《刑法的基础》,黎宏译,中国政法大学出版社2016年版,第90页。
[2] 参见储槐植:《美国刑法》,北京大学出版社1987年版,第85页。
[3] 参见冯亚东:《理性主义与刑法模式》,中国政法大学出版社1998年版,第10页。

智能技术带来的刑事风险和促进技术健康发展之间寻找平衡点。

对于人类社会来说,人工智能技术无疑是把"双刃剑",如果用之得当,那么人类社会能够享受到巨大福祉;如果用之不当,那么人类社会有可能受到前所未有的致命性打击。具体如下:一方面,人工智能在发展中蕴含给人类带来毁灭性冲击的风险,因此刑法学者对此不能视而不见、坐视不理,而应当让刑法发挥保障社会稳定发展的机能,发挥好社会最后一道防线的作用,从而扼杀对人类社会造成巨大打击的风险。另一方面,人工智能技术为人类社会带来了巨大福祉,让人类摆脱危重、烦琐的劳动,同时让社会的各个领域发生了翻天覆地的积极变化,为人类社会的发展提供了坚实的物质基础。所以刑法规制人工智能技术带来的风险时理应保持适当限度,绝不能因防范技术风险而将技术扼杀在摇篮中。在弱人工智能时代,智能机器人仍完全受控于人类为其编制与设计的程序,智能机器人所实施的一切行为均是在实现研发者、设计者或者使用者的意志而非自身的意志。智能机器人仍是人类的工具。因此当研发者、设计者或者使用者利用智能机器人实施犯罪行为的时候,智能机器人应被看作犯罪工具,对于行为造成的严重危害社会的结果,应由研发者、设计者或者使用者承担刑事责任,即按照研发者、设计者或者使用者所实施的行为定罪量刑。但这并不意味着在弱人工智能时代,弱智能机器人作为犯罪工具时,对刑事责任的认定毫无影响。事实上,弱智能机器人能够在一定程度上替代人脑功能,主要是因为其具有本来只有人脑才具有的功能。换言之,弱智能机器人当中蕴含"人"的成分,这将会改变原有的注意义务配置,并进一步影响研发者、设计者和使用者之间的刑事责任分配,甚至可能会影响刑事风险的样态。当强人工智能时代来临时,具有自主意志与意识的强智能机器人可能会出现。强智能机器人具有辨认与控制能力,能够在自主意志与意识支配下实施行为,具备成为刑事责任主体的要件,应被认定为刑事责任主体。然而,根据现行《刑法》规定,刑事责任主体只有自然人和单位两类。笔者认为,当强人工智能时代来临时,有必要适应时代需求,将强智能机器人作为刑事责任主体,并对强智能机器人在自主意志与意识支配下实施的具有严重社会危害性的行为进行刑事处罚,这也是在人工智能时代,刑法规制人工智能犯罪的重要内容。

第四章 涉人工智能犯罪刑法规制的路径

在人工智能时代,社会面临"横向"和"纵向"两个维度的刑事风险,为此我们须采取不同的刑法应对策略。从"纵向"角度而言,须针对人工智能时代的不同发展阶段所面临的刑事风险采取相应刑法规制策略;从"横向"角度而言,须针对人工智能时代不同的犯罪类型采取相应的刑法规制策略。

第一节 人工智能时代不同阶段刑事风险的刑法规制

目前,人类社会处在承前启后的弱人工智能时代。回顾、分析、展望人工智能时代不同发展阶段的刑事责任,具有重大意义。如同笔者在前文中所论述的,在普通智能机器人时代,普通智能机器人能够作为诈骗类犯罪所针对的对象;在弱人工智能时代,应明确弱智能机器人的研发者、设计者和使用者的相应义务和责任,以便进一步明晰其承担刑事责任的路径;在强人工智能时代,强智能机器人可以摆脱程序控制,自主决策并作出危害社会的行为,为此,刑法应把强智能机器人认定为刑事责任的主体,并针对其自身特点来设立专门的刑罚处罚方式。

一、人工智能时代不同阶段刑事责任类型划分

理论上一般认为,刑事责任能力指的是行为人对自己行为的意义、性质、作用、后果的认识能力,并能够解释、控制自己行为且能够为自己行为承担相应刑事责任的一种能力,这种能力可以被简称为辨认、控制能力。与此同时,具有刑事责任能力是刑事责任主体的必备要件,在理论界已达成共识。我国刑法学者通常认为,刑事责任是犯罪必然带来的法律后果,是犯罪和刑罚之间的一座"桥梁"。判断某个行为人所实施的行为是否构成犯罪,一方面,要判断行为人是否具备刑事责任能力;另一方面,要判断行为是否具有严重社会危害性以及行为人有无主观罪过等。

有学者提出,智能机器人与普通机器没有实质区别,对于智能机器人所实施的具有严重社会危害性的行为,只需追究其研发者、设计者或者使用者的刑事责任即可,因为智能机器人所实施的行为必然受到研发者、设计者或者使用者"操纵"。对此观点,笔者不能苟同。笔者认为,因为上述学者的观点忽略了普通机器和智能机器人的本质区别,所以得出的结论也必然是错误的。事实上,智能机器人和普通机器的最本质区别在于,智能机器人具有辨认、控制能力。而且当智能机器人所拥有的"智能"达到较高程度的时候,完全可能不再受程序控制而独立实施行为,即此时的智能机器人的辨认、控制能力不再受研发者、设计者或者使用者"操纵",而可以自主决定实施行为。这也就意味着此时的智能机器人拥有行为选择权,即其能够选择作出或者不作出某一犯罪行为。如果此时仍把智能机器人作出的具有严重社会危害性的行为归责于设计者、研发者或者使用者,似乎不太妥当。

也有学者提出,既然智能机器人有强大的深度学习能力,并且可能会有独立的辨认、控制能力,因此当其作出了危害行为时,就可以独立承担相应的刑事责任。笔者认为,此观点也有失妥当。人工智能技术通过对人类的神经网络进行模拟,利用程序、算法等让智能机器人对数据加以学习、分析。就人工智能技术的发展现状而言,智能机器人一般被应用在特定领域来从事特定事务,比如,手术智能机器人被应用在医疗领域,以协助医生进行手术操作;再如,翻译智能机器人被应用于对外交流领域,以协助相关人员进行翻译工作。在一般情况下,被用于完成特定任务的人工智能都在程序控制的范围内作出行为。换言之,人工智能虽然能够在从事工作的特定领域内发挥一定程度的自主性,能够自行判断并实施行为,但此时其所具有的辨认、控制能力并非独立的辨认、控制能力,其自主性发挥的范围也被局限于程序控制范围之中。仍以手术智能机器人为例,其有能力掌握高深、复杂的医疗技术,甚至能够自主对病人的病情作出判断并制定相应治疗措施。应当看到,研发者、设计者通过编制与设计相应的程序,以实现让手术智能机器人成功完成手术的目的。换言之,手术智能机器人所作出的所有行为(包括对病人病情的判断和制定相应治疗措施等)都受到程序控制,实现的目的均非自身目的,而是研发者、设计者或者使用者的目的。同时,我们也应看到,为了更加便利地实施犯罪行为,犯罪分子完全有可能研发、设计或者使用专门的智能机器人,如智能杀手机器人等。智能杀手机器人是智能机器人的一种,其同样具有深度学习的能力,且能够判断外界情形并作出相应反应,以完成程序设定的任务。比如,智能杀手机器人在面临不同场景时,可以作出快速反应,并对杀人时机、杀人方式等作出快速判断和抉择。然而,智能杀手机器人自被研发完成的那一刻开始,在世界上存在的唯一目的就是杀人,其只能按照程序设定帮助研发者、设计者或者使用者实现杀人的目的。此时,我们将智能杀手机器人看作研发者、设计者或者使用者的杀人"工具"似乎更合适。对于智能杀手机器人作出的行为引起的被害人死亡的结果,不应由杀手机器人这一"工具"承担相应的刑事责任,而应由其使用者或者研发者承担更妥当。

通过分析上述两种观点中存在的缺陷,笔者认为,对于人工智能作出的危害社会行为,如何确定有关刑事责任承担的路径,应分为两种不同的情况予以讨论:其一,当智能机器人在程序控制范围内作出相应行为时,因其不具有独立辨认、控制能力,也就不具有承担刑事责任的能力。此时,其实施的具有严重社会危害性的行为,事实上是在实现研发者、设计者或者使用者的目的,而非自身的目的,也就不应承担任何刑事责任。普通智能机器人和弱智能机器人所实施的行为即属此种情况,如智能杀手机器人实施杀人行为。其二,当智能机器人超出人类为其编制与设计的程序控制范围实施相应行为的时候,其和自然人相同,具有独立的辨认、控制能力,也就具有了刑事责任能力,此时的智能机器人具有自主意志与意识,具有刑事责任主体资格。对此我们又可分为两种情况进行探讨。一种可能的情形是,智能机器人得到其他自然人帮助或者受其他自然人教唆而产生犯意,并实施了具有严重社会危害性的行为。其包括研发者、设计者在研发、设计、生产智能机器人的过程中并未将有关犯意写入程序之中,但是在完成智能机器人的研发、设计、生产工作之后才产生犯意,进而将有关犯罪的数据输入智能机器人让其进行深度学习,并帮助自己实现犯罪目的的情形。这种情形下的智能机器人有可能和帮助者、教唆者构成共同犯罪。另一种可能的情形是,研发者、设计者在研发、设计智能机器人之时并未为其输入犯罪程序,其研发、设计、生产人工智能完全是出自合法目的,然而人工智能摆脱程序控制,进一步产生了犯罪意图,并在此种犯罪意图支配下作出危害社会的行为。此时,人工智能具有独立的辨认、控制能力,其在自主意志与意识支配之下实施的具有严重社会危害性的行为,理应由其自身承担刑事责任。如果研发者、设计者或者使用者缺乏罪责,当然不应承担任何刑事责任;但是如果研发者、设计者或者使用者在上述过程中违反了相关的注意义务,可能仍须承担相应的过失犯罪的刑事责任。

综上所述,当智能机器人在人类为其编制与设计的程序控制范围内实施了具有严重的社会危害性的行为时,因为其没有刑事责任能力,且其行为实现的是研发者、设计者或者使用者的意志而非自身意志,此时应将智能机器人看成研发者、设计者或者使用者的犯罪工具,由研发者、设计者或者使用者承担刑事责任。但是,这并不能说明人工智能被当作犯罪工具时,不会影响刑事责任的认定。事实上,智能机器人的智能程度的高低会影响研发者、设计者或者使用者之间刑事责任的分配。当智能机器人超出人类为其编制与设计的程序控制范围,在自主意志与意识支配下实施了具有严重的社会危害性的行为时,因为此时的智能机器人具有独立的辨认、控制能力,能够作为刑事责任主体,所以应由智能机器人自身承担刑事责任;如果研发者、设计者或者使用者未履行相应的注意义务,也应同时承担相应的过失犯罪的刑事责任。

二、普通智能机器人时代的刑事责任认定

普通智能机器人(以 ATM 为代表)中所蕴含的"人"的成分远小于"机器"的成分,其被犯罪分子当作犯罪工具使用的时候,和普通的犯罪工具(如刀枪剑戟)没有本质的区别。如果行为人用菜刀杀人,则生产菜刀的人无须承担任何刑事责任。与此类似,如果行为人利用普通智能机器人实施犯罪行为,普通智能机器人的研发者、生产者也不应当承担任何刑事责任,而应由行为人(普通智能机器人的使用者)来承担相应的刑事责任。从这个意义上来看,有关普通智能机器人作为犯罪工具时刑事责任的认定,和传统犯罪没有差异。但是,将普通智能机器人作为犯罪行为所针对的对象时,由于普通智能机器人自身的特征,可能会对犯罪性质的认定有所影响。对此,笔者已在第二章中进行过论述,普通智能机器人(以 ATM 为代表)具有一定的人脑功能,即其具有只有人脑才有的"识别功能",但其没有其他人脑功能,因此,我们既不能将普通智能机器人等同于"机器",亦不能将其等同于"人"。同时,普通智能机器人具有"机器"和"人"的特性,所以将其作为犯罪对象时,对于犯罪性质的认定,直接取决于犯罪分子利用的是人工智能的哪一种特性。我们仍以 ATM 为例,当行为人利用 ATM 的识别功能产生认识错误时,相当于利用了 ATM"人"的特性,此时,ATM 可以成为被欺骗的对象。由此,当行为人冒用别人信用卡的时候,其对银行柜员作出欺骗行为和对 ATM 作出欺骗行为无本质区别,因为上述两类行为都是使被骗对象产生认识上的错误,行为人利用这种错误来获取钱财,在本质上都属于诈骗类行为。由此,司法解释中将冒用他人的信用卡并在 ATM 上取钱的行为以信用卡诈骗罪认定,完全具有合理性。

笔者在此需要说明的是,ATM 虽然能够在一定程度上替代银行柜员实施行为,但是并不意味着 ATM 等同于银行柜员。ATM 与银行柜员相比,并不具有除了识别功能之外的其他人脑功能(如思辨能力)。就此而言,当 ATM 出现机械故障时,我们不能将此理解成人的认识错误,而是大体相当于人的精神失常。因此,当行为人利用 ATM 的识别功能所产生的认识错误取得钱财时,构成诈骗类犯罪。但是,如果行为人利用 ATM 的机械故障获取钱财时,基本等同于从精神失常的人身上获取钱财,应构成盗窃类犯罪而非诈骗类犯罪。

三、弱人工智能时代的刑事责任认定

弱智能机器人不具有独立的辨认、控制能力,也不能在自主意志、意识支配下作出危害行为,即弱人工智能不可能具备刑事责任主体资格。行为人运用弱人工智能作出犯罪行为时,应由利用者(行为人)承担相应的刑事责任,而非由被利用的智能机器人承担刑事责任。技术不可能是完全中立的,如果有人恶意利用人工智能技术,将会给人类带来灾难。为此,我们有必要为人工智能技术发展"画圈",即对人工智能技术的发展方向进行适当调整与规制,让技术造福于人类,消解技术对人类造成的不利后果、影响。正如有学者提出,假如我们追问,科技怎样才能向善,答案的核心必然不在于技术本身。因为技术创新并不能够保证社会的广泛进步。《新一代人工智能发展规划》提出:建立人工智能法律法规、伦理规范和政策体系,形成人工智能安全评估和管控能力。依笔者之见,为了让技术"向善",首要的是统一伦理规范和完善法律法规,并针对智能机器人的研发者、生产者和使用者设定防范风险的相应义务。当伦理规范体系较为成熟时,可以考虑将有重要影响的相关伦理规范吸纳进法律规范的体系。当智能机器人的研发者、生产者或者使用者违反了相关法律规定时,可以追究其法律责任。如此,便形成了促进技术"向善"和保障社会稳定、人民安居乐业的层次分明的伦理规范和法律制度规范体系。

(一)弱人工智能技术的伦理和法律规制现状

不能否认,人工智能的"黑箱"[①]是存在的,对于"黑箱"中运行的程序和算法,我们因不能了解而难以规制。如果"黑箱"中蕴含的程序算法没有受到法律、伦理约束,有可能会加剧、固化社会不公平的现象,甚至会引发人类难以预见的后果。基辛格(Kissinger)曾于2018年发表有关人工智能的长文——*How the Enlightenment Ends*,其在文中指出,人工智能快速兴起,但人类还未在伦理、哲学等各个方面做好准备。各个大型科技公司成立委员会,以商讨、研究人工智能所带来的伦理问题,并确保自己的产品不与人类基本伦理、核心价值相背离,以获取公众信任,避免公司遭到公众的负面评价。依笔者之见,科技公司在塑造和建立人工智能的价值观时可能会因受到利益驱动等而失之偏颇,应由政府出面,共同组织各个国家进行磋商,塑造人工智能发展的普适性的统一价值观,用于统一约束各国技术的创新与应用。唯有如此,才能最大限度地发挥人工智能价值观的作用。事实上,已有不少国家在这一方面作出努力。例如,2018年6月,在G7峰会上,七国领导人就人工智能发展图景达成共同愿景;欧盟成立了"人工智能高级小组",其基本职能是设计人工智能道德准则。笔者认为,涉人工智能伦理规范须包含下列内容:其一,人工智能的核心原则应是增进人类整体福祉、维护人类的整体利益。"深蓝"公司(DeepMind)宣称:AI须遵循人类最高伦理标准,以实现对世界的最大益处。技术不是中立的,技术人员须对其技术研发与应用过程中的伦理问题与社会影响负责。AI应为全球

---

① 人工智能"黑箱",就技术层面而言,是指由于机器学习神经网络中存在隐层,科学家无法说明机器学习的优化结果出自哪个节点,并作出令人信服的解释的情形;就社会层面而言,也隐喻了人工智能技术的不透明性。

社会环境福祉服务,帮助人类建设更平等、更公平的社会,将维护人类的权利与福祉置于发展的核心目标位置。微软公司同样提出,AI 在提高生产效率的同时,应把尊重人类的尊严作为技术发展的核心原则。其二,研发者、设计者、制造者在研发、设计、制造智能机器人的过程中,须为其输入人类道德与价值观。技术的发展不仅会改善生产力的发展状况,而且会为人类带来关于道德、人性等方面的思考。人工智能技术的发展不仅促进了教育、医疗等领域的发展,而且在这些领域引发了伦理风险。因此,在研发、设计、制造智能机器人的时候,为了保证智能机器人所实施的行为与人类根本利益和社会整体的发展方向相吻合,必须将有关道德伦理的判断能力灌输给智能机器人。"木受绳则直,金就砺则利,君子博学而日参省乎己,则知明而行无过矣。"[①]伦理道德是人类社会中才有的现象,自然界中的其他生物并不具有,而且,伦理道德并非人类天生就知晓的,而是需要依靠后天的教育才能习得和掌握。同样地,如果想使智能机器人了解并遵从人类社会的伦理道德,就必须在指引智能机器人实施行为的程序算法中写入伦理道德,即将伦理道德转化为程序代码,以人工智能所能知晓与执行的方式为其输入,作为指引人工智能作出行为的准则和规范。其三,对于人工智能技术在发展的过程中导致的不利后果,需要明确承担责任的主体。正如同 Microsoft AI(微软 AI 部)所提出的,AI 需要具有"算法可责性",即设计、制造、应用智能机器人的人需要对智能机器人的运行负责。"深蓝"公司也提出,有关责任主体需要提前预见智能机器人在应用过程中可能会产生的失灵风险或者意外后果,以及被用来实现不道德目的的可能性,并为防止上述情况发生做好预案。

应当看到,仅靠道德规范和伦理规范来规制智能机器人的设计、研发、使用的过程以及技术发展的方向远远不够,因为道德规范和伦理规范本身并没有强制约束力。但是我们同时也应看到,法律与伦理从来都不是毫无

[①]《荀子·劝学》。

关联的,而是紧密联系的。笔者认为,把对社会有重大影响的伦理规范上升为法律规范,有其重要意义。法律具有强制约束力,用法律来规制人工智能引发的风险,能更好地实现促进技术发展和维护人类根本利益的双重目的。世界上已有不少国家和地区进行了为人工智能技术的发展立法的尝试。例如,欧洲议会于2016年向欧盟委员会提交有关"机器人法"的立法建议报告,主张设立专门机构统领发展人工智能过程中的日常管理、标准和规则制定等事务,同时提出智能机器人应当享有"电子人"的法律地位;德国于2017年通过了自动驾驶法案,确定了在自动驾驶的模式中发生交通事故的归责原则;美国国会在2017年颁布了《人工智能未来法案》,梳理了人工智能技术发展的现状和未来前景,并针对人工智能技术可能对社会造成负面影响的问题提出对策和建议;新加坡在2018年提出有关人工智能的监管和伦理的倡议,其主要目的是吸引产业、消费者、学术界与政府等关键的利益相关者,协商制订 AI 生态系统计划。① 笔者认为,为人工智能技术立法应遵守适度性原则,即在立法时应为技术发展预留足够空间,绝不能因预防风险而阻滞技术创新,否则便是"因噎废食",必将得不偿失。对人工智能技术的立法要坚持的原则应为,以引导与鼓励为主,以规制与打击为辅。具体而言:其一,建立与完善人工智能技术的研发标准,严格审核研发者的资质与研发内容。以无人驾驶为例,关于无人驾驶汽车的制造标准、产品标准、安全测试标准等,亟须制定相关(尤其是国家层面的)法律法规。其二,确定智能机器人致损的归责标准、原则。还是以无人驾驶为例,根据现有的技术水平,尚不存在完全不需要人为介入的无人驾驶汽车,即目前的无人驾驶汽车在某些情况下会发出信号请求人为控制。则假如在无人驾驶汽车以自动驾驶的模式行驶过程中发生交通事故,应如何在研发者、制造者、使用者之间分配责任?假如无人驾驶汽车发出信号请求人

---

① 参见房慧颖:《数据犯罪刑法规制的具象考察与策略优化》,载《宁夏社会科学》2023年第3期。

为控制之后才发生事故,又应如何在研发者、制造者、使用者之间分配责任？上述问题亟须立法者通过相应的法律法规作出明确答复。其三,对和公民身份有关的敏感信息,应当赋予公民知情同意权,并建立销毁制度。数据对于人工智能技术的发展至关重要,离开大数据技术以及大量的数据支撑的人工智能技术就如同"无本之木、无源之水"。但是,在发展人工智能技术及利用相关数据时,可能会造成个人信息的泄露,特别是当某些敏感、关键信息被泄露之后,可能会给公民带来人身与财产两方面的严重威胁。因此,要重视并加强对个人信息的保护,特别应重点保护能够反映自然人的活动轨迹以及与个人身份密切关联的信息。美国的《生物信息隐私法案》规定,互联网公司获取自然人的身体、面部等信息的时候,应及时告知用户并取得用户同意方可进行。Facebook 开发的人脸识别技术因违反很多国家有关保护公民个人信息的法律而被迫停止运营,并且需要将之前采集的人脸数据予以删除。另外,如果为达到保护公民个人信息的目的而阻滞人工智能技术的发展,则陷入了另一个极端。笔者认为,对于公民的个人信息,应区分敏感信息和非敏感信息。对于敏感信息,应通过立法来禁止非法使用和泄露行为;对于非敏感信息,应当鼓励对这些信息的开放、利用与共享,以发挥数据价值,促进技术的发展进步。

(二)不应(也不能)追究弱智能机器人的刑事责任

刑法的保护机能意味着刑法具有维护社会稳定和保障人民安居乐业的功能。在弱人工智能时代,使用者或者研发者故意运用人工智能作出相关犯罪行为,或在研发、使用过程中因违反相应注意义务而造成严重危害社会结果的,需要追究相关人员的刑事责任。而弱人工智能不存在独立的辨认、控制能力,因而也就不具有承担刑事责任的能力。而且,弱人工智能虽然能够在一定程度上发挥自主性,但是其发挥自主性的范围被严格地限定在人类为其编制与设计的程序范围之内,即弱智能机器人所实施的行为完全与人类编制与设计程序的目的相契合。就此而言,弱智能机器人的缔造者是人类。人类有义务、有责任为智能机器人"画圈",即为其设定行为边界与行为目的。此时,犯罪分子有可能将弱智能机器人作为实现自己不法目的的工具。以智能杀手机器人为例,其自"诞生"之日起,存在的目的就是杀人,这是由其研发者、设计者通过编制与设计的程序决定的。而智能杀手机器人与一般的杀人工具又有明显的区别,一般的杀人工具只是人类双手的延伸,而智能杀手机器人具有智能性,其能够根据所处的具体时机与环境来自主判断、决定杀人方式、杀人时机、杀人地点等。但无论如何,其所实施的行为并未超出程序控制的范围,其行为所实现的是研发者、设计者或者使用者的意志而非自身的意志。在此意义上,弱智能机器人无法为其所实施的任何行为承担刑事责任。具体理由如下。

第一,当弱智能机器人在人类为其编制与设计的程序控制范围内作出行为的时候,其实现的是研发者、设计者或者使用者的意志而非自身的意志。即使弱智能机器人实施的是具有严重社会危害性的行为,那么该行为体现的也是研发者、设计者或者使用者的犯罪意图而非弱智能机器人本身的犯罪意图。诚然,智能机器人通过深度学习等产生自主意志与意识进而决定实施具有严重社会危害性的行为时,已经不再受人类为其编制与设计的程序控制,不属于笔者在此处探讨的内容。弱人工智能并非没有辨认、控制能力,而是没有独立的辨认、控制能力,即弱智能机器人的辨认、控制能力完全受控于研发者、设计者或者使用者的意志。所以,当弱智能机器人实施了所谓的犯罪行为时,并非在实现自己的犯罪意图,而是作为犯罪工具帮助研发者、设计者或者使用者实现其犯罪意图。可能会有人认为,当行为人利用弱智能机器人实施犯罪行为的时候,该行为人是间接正犯。笔者不同意此观点。虽然间接正犯理论所探讨的通常也是行为人利用不具有刑事责任能力的人(极少数情况下并非如此)作为犯罪工具来替代自己实现犯罪目的的情况,但是与将弱智能机器人作为犯罪工具来替代自己实施犯罪行为的情况仍存在本质区别。二者的区别主要在于:其一,间接正犯中被利用的犯罪工具(通常为不具有刑事责任能力的人)具有生命体,而被利用的弱智能机器人不具有生命体。其二,在间接正犯情况下,行为人没有亲自参与犯罪过程,而是完全让被利用的人来帮助自己实现犯罪目的,利用弱智能机器人实施犯罪的人完全参与到犯罪过程中来,只不过参与的方式是通过编制与设计相应程序来控制、指挥智能机器人实施犯罪行为,本质上等同于打造了一把符合自己心意的刀并用于犯罪。其三,在间接正犯情况下,被利用的"他人"并不完全受控于利用者,而行为人将弱人工智能作为犯罪工具,用于作出犯罪行为的时候,其对弱人工智能的控制程度可以达到100%。

第二,弱智能机器人所实施的任何行为的目的都取决于研发者、设计者为其编制与设计的程序,其无法自主地决定行为的目的。例如,虽然智能杀手机器人可以根据实际情况自行判断、决定杀人方式、杀人时机等,但是其行为目的(杀人)取决于程序。换言之,如果人类为其编制与设计程序就是为了实现非法目的,则无论如何,弱智能机器人所实施的行为都不可能合法。这与父母让子女实施杀人行为不同,如果子女具有刑事责任能力,即使其受到父母价值观的不良影响,其作为公民也有义务遵纪守法,放弃实施杀人行凶的行为。弱智能机器人无法自主选择行为目的,其只能无条件地接受程序为其设定的目的,除此之外别无选择。智能杀手机器人产生、存在的目的就是杀人,形象地说,智能杀手机器人从"诞生"之日起就被束上程序的"枷锁",永远无法挣脱。

(三)对弱智能机器人研发者或使用者刑事责任的认定

在绝大多数情况下,研发者、设计者或使用者会以方便生活或者造福社会的目的来研发、使用或设计弱智能机器人,但在少数情况下,某些研发者、设计者或者使用者可能会将弱智能机器人当作实现犯罪目的以获取不正当利益的犯罪工具。应当看到,在网络时代,当人类将互联网作为犯罪工具时,会对行为性质判断和量刑轻重等产生影响。在人工智能时代,当人类利用弱智能机器人作为犯罪工具并实施犯罪行为时,同样会影响行为性质的判断和量刑轻重,而且由于智能机器人中存在智能因素,从而会对使用者与研发者之间所分配的刑事责任产生相应影响。具体而言,其一,将弱人工智能作为犯罪工具,可能会对行为性质之判断有所影响。以无人驾驶汽车为例,如果无人驾驶汽车的程序设定中存在失误,导致无人驾驶汽车违反了交通运输法规而引发重大事故,则无人驾驶汽车的研发者、设计者有可能构成交通肇事罪。而有人驾驶汽车的研发者不可能构成交通肇事罪,只可能会对汽车在出现故障、存在隐患的状态下造成的危害结果承担刑事责任,如构成生产、销售伪劣产品罪。其二,把弱人工智能当作犯罪工具,可能会影响量刑轻重。例如,美国的股票市场曾在2010年发生过一起股票暴跌的"闪电崩盘"现象,其"元凶"就是超高速智能机器人交易员,该智能机器人可以在瞬间用远超人类的速度抢先交易,从而引发了股票市场交易价格的暴涨和暴跌。[①] 笔者认为,自然人凭借自己的力量和凭借智能机器人的帮助都可以实现操纵证券、期货市场的目的,但是,前者利用的是资金优势、持股持仓优势或者信息优势,后者利用的是技术优势。从本质看来,二者实现了同样的目的,具有同等性质的社会危害性,甚至后者的实际危害可能远超前者。因此,在应然层面,上述两种行为均应被认定为操纵证券、期货市场罪。而操纵证券、期货市场罪在处罚时根据犯罪数额或者其他情节不同分为两个量刑幅度,即"情节严重"和"情节特别严重"。行为人利用智能机器人实施操纵行为时,由于智能机器人具有极强的数据分析能力、高速的运算能力等,其效率和影响力可能会更大,即更可能达到"情节特别严重"的程度,因此需要承担更重的法定刑。其三,将弱人工智能作为犯罪工具,可能会对研发者与使用者的刑事责任分配产生影响。需要说明的是,此处特指研发者与使用者不存在通谋的情况(有通谋时构成共同犯罪,按照共同犯罪的一般原理处理即可)。与普通智能机器人相比,弱智能机器人蕴含更多"人"的成分(甚至在某些领域的能力超越

---

① 参见[日]樱井丰:《被人工智能操控的金融》,林华、沈美华译,中信出版集团2018年版,第39页。

人类)①和更少"机器"的成分。弱人工智能所蕴含的智能("人"的成分)的表现形式取决于人类通过程序对其赋予的功能。笔者在此需要探讨的问题是,对于行为人利用弱智能机器人所实施的具有严重社会危害性的行为,当研发者与使用者不是同一人时,刑事责任最终是由使用者承担,还是由使用者与研发者共同承担?笔者认为,此问题的答案需要分情况讨论。

第一种情况:研发者赋予智能机器人的唯一能力就是实施犯罪。例如,研发者研发出智能杀手机器人,此智能机器人唯一的能力就是杀人,即在程序控制下剥夺自然人的生命。在此情况下,对于该智能机器人被交付使用者后实施的所有行为,我们均可认为,该研发者的主观罪过是故意。研发者把犯罪故意融入人工智能程序中,而智能机器人代替研发者去实施相应行为,研发者主观故意的实现并非在当场,而是延迟至交付使用之后。笔者认为,该智能机器人所实施的犯罪行为既体现了研发者的犯罪故意,也体现了使用者的犯罪故意,即该智能机器人的行为同时是研发者与使用者行为的延伸。对于该智能机器人的行为所导致的严重危害社会的结果,研发者与使用者均须负相应的刑事责任。

第二种情况:研发者在研发智能机器人时,仅赋予其实施合法行为的能力,并未赋予其作出非法行为的能力,但是使用者"巧妙"利用人工智能的这项能力作出犯罪行为。例如,研发者设计出分析证券交易数据的人工智能,但被使用者用来操纵证券市场。依笔者之见,此种情况下的智能机器人是使用者用于实施犯罪的工具,造成的严重危害社会的后果只能由使用者承担相应的刑事责任,研发者不应承担任何刑事责任。正如行为人用菜刀杀人,故意杀人的刑事责任应由杀人者承担,而不应由制造、生产菜刀的人承担。

第三种情况:研发者在研发智能机器人的时候,既赋予其实施合法行

---

① 在2017年8月举行的一场"人机大战"中,上海交通大学、浙江大学联合科研团队研发的医学影像人工智能分析系统"阿尔法医生",与一家三甲医院的影像科医生比拼核磁共振影像的直肠癌识别准确率和速度。结果,"阿尔法医生"在准确率上略胜一筹,在速度上远超人类医生。

为的能力,又赋予其实施犯罪的能力。例如,研发者设计的智能机器人既可以帮助使用者做家务(如扫地、擦窗等),又可以在启动杀人的程序之后实施杀人的行为。当使用者用该智能机器人实施犯罪行为的时候,可得出结论,使用者、研发者对此行为引发的危害结果都有故意(但并非共同故意)。其中,使用者具有具体故意,研发者具有概括故意。对于该智能机器人的行为所造成的具有严重危害性的结果,使用者、研发者应分别承担相关故意犯罪的刑事责任。

第四种情况:研发者设计出一款形式上完全正常且只能实施合法行为的智能机器人,但事实上研发者可在把人工智能交付使用者以后,进行远程操控,并让该人工智能作出犯罪行为。而使用者的全部预期是让该人工智能作出合法行为,对其实施非法行为的可能性完全不知情。例如,研发者设计出一款与普通无人驾驶汽车无异的汽车,交付使用者之后,通过远程操控让该无人驾驶汽车在马路上撞人,严重危害了公共安全。而该无人驾驶汽车的使用者只是按照汽车正常使用规程使用该汽车。事实上,该智能机器人所实施的全部具有严重社会危害性的行为,都处于研发者密切的掌控之下,使用者完全不知情且没有知情的可能性。因此,对该智能机器人的行为造成的严重危害社会的后果,理应由研发者单独承担刑事责任,而不应由使用者承担任何刑事责任。

第五种情况:研发者设计出一款从事合法行为的智能机器人,但是如果使用者没有严格遵守使用规程,会造成智能机器人的程序紊乱并引发严重危害社会的结果。对此情况下研发者与使用者的刑事责任承担,又须分两种不同情况予以讨论:第一,研发者已充分尽到了相关提醒义务,即明确告知使用者必须按照相关规程使用智能机器人。在这种情况下,研发者履行了相关的注意义务,而使用者未完全履行注意义务,则研发者无须承担任何刑事责任。第二,研发者并未尽到提醒使用者遵守相关规程来使用智能机器人的义务,使用者违反使用规程,使人工智能程序紊乱并引发严重危害社会的结果。在这种情况下,研发者未尽到相关的注意义务,而使用者处于不知情的状态,其也就并无义务遵守操作规程,则使用者无须承担任何刑事责任。

笔者此处所述的第五种情况与前面四种情况存在本质的不同。前四种情况所论述的研发者或者使用者承担刑事责任的情况,指的是研发者或者使用者有犯罪故意的主观罪过的情况。而第五种情况中,研发者或者使用者即便需要承担刑事责任,也只需承担过失犯罪的刑事责任。根据过失犯罪的理论,过失犯罪的成立前提是违反注意义务。过失犯缺少犯罪的意思,只在有法律特别规定时才对其予以处罚。构成过失犯须因违反了注意义务而引起刑法所规定的结果。[①] 人工智能技术的发展日新月异,其发展速度之快甚至会远超人们想象。对于涉及人工智能的过失犯罪的刑事责任的认定,笔者认为,可从应然层面与实然层面分别进行探讨。从应然层面来看,人工智能使用者或研发者是否具有相应注意义务的判断标准,应是人工智能技术的实际发展水平。智能机器人具有相当程度的本来只有人类才具有的"智能",因此其可能带来的风险也会相对比较高,研发者在研发人工智能时不仅要考虑让人工智能发挥最大功能,还要考虑将其可能给社会带来的隐患降到最低。使用者也是如此。根据当时的技术发展水平,如果使用者、研发者能够预见该人工智能有可能引起危害结果,则应认为研发者与使用者有相应的注意义务;反之,则应认为研发者与使用者没有相应的注意义务。当研发者与使用者有相应的注意义务时,若其违反注意义务,进而引发危害结果,则其构成相应的过失犯罪。从实然层面来看,研发者与使用者构成过失犯罪的前提,必须是违背了法律法规所规定的相关注意义务。比如,若前置性的法律法规规定,无人驾驶汽车的研发者必须确保无人驾驶汽车在道路上行驶的时候严格遵守道路交通规则,此规定就成为研发者注意义务的来源,当研发者未尽到此注意义务时,须承担相

[①] 参见[日]山中敬一:《刑法总论》,成文堂1999年版,第344~345页。转引自马克昌:《比较刑法原理——外国刑法学总论》,武汉大学出版社2002年版,第227页。

关过失犯罪(如交通肇事罪)的刑事责任。根据《刑法》所规定的交通肇事罪的构成要件,交通肇事罪的主体应为从事交通运输活动的人员。在无人驾驶汽车行驶的过程中,似乎并无从事交通运输活动的人员。事实上,在无人驾驶汽车运行的过程中,真正从事交通运输活动的是为无人驾驶汽车编制与设计程序的研发者。乘车人在未无端干预汽车驾驶的情况下,对事故发生并无原因力,也就不应承担任何刑事责任。参与无人驾驶汽车行驶过程的是研发者,导致无人驾驶汽车违反道路交通规则的是程序,即可以追溯至编制与设计程序过程中的疏忽或错误。由此可见,对于无人驾驶汽车违反道路交通规则引发交通事故所产生的过失犯罪的刑事责任,毫无疑问应由研发者承担。笔者认为,人工智能技术具有高风险性且专业性强等特点,所以应为智能机器人的研发者设定更高标准的注意义务。如果研发者因未履行业务中所要求的注意义务,而引起构成要件中所规定的结果,构成业务上的过失。① 如果用于特殊领域(如医疗、法律、航空航天等)的人工智能的使用者在工作时违反了特殊的使用规程,也可能会构成业务上的过失。其他情形下的使用者因不具有业务领域的注意义务,仅有日常生活中的注意义务,因此仅可能构成普通过失。理论上一般认为,对过失犯罪来说,"无结果即无犯罪"②。因此,追究研发者与使用者的过失犯罪刑事责任的前提就是,研发者与使用者违反了相关注意义务且由此引发具有严重社会危害性的结果。对此,又须分以下几种情况来进行讨论:第一,研发者出于疏忽,遗漏了人工智能重要安全性能的测试环节,或违背特殊业务要求,在应预见该人工智能投入使用后可能引发具有严重社会危害性的结果却没有预见,最终导致具有严重社会危害性的结果发生。此种情况下,研发者的主观罪过是疏忽大意的过失。第二,研发者在人工智能重要安全性能的测试环节,发现该人工智能投入使用后,有可能引起危害结果,但其认

---

① 参见[日]大谷实:《刑法讲义总论》(新版第2版),黎宏译,中国人民大学出版社2008年版,第186页。
② 刘宪权:《刑法学名师讲演录》(第2版),上海人民出版社2016年版,第192页。

为产生这种结果的可能性非常低,或者研发者在进行智能机器人重要安全性能测试环节发现该智能机器人投入使用后可能引发具有严重社会危害性的结果,而采取其认为有效的制止结果发生的措施(实则无效,且根据当时技术的发展水平本可采取更优措施以避免具有严重社会危害性结果的发生),最终具有严重社会危害性的结果仍旧发生。此种情况下,研发者的主观罪过形式是过于自信的过失。第三,使用者因疏忽大意而违反智能机器人的使用规程,从而引发具有严重社会危害性的结果,则使用者的主观罪过形式是疏忽大意的过失。第四,使用者使用人工智能时,认识到自己违反使用规程的行为有可能引发危害结果(但这种可能性较小),于是心怀侥幸并"自以为是"地采取了所谓的"预防措施",最终仍引发具有严重社会危害性的结果。在此情况下,使用者的主观罪过形式是过于自信的过失。对于研发者与使用者的主观罪过,具体认定时可能存在理论与实践中的困难及解决措施,笔者将在第五章第二节中详述。

第六种情况:研发者与使用者均难以预料,而人工智能的程序紊乱并引发了危害结果。应当看到,从古至今,人类总是可能会面临凭借当时技术水准无法预见或者无法解决的问题,人工智能时代亦不例外。在人工智能时代,依然有可能出现凭借当时技术水平,研发者与使用者均无法预见的智能机器人程序紊乱而造成严重危害社会结果的情况。由于研发者与使用者不具有预见危害结果发生的可能性,也就不应认定其具有预见义务,此即"法律不强人所难"的应有之义。对于此种情况,应认定为"意外事件",故使用者、研发者不应承担刑事责任。应当看到,风险与技术是共生共存的,若要鼓励技术创新发展,就不得不对技术风险保持适度的宽容。试想,如果将使用者、研发者没有预见可能性的危害结果,也一律归责于研发者、使用者,不仅违反刑法中的主客观相一致原则,而且会对人工智能技术的创新和发展带来致命打击,违反了人类社会的根本利益和整体利益。

综上所述,我们可得出下述结论:其一,当研发者在犯罪故意支配下制造只能作出犯罪行为的人工智能时,使用者对此情况明知并仍使用此人工智能,则使用者具有犯罪故意,此时须分别追究使用者与研发者使用人工智能实施故意犯罪之刑事责任;如果使用者在不知情的情况下使用该人工智能从事合法行为,则可以排除使用者的犯罪故意,应以使用者有无预见义务作为标准,对使用者的行为以意外事件或者过失犯罪来认定。其二,研发者以从事合法行为之目的制造了人工智能时,如果使用者违反使用规程引发具有严重社会危害性的结果,应将使用者的主观罪过形式作为标准,区分情形追究使用者故意或过失犯罪的责任;如果研发者过失地使人工智能的编程算法具有缺陷,而使用者明知此情况,故意利用该人工智能作出犯罪行为,那么使用者可能会成立间接正犯,研发者构成过失犯罪;如果研发者过失导致人工智能的编程或算法存在缺陷,使用者也过失地违反了使用规程,那么须分别追究使用者、研发者过失犯罪的相关刑事责任。其三,超越当时的技术发展水平所能预见的范围而引发具有严重社会危害性的结果,人工智能的使用者、研发者无须承担任何刑事责任,作为意外事件论处。

综上所述,受控于人类编制与设计程序范围的弱智能机器人的所有行为均体现了人类意志,如果其实施了具有严重社会危害性的行为,那么其在本质上也仍实现的是研发者、设计者或者使用者的意志,此时的智能机器人仅是人类的"工具"。在此情况下所出现的一切具有严重社会危害性的结果,不应由弱智能机器人承担刑事责任,而应由弱智能机器人的研发者、设计者或者使用者承担刑事责任。

四、强人工智能时代的刑事责任认定

当智能机器人超出人类为其编制与设计的程序控制范围,自主决定并实施具有严重社会危害性的行为的时候,刑法应如何规制其行为?我们有必要对这一问题进行探讨。

(一)对强智能机器人的行为进行刑法规制的依据

刑法理论作为时代的产物,被用来解决在特定的时代中所出现的刑法问题。基于人工智能时代的特征,刑法理论中有关犯罪主体之范围不应再囿于有生命的"人"。有学者提出,刑法的内容是规制人之行为,任何刑法规范,只有以对人性作出科学假设为基础,才可能具有存在和适用的合理性。[①] 这种自然人中心主义的观点也应随时代演进而作出修正,因为"人格"的本质是自主的意志与意识。因此,当人工智能受控于人类为其编制与设计的程序范围的时候,不具有自主意志与意识,也就不可能承担任何刑事责任;而当人工智能在深度学习中产生自主意志与意识,并能摆脱程序控制作出具有严重社会危害性的行为时,理应承担相应的刑事责任。人工智能得到了越来越广泛的应用,获得了极大的发展。如果对技术发展视而不见,仍以传统的眼光与心态看待新时代的问题,并非在坚持科学态度。因此,刑事立法和刑法理论应根据新问题、新情况作出适当调整,以适应时代发展的需求。

依笔者之见,将能超越程序控制范围、自主作出危害行为的人工智能以刑事责任主体对待,是合理且存在法理依据的。根据《刑法》第17条之规定,犯罪主体需具备以下三个条件:一是实施了具有严重社会危害性之行为;二是有刑事责任能力;三是依照刑法规定应承担刑事责任。分析上述三个条件,我们可以发现,犯罪主体需具备的本质条件只有两个,即上述第一和第二个条件。当强智能机器人符合第一和第二个条件时,刑法中就完全可增设人工智能犯罪主体。理由具体如下。

1. 强智能机器人可以实施具有严重社会危害性的行为

笔者在此处所说的可由强人工智能承担刑事责任的行为,是指强人工智能摆脱程序控制,自主决策并作出的具有严重社会危害性的行为。如果强智能机器人根据程序、算法的设定实施了具有严重社会危害性的行为,则应由智能机器人的研发者、设计者或者使用者承担刑事责任。因为此时强智能机器人实现的并非自身意志,其只是研发者、设计者或者使用者的工具,实现的是研发者、设计者或者使用者的意志。此时,强智能机器人不

[①] 参见陈兴良:《刑法的人性基础》,中国方正出版社1999年版,第1页。

是主体，而是工具，故而危害结果不能也不应归责于智能机器人。从人工智能"诞生"至今，其危害社会的情形并不罕见，但大多是程序紊乱或者使用者的操作失误所导致的，尚未有智能机器人基于自主意志与意识实施行为带来严重危害社会结果的情形。就目前的实际情况而言，从躯体层面来看，智能机器人有能力实施具有严重社会危害性的行为；从意识层面看，其尚不可能超出程序的控制范围而在自主意志与意识的支配下实施相应行为。但是我们通过分析神经网络、深度学习等技术的发展趋势，可以预见，不久的将来，智能机器人有很大的可能性会产生超出程序控制范围的自主意志与意识。《刑法》分则规定的罪名分为十章。① 自然人可以实施所有的十类犯罪，而强智能机器人并不能。强智能机器人有其自身特点，其自身特点也决定了其可能实施的犯罪类型和范围。强智能机器人和自然人行为特征重合的部分便是二者均可实施犯罪行为的范围；强智能机器人和自然人特征相异之处便是其无法实施的犯罪范围。应当看到，犯罪主体之特点决定其所实施犯罪行为的范围。以单位为例，相当一部分的法定犯（如妨害社会管理秩序的犯罪、破坏社会主义市场经济秩序的犯罪等）可以由单位实施，但是相当一部分的自然犯（如侵犯公民人身权利的犯罪）无法由单位实施。众所周知，自然犯和法定犯最大的区别为是否违背了公序良俗与伦理道德。单位本身没有伦理道德，也不可能实施以违背伦理道德为特征的自然犯。而强智能机器人虽然没有生命体，但是其研发者、设计者完全可以通过编程算法赋予其伦理道德。因此，强智能机器人可以实施相关违背伦理道德的行为，即强智能机器人有可能构成自然犯。强智能机器人与单位相比，具有更多与自然人的共同点，自然人可以实施的绝大多数犯罪往往也可由强智能机器人实施。从这个意义上来说，强智能机器人可以比单位实施更多类别的犯罪。例如，抢劫罪、诈骗罪、盗窃罪等侵犯财产类

---

① 这些罪名分别为危害国家安全罪，危害公共安全罪，破坏社会主义市场经济秩序罪，侵犯公民人身权利、民主权利罪，侵犯财产罪，妨害社会管理秩序罪，危害国防利益罪，贪污贿赂罪，渎职罪和军人违反职责罪。

犯罪的绝大多数,均可由强智能机器人实施。但是,一些身份犯由于以特殊身份为构成要件,而强智能机器人不具有构成要件所要求的特殊身份而无法单独构成这些罪名,如贪污罪、挪用公款罪、受贿罪等。但这也并非意味着,强智能机器人不可能构成任何身份犯。毋庸讳言,目前的智能机器人在某些领域的能力展现出强于人类的趋势,如金融、法律、医疗等。随着人工智能技术的进一步发展,当智能机器人在某些特殊领域能够"独当一面"时,也有可能构成这些领域的身份犯。如在未来,智能机器人医生可能会构成医疗事故罪;智能机器人律师可能构成辩护人、诉讼代理人毁灭证据、伪造证据、妨害作证罪。当然,我们也应看到,目前由于对智能机器人的身份认定存在很大困难,其单独构成上述身份犯仍有很大的障碍。不过随着智能机器人与人类社会的深度融合,将来赋予强智能机器人特定身份并非天方夜谭,到那时其所可能实施的犯罪行为类型将会和自然人更接近。

2. 强智能机器人具有刑事责任能力

(1)"刑事责任能力"的内容是独立辨认、控制能力

根据我国《刑法》的规定,承担刑事责任的主体必须是有刑事责任能力的自然人或者单位。《刑法》第17、18条规定了影响自然人的刑事责任能力的因素为年龄与精神状况;而《刑法》规定单位犯罪必须具有法定性,即"公司、企业、事业单位、机关、团体实施的危害社会的行为,法律规定为单位犯罪的,应当负刑事责任"[1]。通说一般认为,刑事责任能力指的是行为人对自己所实施的危害行为的辨认、控制能力。[2] 但是有学者持反对意见,其认为,刑事责任能力并非指辨认、控制能力。理由是,只有当一个人构成犯罪并应承担相应刑事责任时,才有必要考察其是否具备刑事责任能力。而辨认、控制能力是能够成为犯罪主体之一般要求,没有辨认、控制能力的

---

[1] 《刑法》第30条。
[2] 参见刘宪权主编:《刑法学》(第4版),上海人民出版社2016年版,第123页。

主体完全不可能成立犯罪。① 也有学者认为,把辨认、控制能力与刑事责任能力等同并不合适,原因是,辨认、控制能力是作为犯罪主体的要求,但如果把辨认、控制能力和刑事责任能力等同,就意味着辨认、控制能力只是刑事责任主体必备能力,而非犯罪主体必备能力。② 笔者认为,在探讨刑事责任能力和辨认、控制能力之间的关系之前,首先应明确刑事责任能力的刑法定位。所谓刑事责任能力,并非指行为人对刑罚的承受能力,而是所有可能成立犯罪的主体,无论其是否作出了犯罪行为,都须符合的条件。所以,探讨刑事责任能力,并非在认定行为人构成犯罪之后才进行,而是判断行为人是否构成犯罪的前提。换言之,具有刑事责任能力的人不一定是犯罪主体,而不具有刑事责任能力的人一定不是犯罪主体。从这一意义上来说,笔者认为,将刑事责任能力之内容概括为辨认、控制能力是合理的,即通说观点更具合理性。具体理由为如下几点。

第一,刑法规定的刑事责任能力,其内容可被概括为辨认、控制能力。决定和影响自然人刑事责任能力的因素主要有两个:年龄与精神状况。这两个因素是任何自然人都具备的,当自然人达到法定年龄且精神状况正常的时候,即被刑法认定为具有刑事责任能力,无须等到自然人作出犯罪行为以后再进行考虑、判断。那么,为何年龄、精神状况会影响对自然人刑事责任能力的判断呢?众所周知,一个自然人从幼年发展至成年的过程,是其心智逐渐成熟,对自己行为的意义、性质、作用等的认识逐渐清晰、深入的过程;同时,其控制自己的行为的能力也在逐渐增强。精神状况同样亦是如此。刑法对精神状况的判断标准正是一个人能否辨认、控制自己的行为,如果可以,则其精神状况正常;如果不能,则其精神状况不正常。也就是说,年龄和精神状况这两个因素会直接影响一个自然人的辨认、控制能力。换言之,如果一个自然人并未实施任何犯罪行为,只要其达到法定年

---

① 参见侯国云等:《辨认控制能力不等于刑事责任能力》,载《中国人民公安大学学报(社会科学版)》2005年第6期。
② 参见张明楷:《刑事责任能力若干问题的探讨》,载《中南政法学院学报》1994年第1期。

龄且精神状况正常(具有辨认、控制能力),则其就具有刑事责任能力,可作为刑事责任主体。刑法把辨认、控制能力作为刑事责任能力的内容,原因在于,当一个主体具有辨认、控制能力的时候,其对自己的行为就具有自由决定权,即其可以选择做某一行为或者不做某一行为,并非等该主体实施了犯罪行为之后才具有刑事责任能力,否则便是因果倒置了。从此意义上而言,刑事责任能力是刑事责任的来源,是刑事责任主体承担刑事责任的前提。刑事责任主体与犯罪主体存在本质差别。刑事责任能力的内容从本质上而言就是辨认、控制能力。

第二,刑事责任主体所具备的核心能力就是刑事责任能力。需要说明的是,刑事责任主体不等同于犯罪主体,只有当具有刑事责任能力的主体实施了犯罪行为的时候,其才成为犯罪主体。刑事责任能力相当于一个"桥梁",连接起辨认、控制能力与刑事责任主体。具体来说,具有辨认、控制能力的主体,因具备了刑事责任能力内容的核心,可被视为有刑事责任能力,具有刑事责任能力的主体就是刑事责任主体。自然人能否成为刑事责任主体主要受年龄与精神状况两个因素的影响;单位的刑事责任能力则经由单位意志予以表现。单位意志仍是一个抽象概念,其本质是全体成员意志的集合。而成员意志就是个人的辨认、控制能力。尽管单位意志来自成员意志,但却高于成员意志,当各成员意志凝结为单位的意志以后,单位意志便成为独立且高于成员意志的集体意志。因此,凝结了个人辨认、控制能力的集合体——单位意志,体现了单位的辨认、控制能力,而具有辨认、控制能力的单位理应具有刑事责任能力,能够作为刑事责任主体。

综上,刑事责任能力的全部内容、具体表现与本质都是辨认、控制能力,同时,具有刑事责任能力是能够被认定为刑事责任主体之充要条件。

(2)强智能机器人具有独立的辨认、控制能力

根据人工智能作出的行为和程序之间的关系,可以把智能机器人分为两类:一类是只能在程序控制范围内作出行为的人工智能,包括普通人工智能与弱人工智能;另一类是超出程序控制范围作出行为的人工智能,即

强人工智能。笔者认为,这种分类具有合理性且有利于解决涉及智能机器人的刑事责任的问题。具体作如下分析。

第一,只能在程序控制范围内作出行为的人工智能没有独立辨认、控制能力。目前,人工智能所实施的行为都在程序控制范围之内,即其只能做人类想让它做的事。例如,阿尔法狗,虽然其在围棋领域的水平极为高超,甚至可以超越人类中顶尖的棋手,但是其除了下棋之外并无其他技能,因为人类为其编制与设计程序的目的就是下围棋;再如,科大讯飞的"智医助理"(智能机器人医生),其已通过执业医师笔试,可以作为医生助理针对患者病情提出就诊意见。但是除此之外,"智医助理"也并无其他技能,因为人类为其编制与设计程序的目的就是使其掌握执业医生的基本知识,并协助医生处理医疗事务。因此,无论是阿尔法狗还是"智医助理",其都具有深度学习能力,是弱智能机器人的代表,只能做人类想让其做的事,即只能在程序控制范围内作出行为。在此情况下,弱智能机器人所具有的辨认、控制能力完全受到程序控制,并非其独立的辨认、控制能力,而相当于其研发者、设计者或者使用者的辨认、控制能力的延伸。虽然自然人的行为也会受到种种"枷锁"的限制,但是这种限制更多的是来自道德、法律等的要求,这些要求并不能直接影响人的辨认、控制能力;而人类编制与设计的程序对智能机器人的限制会直接影响、制约和限制其行为,在程序的控制下,弱智能机器人根本没有独立的辨认、控制能力。

第二,超出程序控制范围作出行为的强人工智能有独立的辨认、控制能力。目前,人工智能技术一直在不断创新与突破。与阿尔法狗相比,阿尔法元的最大突破在于,其无须被动接受人类为其提供的数据,而是可以自主获取数据并对获取的数据进行学习、分析。阿尔法元的设计者、研发者并未以算法编程的形式将海量棋谱数据提供给阿尔法元并让其进行深度学习,而仅为其提供了围棋基本规则,阿尔法元通过"强化学习"(深度学习的一种)技能,自主积累了下围棋的经验。值得一提的是,阿尔法元自主积累的围棋经验并不受控于人类在几千年中累积并通过棋谱所呈现的经验,而是一种全新且效用更高的独特经验。这种独特经验不能通过人类棋谱呈现,而是内化为阿尔法元的编程,却又超出了研发者、设计者所具体编写的范围。在围棋领域,阿尔法元已经超越人类最高技能且已不再对程序"亦步亦趋",而是充分发挥了"主观能动性"。所以应当看到,将来的人工智能完全可能会按自身经验作出行为,这种情况下智能机器人所实施的行为可能会突破设计者、研发者编制的程序控制。此时,人工智能便具有了独立的辨认、控制能力。

既然强人工智能可以摆脱程序控制,自主作出行为,则其必然有独立的辨认、控制能力。强人工智能具有的独立辨认、控制能力体现于以下两个方面:其一,强人工智能摆脱程序控制作出行为,并不是因程序本身出现故障,而是强智能机器人基于深度学习能力,而掌握了自我编程等技能并产生了独立自主的意志与意识。此时的强智能机器人具有辨认自己所实施行为的性质、作用、意义、后果等的能力。在人工智能技术发展初期,为智能机器人行为"画圈",即为智能机器人的行为设定相应规则引起了人类足够的重视。当人类社会发展至强人工智能时代之时,对智能机器人行为准则的设定将会更全面、成熟。在这种情况下,强智能机器人通过对大批量数据的分析和学习,完全能够知晓自己应为及不应为哪些行为,如果其仍然实施了不应为的行为,其必然是处于"明知不可为而为"的状态,即其明确知晓自己的行为违背了研发者、设计者或者使用者的初衷。这只能被解释为,此时的强智能机器人产生了自主意志与意识,其不再对人类为其编制与设计的程序"亦步亦趋",开始为了实现自身意志而实施相应行为。而强智能机器人的这种自主意志与意识的出现,意味着其具有了辨认能力。其二,强人工智能摆脱程序控制作出行为的原因既然并非程序故障,而是出于其自身意志与意识的支配,说明其完全有能力控制自身的行为,即为了实现自己的意志与意识而去实施某些行为。强智能机器人摆脱人类为其编制与设计的程序的束缚,具有了能够在自主意志与意识支配下选择实施或者不实施某些行为的自由,意味着其具有了控制能力。

3. 强智能机器人具有刑事责任主体资格的可能性

笔者在上文已详细解构、论证了"刑事责任主体"的概念和基本的内涵,明确刑事责任主体之核心是具有刑事责任能力,而刑事责任能力之本质内容、具体表现即为独立的辨认、控制能力。从此意义来说,具有独立辨认、控制能力之主体就能够作为刑事责任主体。在人工智能时代之前,具有独立辨认、控制能力的主体无非只有两类,即自然人与单位。而在人工智能技术实现创新与突破之后,当能够摆脱程序控制并自主作出行为的强人工智能问世时,具有独立辨认、控制能力的主体便似乎不应仍局限在自然人与单位两类,而应将强智能机器人纳入其中,作为第三种刑事责任主体。原因有如下几点。

首先,强智能机器人拥有比单位更类似于人类的独立辨认、控制能力。单位意志是一个抽象概念,其实质是单位成员意志之集合,即单位意志(单位的辨认、控制能力)最根本的来源仍是个人意志,只不过法律将集合了单位全体成员意志的概念拟制为"单位意志"。因此,单位意志体现的是间接的辨认、控制能力。然而,强人工智能拥有的独立辨认、控制能力是直接的辨认、控制能力。从这个意义上来说,强智能机器人似乎更有资格作为刑事责任的主体。关于单位是否有资格作为刑事责任主体的问题,存在长久的争论,争论焦点是,单位能否与自然人相同,能够作出犯罪行为,能够具有犯罪的意志与意识,能够具有受刑能力?[①] 根据德国早期刑法理论,单位并无独立意志,也没有受刑能力,没有资格作为刑事责任主体。例如,费尔巴哈就曾提出,只有自然人才可以作为犯罪主体,而法人不可能作为犯罪主体而存在。[②] 依笔者之见,某一主体能否作为刑事责任主体,关键要看其是否符合刑事责任主体之基本内涵,即是否具有独立的辨认、控制能力。因此,和单位相比较,强智能机器人具有直接的独立辨认、控制能力,更应

[①] 参见刘宪权:《刑法专题理论研究》,上海人民出版社2012年版,第93页。
[②] 参见[德]安塞尔姆·里特尔·冯·费尔巴哈:《德国刑法教科书》,徐久生译,中国方正出版社2010年版,第37页。

作为刑事责任主体。

其次，承认能摆脱程序控制、自主作出行为的强人工智能可以作为刑事责任主体，有利于保持刑事责任主体内涵之统一。根据刑事责任主体基本内涵，自然人因具有独立的辨认、控制能力而有资格作为刑事责任主体；单位因具有法律承认的、间接的独立辨认、控制能力而有资格作为刑事责任主体。而强智能机器人在摆脱程序控制、自主作出行为时，也具有独立的辨认、控制能力，也就当然地不能被排除出刑事责任主体范畴，否则，将会出现刑法体系内部有关刑事责任主体基本内涵不统一、不协调的问题。既然承认自然人、单位的刑事责任主体资格，也就应认可同样具有独立辨认、控制能力的强人工智能之刑事责任主体资格。由此，笔者认为，在强人工智能时代，刑法有必要将强人工智能纳入刑事责任主体范畴，以巩固、保障刑事责任主体基本内涵的统一与协调。

最后，承认能摆脱程序控制、自主作出行为的强人工智能有资格作为刑事责任主体，符合刑法中罪责自负的原则。罪责自负的原则可以被简单概括为，谁犯罪，谁承担责任。在同一情境下，相同的犯罪行为会产生相同的社会危害性。因此，强智能机器人完全可以实施与自然人、单位具有同等社会危害性的行为，而强智能机器人又具有独立的辨认、控制能力，则在应然层面，其显然应承担与自然人、单位相同的刑事责任。可能会有人认为，强智能机器人既无生命也无财产，即便承认其可以成为刑事责任主体，又有什么意义呢？笔者不同意这种看法。一方面，以强人工智能没有受刑能力作为否认其能够作为刑事责任主体的理由不合逻辑，属于典型的因果倒置。原因在于，当我们讨论对某一主体进行刑罚处罚的问题时，已经承认了该主体具有刑事责任主体资格。笔者在此无意讨论"先有鸡还是先有蛋"的哲学问题，而是意在说明，只有一个主体具有成为刑事责任主体的资格时，我们讨论应否对其进行刑罚处罚以及给予其什么样的刑罚处罚才有实际意义。另一方面，如果刑法承认能摆脱程序控制、自主作出行为的强人工智能有资格作为刑事责任主体，则完全可以通过对现有刑罚体系进行改造,而适应对强智能机器人进行刑罚处罚的需求。笔者认为,对于强人工智能时代对于强智能机器人的刑罚体系设计,应遵循罪刑相适应、刑罚目的导向、刑罚节俭性等原则。同时,有人可能还会认为,强人工智能即便作出危害行为,也可让使用者、研发者等承担责任,将强智能机器人作为刑事责任主体并无必要。笔者不认同这种观点。如果在强人工智能研发或使用过程中产生危害结果,而此结果的出现原因是研发者、设计者或者使用者未充分履行注意义务或者研发者、设计者或者使用者故意犯罪,则研发者、设计者或者使用者理所当然须承担过失或故意犯罪的刑事责任。但是,当强人工智能摆脱程序控制、自主作出行为的时候,其行为本质上已经完全违反了人类意志,此时让使用者、研发者或者设计者为强智能机器人行为来"买单",显然违反了刑法中罪责自负的原则,不具有合理性。

(二) 对强智能机器人行为的刑法规制路径

当强人工智能摆脱程序控制、自主作出危害行为的时候,对其进行处罚有利于维护社会稳定健康发展、防止社会动荡。曾经有人认为,对于机器,最简单的控制办法就是断电。但是现在,即便是普通扫地机器人,也能够在电量快用完的时候自动寻找电源充电。[1] 这说明,对于强智能机器人的控制仅依靠粗暴简单的方式不能取得理想效果,而且如果对实施了具有严重社会危害性行为的强智能机器人进行程序或者物理形体上的全面销毁,也是对社会资源的极大浪费,并增加了技术发展成本。为了保障人工智能技术健康稳定发展,立法者有必要设置一套可行的方案来控制强智能机器人的行为。

笔者已在上文中充分论述了强智能机器人作为刑事责任主体的合理性与可行性,这也是对实施了具有严重社会危害性行为的强智能机器人予以刑罚处罚的前提。近代刑法的基本原理表明,无责任即无刑法。从理论上来看,现代刑法中所言的"刑事责任",起源于资产阶级启蒙运动中所推

---

[1] 参见尼克:《人工智能简史》,人民邮电出版社2017年版,第225页。

崇的以个人权利为本位的思想。正如贝卡利亚所言,社会是以个人的权利为本位的,国家并非凌驾于个人权利之上的特殊权力机构,包括刑罚权在内的国家权力,只是公民为了让自身享受最大限度的自由所割舍的部分个人的权利的集合。个人受到国家的刑罚权约束和干预,都是为了保障个人能够完全享有最基本的自由与权利。[1] 个人的权利和国家的刑罚权二者之间是互相制约、双向互动的关系。国家的刑罚权不仅能够镇压犯罪,而且可以保障个人的权利。这就要求国家的刑罚权在适用时的适度性。正如普芬道夫所言,犯罪人在实施犯罪行为之后会产生相应责任,而这种责任会转化为刑罚后果。[2] 这一思想经由刑事古典学派发展后,逐渐演变成责任主义。责任主义的目的主要在于用个人责任、主观责任来全面否定中世纪的刑法中所坚守的团体责任、结果责任,并作为近代刑法中的基本原则之一,对保障公民权利、防止滥惩无辜、抑制国家的刑罚权不当扩张等起到很大作用。由此可见,刑事责任这一概念在诞生之初便和主观责任紧密相连。但是,有关责任本质的争论在理论界从未停止。"行为责任论"认为,犯罪行为才是非难对象,应该受到刑罚处罚的是行为而并非行为人,即刑法应追究犯罪行为的责任,而不是追究行为人及其背后的人格、性格等的责任。与"行为责任论"相反,"性格责任论"却认为,行为人所具有的危险性格才是非难对象,应该受到刑罚处罚的是行为人而并非行为。但是,如果仅因行为人具有危险性格就将其作为处罚对象,就违背了保障人权的原则。所以,只有当有危险性格的行为人在现实中真正实施犯罪行为之后,才可以被作为刑罚处罚的对象。因此,"性格责任论"因有违背保障人权原则的嫌疑而已退出历史舞台。"人格责任论"认为,责任的基础是人格,人格由环境、素质等客观因素和行为人的主观因素共同造就,对于客观因素

---

[1] 参见[意]贝卡利亚:《论犯罪与刑罚》,黄风译,中国大百科全书出版社1993年版,第8~9页。
[2] 参见[德]汉斯·海因里希·耶赛克、[德]托马斯·魏根特:《德国刑法教科书(总论)》,徐久生译,中国法制出版社2001年版,第503页。

无法进行非难,只能就与行为人的主观部分有关的人格进行非难。如同有学者所言,有责的人格是日常的生活行状所导致的,只要此种行状能够改变,就可以对其人格进行惩罚与非难。① 笔者认为,"人格责任论"的观点具有合理性。犯罪由主观要件和客观要件两大部分组成,即犯罪的成立必须同时具备行为与责任两方面要素。不法是对客观要件的描述,只具备不法要素并不意味着实施行为的人就一定能承担刑事责任。实施行为的人承担刑事责任的关键是行为人具有责任能力或者具备人格。如果实施行为的人不具备人格,即不具备责任能力,就缺乏对其进行非难的可能性,也就没有必要对其进行刑罚处罚。从这个意义上来说,对行为人进行非难的前提是其具备人格,这也可以被概括为,无人格即无责任。事实上,在世界范围内,已有国家或者组织针对这项议题开展相关研究并进行立法。例如,欧盟法律事务委员会提出,应赋予某些智能机器人"工人"的身份以及让其承担与身份相关的特定权利义务;再如,韩国、日本等国家也已起草以《机器人伦理宪章》为代表的规范性文件。② 因此,从立法层面承认智能机器人的法律人格及相应的权利义务,并非无稽之谈,而是在世界范围内已在尝试和逐渐落实的前沿立法行为。当然,虽然世界各国对于通过立法承认智能机器人的法律人格所遵循的标准不一,但是,在刑事法律层面,我们所探讨的应被赋予人格的智能机器人必须为具有自主意志与意识的强智能机器人。

当前,人工智能的行为仍受程序的控制,只能实现人类意志,即便人工智能的行为引起危害结果,由于其只起到"工具"的作用,也无须承担任何责任。但如前所述,人工智能风驰电掣的发展速度让我们不得不担忧和警惕强人工智能出现可能带来的不利局面。当强智能机器人在自主意志与意识支配下实施了具有严重社会危害性的行为时,由于其具有独立的辨

---

① 参见张明楷:《论同种数罪的并罚》,载《法学》2011 年第 1 期。
② 参见吴汉东:《人工智能时代的制度安排与法律规制》,载《法律科学(西北政法大学学报)》2017 年第 5 期。

认、控制能力,能够作为刑责主体,以承担相应刑事责任。将摆脱程序控制、自主作出行为的强人工智能作为社会成员与刑事责任主体,并对其所实施的具有严重社会危害性的行为进行刑罚处罚,是在强人工智能时代刑法规制强智能机器人的行为的"必由之路",具有重大意义。

在此,笔者需要说明的是,在人类历史中也曾出现过追诉无生命物品的法律责任或对动物进行刑罚处罚的事件,这些事件与追诉强人工智能的做法在本质上完全不同。古人追究无生命物品或者动物的法律责任,其原因可能正如李斯特所言,一方面是受宗教观念的影响,另一方面是为了在法律上肯定动物造成损害之事实,以便让动物所有人承担相应责任。[1] 换言之,追诉无生命物品或者动物的责任,仅仅具有程序意义,即帮助查明事实,并不具有实体意义。况且对于无生命物品或者动物的刑罚处罚,并不能达到预防犯罪的目的,而强智能机器人具有自主意志与意识,对其进行刑罚处罚可以达到预防犯罪的目的。

(三)涉人工智能共同犯罪的构成和认定

既然我们经过讨论发现将能够超出人类编制与设计的程序范围而实施行为的强智能机器人作为刑事责任主体具有合理性,则须进一步讨论的便是,当强智能机器人与其研发者、设计者或者使用者共同实施了具有严重社会危害性的行为时,是否可以按共同犯罪之原理认定其刑事责任?如果答案是肯定的,则应继续探讨,如何在强智能机器人和研发者、设计者或者使用者之间分配刑事责任?例如,当强智能机器人受到研发者、设计者、使用者或者其他主体的教唆,而在编制与设计的程序控制范围之外产生了犯意,或者其在编制与设计的程序控制范围之外产生了犯意之后,在实施犯罪行为时得到了研发者、设计者、使用者或者其他主体的帮助,抑或者研发者、设计者在研发、制造智能机器人的过程中并未在程序算法中融入自己的犯罪意图,但是在制造出强智能机器人之后又萌生犯意,此时与强智

---

[1] 参见[德]李斯特:《德国刑法教科书》,徐久生译,法律出版社2006年版,第178页。

能机器人通谋,利用其深度学习能力帮助自己达到犯罪目的。在上述复杂情况之下,是否能够认定这些主体构成共同犯罪?是否可以让这些主体共同承担相关刑事责任?对此我们须分情况进行讨论。

第一,强智能机器人不可能与研发者、设计者构成共同犯罪。原因在于,我们在此所讨论的是强人工智能摆脱程序控制作出行为的情形,而超出程序控制范围即意味着强智能机器人已经不受研发者、设计者所设计程序的控制,其行为甚至已经从根本上与研发者、设计者的意志相悖。此时,强智能机器人行为体现的是自身的意志,绝非研发者、设计者的意志。如若强智能机器人实施的行为体现了研发者、设计者的意志,则我们仍须理解成其是在研发者、设计者为其编制与设计的程序范围之内实施行为,即此时其仍是研发者、设计者实施相关犯罪行为的工具。此种情况前文已论述,此处不再赘述。由此可见,强智能机器人与研发者、设计者之间绝无可能具有共同故意,即二者并无可能成立共同犯罪。当然,假如研发者、设计者在研发、设计、制造人工智能过程中,应当预见到人工智能可能会摆脱程序控制范围而实施具有严重社会危害性的行为,却出于疏忽大意没有预见,从而并未采取有效措施来进行预防,或者研发者、设计者已经预见到了人工智能可能摆脱程序控制作出危害行为,而采取了自认为有效(实则无效)的措施并轻信能够避免此种情况发生,则研发者、设计者有可能构成相应的过失犯罪。

第二,强智能机器人有可能与使用者成立共同犯罪。原因在于,与研发者、设计者的故意不同,使用者的故意并不能操控强人工智能摆脱程序控制作出故意犯罪的行为。此种情况下,强智能机器人超出程序控制范围而实施犯罪行为的时候,完全有可能和使用者具有共同故意,并且智能机器人和使用者在同一故意支配下可以共同作出具有严重社会危害性的行为,因此二者构成共同犯罪自不待言。当然,和研发者、设计者类似,如若使用者在对智能机器人进行使用的过程之中,出于疏忽大意或者过于自信之过失,而导致人工智能摆脱程序控制,自主作出危害行为,则对于使用者也能够以过失犯罪进行论处。在此值得提出的是,我国《刑法》第 25 条(共同犯罪的概念)规定,共同犯罪指的是"二人以上共同故意犯罪"。对该条中的"人"应如何理解?按照现行法律规定,对于此处的"人",我们应理解为自然人或单位。但是,依笔者之见,在可期的强人工智能时代,对于此处的"人"的理解也应与时俱进,作出符合时代发展特征的理解。根据前文所述,既然我们已经承认,能够超出人类为其编制与设计的程序控制范围并在自主意志与意识支配下作出具有严重社会危害性的行为的强智能机器人具有法律上的人格与刑事责任能力,就应将其作为该法中的"人"来理解。在强人工智能时代,共同犯罪概念之下的"人"应包括三类,即自然人、单位与强智能机器人。根据共同犯罪的相关原理,如果使用者和强智能机器人没有事先通谋,却在强智能机器人进行犯罪的过程中且在强智能机器人完全不知情的情况之下,未采取措施制止强智能机器人正在进行的犯罪行为,反而在暗中予以帮助,则使用者和强智能机器人仍能成立共同犯罪,其中,使用者是片面帮助犯,完全不知情的强智能机器人单独构成相关犯罪。另外,虽然强智能机器人没有《刑法》规定的构成某些犯罪所需的特殊身份,但是其也可和有身份的使用者成立《刑法》规定的需要特殊身份才能构成的犯罪(以共同犯罪的形式构成)。例如,使用者的身份为国家工作人员,其恶意利用强智能机器人所特有的极快反应速度与精准的控制能力来窃取、侵吞公共财物,则强智能机器人可以成立贪污罪(共同犯罪中的帮助犯)。同时,一定数量的强智能机器人也能够构成犯罪集团。例如,3 个以上强智能机器人为实施犯罪而形成稳定的组织,这样的组织在本质上与犯罪集团无异。犯罪集团作为共同犯罪之下位概念,是特殊形式的共同犯罪,因此,确定犯罪集团成立所需的"三人以上"之中的"人"的概念,也可以共同犯罪中的"人"的概念作为参考,也就是可以将犯罪集团成立所需的"三人以上"中的"人"理解为包括三种类型——自然人、单位与强智能机器人。

承认强智能机器人和使用者具有成立共同犯罪的可能性,符合共同犯罪的基本原理,具有充分的法理根基。理由有如下几点。

第一,承认强智能机器人和使用者能够构成共同犯罪,符合刑法中所规定的共同犯罪主观与客观构成要件。正如前述,强人工智能承担刑事责任的根据在于,其能够超出人类为其编制与设计的程序控制范围而实施行为,证明其拥有自主意志与意识,具有独立的辨认、控制能力。既然对这一点予以承认,就须进一步考虑具有独立意志与意识的主体之间可以进行意志与意识的融合,从而共同而非单独去实施具有严重社会危害性的行为。根据共同犯罪客观的表现方式,两个主体在共同的故意支配下,共同作出有内在联系之犯罪行为,则各共犯人均须承担相应的刑事责任。各共犯人在参与共同犯罪的时候,无论他们内部如何分工,无论各共犯人参与程度大小,各共犯人都构成统一活动的犯罪整体。① 强智能机器人有可能和使用者一起,以共同作为的方式实施具有严重社会危害性的行为,如抢劫、行凶杀人等。强智能机器人也有可能和使用者一起,以共同不作为的方式实施具有严重社会危害性的行为,即共同不履行某项特定的应尽义务,而导致危害结果发生。例如,强人工智能医生和自然人医生共同看护病人时,产生了杀害病人的共同犯意,在病人生命面临危险时,二者都不进行救治,最终病人因未得到救治而死亡,此时自然人医生与强人工智能医生完全可能以不作为的形式构成共同犯罪。同时,强人工智能也有可能和使用者一起,以一方不作为、一方作为的方式实施具有严重社会危害性的行为。例如,强智能机器人医生和自然人医生共同看护病人时,产生了杀害病人的共同犯意,在强智能机器人医生对病人实施杀害行为时,自然人医生有能力制止而故意不予制止,此时二者同样构成共同犯罪,其中,自然人医生以不作为形式构成故意杀人罪,而强智能机器人医生以作为形式构成故意杀人罪。

第二,承认强人工智能和使用者能够成立共同犯罪,符合刑法有关共

---

① 参见刘宪权主编:《刑法学》(第4版),上海人民出版社2016年版,第216~217页。

同犯罪主体的要求。众所周知,假如具有刑责能力之人唆使无刑责能力之人共同实施具有严重社会危害性的行为,抑或利用无刑事责任能力之人共同实施具有严重社会危害性的行为,都不能构成共同犯罪。但是,假如有刑事责任能力之人和限制刑事责任能力之人共同作出危害行为,是可能成立共同犯罪的。理由在于,如果二者作出的危害行为属于限制刑事责任能力人能够承担刑事责任范畴之内的行为(如故意杀人、放火等),则二者须共同承担刑事责任。虽然强人工智能与限制刑事责任能力人并不完全相同,当强人工智能摆脱程序控制作出行为时,对于所有可能的犯罪类型其都应承担相应刑事责任,但是二者存在一个重要的相似之处,即在实施了客观上具有严重社会危害性的行为时,其也有可能无须承担刑事责任。具体而言,当限制刑事责任能力人实施了《刑法》所规定的 8 种犯罪(故意杀人,故意伤害致人重伤、死亡,强奸,抢劫,贩卖毒品,放火,爆炸,投放危险物质)以外的具有严重社会危害性的行为时,其无须承担刑事责任,因为对于超出 8 种犯罪的其他犯罪行为,限制刑事责任能力人并无辨认、控制能力;当强智能机器人在人类为其编制与设计的程序控制范围之内实施了具有严重社会危害性的行为时,其也无须承担刑事责任,因为此时其没有独立的辨认、控制能力。基于上述二者的相似之处,有关限制刑事责任能力人构成共同犯罪的相关原理,也可以在强智能机器人身上加以适用。

第三,承认强智能机器人和使用者能够构成共同犯罪,有利于解决使用者和强智能机器人刑事责任的分配问题。根据我国现行《刑法》的规定,对共犯人进行分类的标准是作用为主、兼顾分工,从而将共犯人分成主犯、从犯、胁从犯与教唆犯。《刑法》之所以将共同犯罪人在共同犯罪中所起的作用作为主要划分标准,就是为了能够更容易地确定共同犯罪人刑事责任并对其进行刑罚处罚。同样地,在使用者与强人工智能共同作出危害行为的时候,也可依实际情况去判断使用者与强人工智能各自所起的作用及在共同犯罪中的分工,并进一步为使用者与强智能机器人定罪量刑。我国《刑法》对从犯采取"必减"原则,即规定"对于从犯,应当从轻、减轻处罚或者免除处罚",主要原因为,在共同犯罪中,从犯只起到次要作用或辅助作用,与起主要作用的主犯相比,从犯所实施行为的社会危害性明显较小。承认强智能机器人和使用者能够构成共同犯罪,有利于在实践中合理分配使用者和强智能机器人二者之间的刑事责任,明确打击的重点,对主从犯区别对待,从而避免对使用者的打击不适当加重,实现精准定罪量刑。

另外,笔者在此处须指出,依照《刑法》关于共同犯罪之规定,成立共同犯罪必须要求共犯者都具有共同故意,即对于行为所造成的具有严重社会危害性的结果,在主观上必须有希望或者放任的心态。强人工智能之行为能依其内部的程序运行过程来判断,所以,笔者认为,在将来需要判断强智能机器人主观上的心理状态是否成立犯罪故意时,也可考虑根据程序运行的情况来进行判断。

总之,技术革新的速度突飞猛进,社会发展的节奏一日千里。既然我们身处全新、伟大的时代——人工智能时代,则我们就须根据时代需求革新刑法理念与理论,在前瞻性刑法理念的指引下,适时修正《刑法》条文中不合时宜的内容,及时对相关司法解释作出更新。人工智能时代中的犯罪的具体构成与形式也可能会有不同表现,这就需要我们更新观念,与时俱进,推陈出新,革故鼎新。

第二节 人工智能时代不同类型犯罪的刑法规制

如同网络犯罪本质上是犯罪,涉人工智能犯罪在本质上也是犯罪。涉及人工智能的犯罪是在人工智能时代中所产生的新形态、新样态犯罪,是新时代中的新事物。新旧事物的关系并非"一刀两断",而是"藕断丝连"的。对于涉及人工智能的犯罪的研究仍然要以刑法的基本原理作为立足点、切入点。根据涉及人工智能的犯罪所呈现的不同类型之特点,应分别采取不同的刑法应对策略,如完善相关司法解释、调整有关犯罪之构成要件、设立新的罪名等。

一、涉人工智能犯罪的类型划分

以现行刑法能否规制涉及人工智能的犯罪，我们可以把涉及人工智能的犯罪划分成现行刑法规定能够规制的涉及人工智能犯罪、现行刑法规定规制不足的涉及人工智能犯罪、现行刑法规定无法规制的涉及人工智能犯罪这三种不同类型。

(一) 现行刑法规定能够规制的涉人工智能犯罪

现行刑法规定能够规制的涉及人工智能的犯罪，是指现行的刑法条文能够规制或只须运用司法解释来明确相关刑法条文的适用范围与适用方式的涉及人工智能的犯罪。在处理相关涉及人工智能的犯罪时，既不能把智能机器人仅当作普通工具而认为其对认定犯罪行为性质和对犯罪人定罪量刑不会产生影响，也不能陷入"工具决定论"之泥淖，认为凡是利用了智能机器人的犯罪行为都具有比传统的犯罪更严重的社会危害性。对待涉及人工智能的犯罪，我们需要保持客观、谨慎、理智的态度，坚持具体问题具体分析。可以看到，当传统犯罪插上人工智能技术这一"羽翼"或者"臂膀"的时候，其实施起来确实会更便捷。然而，从本质上来看，智能机器人在传统犯罪中发挥的作用并未改变这些犯罪的结构与行为方式。因此，对这些犯罪，仍可运用现行刑法的规定加以规制。当然，如果对于这些犯罪，现行刑法的规定过于模糊或者过于笼统，也可以采用修改或颁布司法解释的方式加以明确，从而能够全面、精确地评价此种犯罪行为。

例如，在我国第一起利用人工智能犯罪的案件中，行为人恶意运用智能机器人特有的深度学习的能力，通过编程与训练，使智能机器人具备了识别图片中验证码的技能。智能机器人的此项技能能够协助犯罪人获得用户在各个网站登录所需的账号与密码。[1] 究其本质，该行为是以非法手

---

[1] 参见房慧颖:《新型操纵证券市场犯罪的规制困局与破解之策》，载《华东政法大学学报》2022 年第 1 期。

段获取公民的个人信息之行为,属于《刑法》第253条之一第3款(窃取或者以其他方法非法获取公民个人信息)的规制范畴,应当被认定为侵犯公民个人信息罪。再如,智能杀手机器人一经问世便引起人们的广泛关注,也一度引起恐慌。和传统的杀人工具相比,智能杀手机器人更具精准性和致命性。只要被智能杀手机器人认定为行为对象,则无论行为对象作何伪装都能被智能杀手机器人识破,无论行为对象躲藏于何处都能被智能杀手机器人找寻到,且智能杀手机器人搜寻到目标之后可以做到一击致命。因此尽管这种智能自主武器所需成本不高,体积也很小,但是却具有巨大威力。通过探究智能杀手机器人的工作机制,我们可以看到,使用智能杀手机器人非法剥夺他人生命和使用刀枪棍棒非法剥夺他人生命并不存在本质区别,都可以按照《刑法》规定的故意杀人罪来定罪处罚。可能会有人提出疑问,假如犯罪分子意图打击的目标和智能杀手机器人实际打击的对象并非同一人,即智能杀手机器人所实施的行为和犯罪分子的预想行为不一致的时候,是否会影响对行为人的定罪和量刑呢？依笔者之见,对上述问题完全可以按照刑法中的事实认识错误理论来解决。例如,行为人放狗让其咬人,本来希望让狗咬死甲(自然人),但最终狗咬死的是乙(自然人),狗的行为与行为人的预想所存在的偏差并不会影响对行为人所实施行为的定性,对于放狗咬人的行为人,仍然按照故意杀人罪(且为既遂)来认定。智能杀手机器人属于弱智能机器人的一种,其只能在人类为其编制与设计的程序控制范围内实施行为,在接受"主人"的命令并按照命令来行事这一方面,其与狗不存在本质区别。所以,我们当然可以认为,当智能杀手机器人所实施的行为和犯罪分子的预想行为不一致的时候,并不会影响对犯罪分子行为的性质认定。又如,行为人利用无人机来抢劫被害人,即在无人机上安装扩音器、手枪等装置,在其他地方操纵无人机或者通过事先编制好的程序来操纵无人机,通过无人机上的扩音器装置发出让被害人交出财物的指令,并用手枪等进行威胁,如果被害人没有按照要求交出财物,无人机上装配的手枪就会自动对准被害人的头部进行射击。根据相关司法解释[1]的规定,抢劫罪要求行为人劫取财物的行为有"当场性"。所谓当场性,指行为人与被害人在同一时间和同一地点。而当行为人利用无人机进行抢劫时,行为人本人并没有出现在犯罪现场,也就并未和被害人出现在同一地点,似乎不符合抢劫罪成立所需的"当场性"要件。但是应当看到,成立抢劫罪之所以要具备"当场性"的要件,是为了证明行为人之行为已经对被害人的人身权利、财产权利造成了实质的危害或紧迫的威胁。在传统犯罪场景中,如果缺乏行为人在犯罪现场这一要素,就会使行为丧失紧迫性,也就不符合抢劫罪的本质条件,正如司法解释的规定,成立抢劫罪必须符合"当场性"的要件。无人机这一特殊工具的出现,使行为人实施行为的位置和行为人自身所处的位置在空间上可以分离,甚至在行为人通过预先设定的程序操纵无人机的场景中,行为人实施行为的位置和行为人自身所处的位置在空间上和时间上均可分离。但是,尽管行为人实施行为的位置和行为人自身所处的位置存在时空分离,被害人的人身权利、财产权利所遭受的实质危害或紧迫威胁并未有丝毫减少,即行为人的行为对社会造成的危害没有丝毫减少。在被害人的人身权利、财产权利受侵犯程度不变的情况下,对行为人按照抢劫罪来定罪量刑显然更妥当。

(二)现行刑法规定规制不足的涉人工智能犯罪

现行刑法规定规制不足的涉及人工智能的犯罪,是指对于在人工智能时代背景下呈现出新特点的传统犯罪,现行刑法没有办法进行有力应对的犯罪类型。如果将传统的犯罪比喻为"走兽",那么人工智能技术相当于为"走兽"增添了"羽翼"而使"走兽"变为"飞禽"。虽然从"走兽"到"飞禽"并非根本属性的改变,但是二者的行为模式却存在天壤之别,由此使原来用来规制"走兽"行为的刑法规定无法有力地规制"飞禽"的行为。弱智能

---

[1] 参见2005年6月8日发布的最高人民法院《关于审理抢劫、抢夺刑事案件适用法律若干问题的意见》。

机器人的行为受到人类为其编制与设计的程序控制并体现人类的意志与意识,相当于人类的大脑与身体的延伸。和传统的犯罪工具进行比较可以发现,由于智能机器人不仅延伸了人类的身体机能,而且延伸了人类的大脑机能,所以有的时候其智能性可能会使人类原有的行为模式发生变化。众所周知,阿尔法狗战胜了人类围棋世界冠军。阿尔法狗的行为受控于人类编制与设计的程序,为阿尔法狗编制与设计程序的研发者、设计者自己不可能战胜围棋世界冠军,而阿尔法狗可以凭借自身飞快的反应速度和深度学习能力等做到。换言之,阿尔法狗行为的来源是人类为其编制与设计的程序,但是其可能超越人类在此领域的能力。同样的特征也出现在了智能医生、无人驾驶汽车等身上。由于智能机器人实际上为人类身体与大脑的延伸,所以其行为也可以在相当程度上替代人类。刑法中的"行为"有狭义和广义之分。在广义上,行为指的是"人的意思可以支配的具有社会意义的身体的外部态度(动静)"[1];在狭义上,行为指的是"危害行为",即"由行为人意志支配之下违反刑法规定的危害社会的客观活动"[2]。无论按照广义上的行为之内涵还是按照狭义上的行为之内涵,刑法中的行为都必须为人在自主的意志与意识支配下从事的客观活动。正所谓"无行为就无犯罪",对行为人定罪处罚的决定性要件与前提就是行为人所实施的行为。既然智能机器人在相当程度上代替了人的行为,那么从理论上来说,其也应该分担本来应该由人类承担的刑事责任的相应部分。由此,以人为中心而构建起来的刑法体系在规制部分涉及人工智能的犯罪时可能会力有不逮。

例如,在过去有人驾驶的汽车在行驶的过程中发生交通事故(假如驾驶员负事故的主要责任或者全部责任),如果是汽车本身的质量问题所导致,则应由汽车的设计者、研发者或者生产者来承担产品质量责任;如果是

---

[1] [日]大谷实:《刑法讲义总论》(新版第2版),黎宏译,中国人民大学出版社2008年版,第95页。
[2] 刘宪权:《人工智能时代的"内忧""外患"与刑事责任》,载《东方法学》2018年第1期。

驾驶员在驾驶汽车的过程违反了交通规则,那么应由驾驶员来承担有关交通肇事之责任。目前所谓的"无人驾驶汽车",事实上并未完全达到"无人驾驶"的程度,仍需驾驶员的参与,所以在涉及交通肇事刑事责任分配的问题时,我们仍可按照上述规则来处理。但是,当无人驾驶技术进一步发展,真正达到无须驾驶员参与的程度时,无人驾驶汽车将完全在人类编制与设计的程序控制之下来行驶。对于无人驾驶汽车在行驶的过程当中引发交通事故的情况,如若因汽车本身存在质量问题,仍可按照旧有模式,让无人驾驶汽车的设计者、研发者或者生产者来承担产品质量责任。但是,对无人驾驶汽车在行驶过程中违反了交通规则而导致重大事故发生的,因无人驾驶汽车上并无驾驶员而只有乘车人,故我们无法依旧有模式,让驾驶员来承担有关交通肇事之责任。因无人驾驶汽车属于弱智能机器人的种类之一,即其只能在人类为其编制与设计的程序控制范围内实施行为,没有自主意志与意识,不能成为刑事责任的主体,也就不能承担任何刑事责任,故本来应该由驾驶员承担的交通肇事之刑事责任无法转由无人驾驶汽车自身来承担。那么,可否将本来应该由驾驶员来承担的交通肇事之刑事责任转归无人驾驶汽车的设计者、研发者或者制造者呢?如果答案是肯定的,则其承担的责任为产品质量责任还是交通肇事的责任?根据现行法律无法作明确回答。智能医生引发医疗事故之后的刑事责任承担问题与此类似,此处不再赘述。

(三)现行刑法规定无法规制的涉人工智能犯罪

现行刑法规定无法规制的涉及人工智能的犯罪,是指由于在人工智能时代中出现的在人工智能技术被广泛应用之前无须探讨、难以想象的具有严重社会危害性的行为。其主要可以分为以下两种情况。

第一,现行刑法所规定的罪名之构成要件没有包括的新型行为方式。例如,随着人工智能技术与神经科学、生命科学等科技的融合,为了帮助残疾人缓解肢体残缺所带来的痛苦与不便,科学家发明了智能假肢。如果犯罪分子将残疾人身上的与人体配合"默契"的智能假肢予以毁损,将会给使用智能假肢的残疾人带来肉体上与精神上的双重痛苦。在此情况下,若我们仅将智能假肢作为财物来对待,进而将故意毁损智能假肢之行为认定为故意毁坏财物的行为,似乎有失妥当;若我们将智能假肢当作残疾人身体的组成部分来对待,则故意毁损智能假肢之行为的定性就会发生改变,即可能会被认定为故意侵犯人身安全方面的犯罪。根据现行《刑法》的规定,成立故意伤害罪需达到轻伤程度,而毁损智能假肢的行为目前不可能被以该罪论处。同时,智能假肢的成本和销售价格可能会随着科技的发展而逐渐降低,如果仅按假肢成本或售价计算,可能根本达不到故意毁坏财物罪的入罪标准。因此,现行刑法的规定可能无法规制故意毁损智能假肢的行为。

第二,现行刑法中缺少能够和新型行为方式对应的罪名。例如,微软公司研发的泰伊(Tay)能够从与人类的对话交互中进行学习。不良的网民利用泰伊的此种学习机制,恶意地将其往发表偏激言论的方向引导。于是,在泰伊仅仅上线一天后,其就因为发表了有关种族歧视的言论而被紧急关闭。微软公司研发泰伊这一聊天机器人的目的是让其和用户聊天并带给用户乐趣,但是他人的恶意使用使泰伊成为煽动种族歧视的"机器"。根据我国《刑法》的规定,发表煽动分裂国家、煽动民族仇恨等的言论有可能成立犯罪。假如犯罪分子故意诱导聊天机器人发表有关宣扬分裂国家、民族歧视、民族仇恨的言论,是否可能构成相应的故意犯罪?此外,智能机器人之设计者、研发者在编制与设计程序的时候,没有编写赋予智能机器人自动抗拒和抵御不良言论功能的程序,是否可能构成相应的过失犯罪?相关的前置法应作出哪些方面的完善?

综上所述,笔者认为,在人工智能时代中,随着技术的不断发展,将会出现更多类似问题亟待解决。因此,立法者亟须完善刑法的相关规定,以便更好地适应时代发展需求。

二、刑法规制不同类型涉人工智能犯罪的路径

为了防止将来智能机器人脱离人类控制的局面出现,刑法应注重风险

防控和前瞻预防。正如前述,我国现行的刑法体系没有办法很好地适应人工智能技术的发展水平,对于人工智能时代中有可能出现的刑事风险在责任认定和追究方面存在滞后性和局限性,亟待完善与改进。但是,我们也应看到,刑法规制对于人工智能技术发展来说是一把"双刃剑",即如果过多干预技术研发或应用,有可能会阻滞技术的发展和创新。刑事立法须尊重和符合客观规律。由此,刑法规制智能机器人的研发或者使用过程中出现的刑事风险时,应保持适度的谦抑性,既要严密预防技术滥用的风险,又不能阻滞技术的发展和创新。

如笔者在前文中所述,以现行刑法能否规制涉及人工智能的犯罪,我们可以把涉及人工智能的犯罪划分成现行刑法规定能够规制的涉及人工智能犯罪、现行刑法规定规制不足的涉及人工智能犯罪、现行刑法规定无法规制的涉及人工智能犯罪这三种不同类型。针对三种不同类型的犯罪,分别采取不同的刑法应对的策略,如完善相关司法解释、调整有关犯罪的构成要件、设立新的罪名等。

(一)完善相关司法解释

针对现行刑法能够规制的涉及人工智能的犯罪,可能会出现规定太过模糊的问题,为此,须完善相关的司法解释,以达到准确、全面地评价此类犯罪的目的。例如,对于侵犯财产犯罪涉及的"当场性"的问题,需要与人工智能时代的特点结合并进一步明确其含义。如笔者在前文所述,根据相关司法解释[①]的规定,抢劫罪要求行为人劫取财物的行为有"当场性"。而所谓当场性,指行为人与被害人在同一时间和同一地点。根据通常理解,所谓同一时间和同一地点,应该是指行为人和被害人出现在同一时空之中。但是,在人工智能时代,行为人能够通过操纵智能机器人(如无人机等)直接打击或者威胁被害人,甚至行为人可以通过事先设定好的程序让

---

① 参见2005年6月8日发布的最高人民法院《关于审理抢劫、抢夺刑事案件适用法律若干问题的意见》。

智能机器人自主地选择抢劫时间、抢劫地点与抢劫对象,而无须全程参与抢劫的过程。根据刑法的规定,在行为人对被害人进行暴力威胁时,抢劫罪与敲诈勒索罪两罪的界限之一是行为人进行暴力威胁之方式的不同。在敲诈勒索罪中,行为人对被害人进行暴力威胁的方式有多种,包括口头提出、书面提出、经由第三人提出等;而在抢劫罪中,行为人对被害人进行暴力威胁的方式只有一种,即当场对被害人提出。[1] 结合上述案例可以发现,假如将无人机依程序的设定或者在行为人的操控下对被害人进行的威胁解释为经由第三人提出的间接威胁,则行为人通过智能机器人(无人机)来威胁被害人并进而获取财物的行为应被评价为敲诈勒索罪,而不是抢劫罪。事实上,分析抢劫罪与敲诈勒索罪将进行暴力威胁方式作为两罪界限的原因,我们可以得出结论,在敲诈勒索罪中,行为人提出的暴力威胁并无当场发生的可能性;而在抢劫罪中,行为人提出的暴力威胁具有当场发生的可能性。[2] 反观笔者在上文所述的案例,行为人在无人机上装配的手枪等装置,可以随时对被害人进行暴力打击。所以可以说,在该案中,暴力威胁具有当场发生的可能性,如果按照敲诈勒索罪来认定,不符合法理与常理,而以抢劫罪认定明显更妥当。当然,如果将上述行为以抢劫罪来认定,就需要更新司法解释所规定的"当场性"的具体含义。"当场性"(同一时间、同一地点)的原本含义是行为人和被害人处于同一时空,而在人工智能时代,应将"当场性"的含义理解为行为人之行为(及行为的延伸)和被害人处于同一时空。抢劫行为的启动形式对行为定性并无影响,即抢劫行为的启动形式可以包括:抢劫行为由行为人亲自实施(行为人和被害人处于同一时空);行为人操控无人机等智能机器人来实施(行为人和被害人处于同一时间但不处于同一空间);行为人事先为智能机器人编制好程序,让智能机器人自主选择抢劫时间、抢劫地点、抢劫对象等(行为人和被害人既不

---

[1] 参见刘宪权主编:《刑法学》(第4版),上海人民出版社2016年版,第645页。
[2] 参见刘宪权主编:《刑法学》(第4版),上海人民出版社2016年版,第643页。

处于同一时间,也不处于同一空间)。但是无论如何,在行为人利用无人机等智能机器人实施抢劫行为的场景中,被害人受到了人身安全与财产安全两方面的威胁或者实际侵害,并且该威胁或者实际侵害都直接来源于行为人之行为或行为人行为之延伸。

(二)调整有关犯罪的构成要件

针对现行刑法规制不足的涉及人工智能的犯罪,需要调整有关的犯罪构成要件,把新型行为方式纳入刑法调整范围。例如,对于无人驾驶汽车导致交通事故发生的情况,如果由于汽车质量问题而引发事故,应由研发者、设计者或者生产者来承担产品质量责任;如果由无人驾驶汽车违反交通规则而引发事故,法律并未规定应当由谁负责。根据《刑法》第133条(交通肇事罪)之规定,该罪主体为"交通运输人员"与"非交通运输人员"。其中,后者指缺乏合法的手续,却正常从事交通运输活动的人员。[①] 也就是说,该罪主体为从事交通运输之人员(无论有无合法手续)。而无人驾驶汽车上似乎并无从事交通运输之人员。无人驾驶汽车在人类为其编制与设计的程序控制范围内实施运输行为,车上没有驾驶员而只有乘车人。只要乘车人并未实施违反操作规程的干预行为,就没有对交通事故产生原因力,也就无须承担责任。既然无人驾驶汽车的行驶行为完全受控于人类编制与设计的程序,则其违反交通规则的行为也应受到程序的控制和支配。即使无人驾驶汽车违反交通规则的行为是程序紊乱导致的,也可追根溯源到程序编制与设计过程中的疏忽或者错误。由此,在应然层面将无人驾驶汽车违反交通规则而导致交通事故发生的过失犯罪的刑事责任归结于无人驾驶汽车的设计者、研发者或者生产者,应无疑义。同时,我们也应当看到,成立过失犯罪须同时具备三点要素:第一,违反了注意义务;第二,对危害结果具有预见可能性;第三,发生了危害结果。[②] 对于无人驾驶汽车导致

---

① 参见刘宪权主编:《刑法学》(第4版),上海人民出版社2016年版,第436页。
② 参见李振林:《人工智能刑事立法图景》,载《华南师范大学学报(社会科学版)》2018年第6期。

交通事故的可能性,研发者、设计者或者生产者无疑是具有预见可能性的。问题的关键在于,无人驾驶汽车的设计者、研发者或者生产者是否存在相应的注意义务,即其是否须保证无人驾驶汽车严格遵守交通规则而避免事故发生。根据危险控制的原则,未能成功阻止危险发生,是归责于行为人的基础。具体而言,控制危险发生是行为人应履行的义务,如果行为人能够履行却未充分履行此项义务,最终导致危险发生,则行为人应为此承担相应的刑事责任。[①] 无人驾驶汽车的设计者、研发者在编制与设计程序的时候,通常有能力通过编制相应的程序而使无人驾驶汽车遵守交通规则,如果因其未编制相应程序,而使无人驾驶汽车违反交通规则并进而引发严重事故,应当承担相应的过失犯罪的刑事责任。为此,立法者应构建与完善前置法律法规,将无人驾驶汽车的设计者、生产者所应承担的注意义务予以明确,否则在追究无人驾驶汽车的设计者、生产者的过失犯罪的刑事责任时将会缺乏依据。关于智能医生在从事医疗活动时发生医疗事故的责任承担问题与此类似,此处不再赘述。在人工智能时代,应完善相关前置法律法规,将研发者、设计者或者生产者所应遵守的注意义务予以明确,如此便可在其违反相关注意义务而引发具有严重社会危害性的结果时对其追究过失犯罪的刑事责任变得有据可循。对于前述笔者所举案例,可有下述两种具体处理路径:第一,在相关过失犯罪(如交通肇事罪)的构成要件里面增加研发者、生产者或者设计者这类主体。第二,将产品事故责任的承担范围予以扩大。例如,将智能机器人的研发者、设计者或者生产者归为交通肇事罪主体。第二种路径的合理之处为,无人驾驶汽车在行驶过程中发生交通事故的原因是其违反交通规则而非因无人驾驶汽车本身所存在的质量瑕疵;其不甚合理之处在于,无人驾驶汽车的设计者、研发者或者生产者没有直接参与到交通运输之中,让其为交通事故承担责任似乎不符合现行法律的规定。但是,应当看到,无人驾驶汽车上没有驾驶员,无人

[①] 参见利子平:《风险社会中传统刑法立法的困境与出路》,载《法学论坛》2011年第4期。

驾驶汽车之所以违反交通运输法规,是因为研发者、设计者或者生产者为无人驾驶汽车设置的程序存在缺陷或瑕疵。也就是说,研发者、设计者或者生产者违反了交通肇事罪构成的前提——遵守交通运输法规这一注意义务。只不过研发者、设计者或者生产者未履行这一义务的形式并非直接的而是间接的,其具体表现是在编制与设计程序时未将遵守交通运输法规这一注意义务以程序编写的形式体现出来。正如方向盘、发动机是普通汽车的组成部分一样,程序是无人驾驶汽车的组成部分,即遵守交通运输法规的程序应是无人驾驶汽车这一人工智能产品必不可少之组成部分。换言之,无人驾驶汽车违反交通运输法规从而引发严重交通事故,可以被看作无人驾驶汽车程序存在瑕疵而引发了重大产品质量事故。因此让无人驾驶汽车的研发者、设计者或者生产者承担相关产品事故的责任具有合理性,如此便需要扩大产品事故责任承担的主体范围。当然,囿于技术发展水平的限制,必然存在研发者、设计者或者生产者无法预见或无法消除的安全风险。法律不强人所难,在此情况下,对于智能机器人在运行过程中产生的具有严重社会危害性的结果,应作为意外事件论处,而不应追究研发者、设计者或者生产者的任何刑事责任。

(三)设立新的罪名

针对在人工智能时代到来之前从未出现的具有严重社会危害性的新型行为,需要设立新的罪名来予以规制。弱人工智能时代具有严重社会危害性的新型行为又可被分为两类:第一,行为人将智能机器人作为帮助实施犯罪行为的工具;第二,智能机器人的设计者、研发者或者生产者在设计、生产智能机器人的时候,未履行相关注意义务,从而引发具有严重社会危害性的结果。笔者建议,针对上述两种情况,应分别设立对应的新罪名。其中,针对第一类情况,应当增设"非法利用人工智能罪";针对第二类情况,应当增设"人工智能事故罪"。具体分析如下。

第一,增设"非法利用人工智能罪",有利于从源头防控人工智能技术发展所带来的风险。对人类社会来说,人工智能时代到来的同时也意味着,人类开始面临人工智能技术所带来的风险。防控风险的最有效时机,就是从源头开始防控,即从源头杜绝一切非法利用人工智能技术之行为。笔者认为,应当适时增设"非法利用人工智能罪",以完善对非法利用人工智能技术实施的相关犯罪行为的刑法惩治。原因有如下几点。

其一,非法利用人工智能技术之行为触及了人类最宝贵、最核心的利益——安全。刑法有必要对这种行为进行特别的规制。人工智能技术为生产力增添了新动力的同时,也相当于在人类社会中安装了了"不定时炸弹",即对人工智能技术滥用可能会带来巨大风险,以及智能机器人有可能脱离程序控制而带来巨大灾难。对付这样一颗"不定时炸弹"的最佳方式只能是将其爆炸的风险降至最低。对此,人类所能做的就是严格控制智能机器人的设计、研发和使用过程,以保证对智能机器人的设计、研发和使用行为始终都保持在安全的边界之内。人工智能技术的应用,可能会使传统的犯罪在社会危害性方面发生"量变",即传统犯罪的社会危害性有可能会成倍增长,也可能会引发新型犯罪,甚至当人工智能技术发展到一定阶段时,智能机器人有可能摆脱程序控制而自主实施具有严重社会危害性的行为。以上这些都会对人类社会造成巨大不良影响乃至带来毁灭性的打击。毫无疑问,非法利用人工智能的行为所造成的社会危害性程度远比传统犯罪更深,可能会把人类置于危险之境。但是,对于绝大多数非法利用人工智能的行为,现行刑法均束手无策。为了防止刑法无法规制具有严重社会危害性的非法利用人工智能技术的各类情况,刑法应增设"非法利用人工智能罪",将上述行为纳入刑法规制范围,以避免形成人工智能技术威胁人类社会的局面。如此一来,可以加大对滥用数据、侵犯公民个人信息行为的惩戒力度,以实现对人工智能技术所带来的风险的防控。

其二,刑法的"严厉性"所带来的威慑效应能够真正减少非法利用人工智能行为的产生。刑法具有严厉性,其对犯罪人的自由、财产乃至生命等的剥夺能够起到非常明显的警示作用。因而要想使人工智能技术带来的风险得到有效的防控,刑法是必不可少的规制手段。当然,众所周知,刑法是社会最后一道防线。立法者如果要扩大犯罪圈,将某种具有社会危害性的行为纳入刑法规制的范围,其前提必须是运用其他法律无法起到足够的防范和调整作用。在此前提下,将非法利用人工智能的行为入刑,相关人员在智能机器人的设计、研发或者使用的过程中则会更加谨慎,相关的监管行为也会更加严密,由此,对人工智能技术所带来的风险防控的问题会得到更多的重视。笔者在此需要强调,将非法利用人工智能的行为入刑,并不意味着其他的法律法规对于人工智能技术的研发、设计、制造、使用过程失去了调整和规制作用。事实上,相关法律法规应针对非法利用人工智能的行为作出及时的规范与调整,明确规定智能机器人研发、制造规范以及使用规程,尤其要明确研发者、设计者、制造者以及使用者的相关注意义务。同时,相关法律法规应以类似"附属刑法"的形式明确规定,非法利用人工智能的犯罪行为情节严重,应依法追究刑事责任。如此便实现了行刑衔接或者民刑衔接,从而构建起完善、协调的规制非法利用人工智能行为的法律体系。

其三,刑法增设"非法利用人工智能罪",属于适当的前瞻立法,是在充分考虑人工智能时代技术发展速度及风险突变等因素之后的恰当选择。法律需要保持稳定性,避免朝令夕改,方能维护公民之于法律权威的信仰。因此,有关人工智能的立法活动须保持适度的前瞻性,即预想到未来社会发展变化的情况,以免因社会实际状况变化而频繁修改法律。非法利用人工智能行为是一个将多种多样的具体的滥用智能机器人的行为予以概括之后所得出的概念,具体非法利用智能机器人的行为包括制造实施犯罪行为的智能机器人、利用智能机器人窃取他人信息、利用智能机器人操纵证券市场等,涉及社会生活的方方面面。随着技术的发展,将来还可能会出现更多立法者囿于现实状况而无法预想的情况。由此,刑法直接规定"非法利用人工智能罪",将可能出现的所有非法利用人工智能的行为涵括其中,并通过司法解释等作出更具体的规定,从而实现刑法规范的稳定性和前瞻性之间的平衡。

第二，增设"人工智能事故罪"，有利于明确智能机器人的研发者、设计者与使用者过失犯罪的认定标准。非法利用人工智能罪主要规制的是行为人故意利用智能机器人从事非法活动的行为。除此之外，笔者认为，鉴于人工智能技术对社会可能带来的危害性较大，且研发者、设计者或者使用者在很多情况下能够通过程序控制智能机器人，因此可以在刑法中增设"人工智能事故罪"，以明确追究智能机器人研发者、设计者或者使用者过失犯罪的标准。根据刑法的一般理论，构成过失犯罪须满足具有注意义务的前提，而目前，有关智能机器人设计、研发、应用过程之中的义务体系并没有建立起来，所以追究智能机器人的研发者、设计者或者使用者过失犯罪责任之前的首要任务是建立研发者、设计者、制造者及使用者在智能机器人研发、制造、使用过程中应遵循的义务体系。为此，谷歌公司等都已设立相关委员会，专门从事人工智能研发过程中的伦理审查工作，以实现人工智能技术的安全发展。虽然科技的发展日新月异，甚至会超越人类的想象，但是如果从研发开始就对整个流程进行严密把控，明确规定研发者、设计者、使用者在研发、使用过程中的注意义务，便可在相当大的程度上避免巨大安全隐患的产生。依笔者之见，应从以下几方面确定研发者、设计者及使用者在研发、使用智能机器人过程中的注意义务。

其一，研发者、设计者在研发、设计智能机器人时应为其嵌入人类社会的法律规范和道德规范。人类研发智能机器人，是为了让其为人类社会提供服务。为此，我们需要采取措施以保证智能机器人可以融入人类社会中，并严格遵从人类社会的法律法规及道德规范。一方面，智能机器人需要掌握基础性法律法规。例如，智能机器人需要掌握刑法规范，以便能够区分罪与非罪，即能够认识到自己的行为是否具有严重的社会危害性。试想，如果智能机器人不掌握刑法规范，便可能在不经意间作出具有严重社会危害性的行为，从而产生严重后果。另一方面，智能机器人需要掌握专门性的法律法规。人类研发智能机器人通常是为了让其在某一方面替代人类从事相关工作，即智能机器人通常具有专业性，专门从事某一项业务。

例如,智能手术机器人被专门用于协助医生进行手术,翻译机器人被专门用于语言转换与识别等。因此,正如业务人员必须对自己从事行业的规范有所了解,智能机器人也需掌握自己从事行业的相关法律法规、行业标准及业务规范。如此一来,智能机器人的行为便可获得正确的指引,并通过其深度的学习内化为实施行为的圭臬,从而在法律法规及相关规范的指引下实施合法、合理的行为。

其二,研发者、设计者与使用者在研发、使用智能机器人时需履行好数据保护的义务。人工智能技术的发展离不开数据支撑,而大量数据集中在一起便很容易带来滥用数据的风险,因而,智能机器人的设计者、研发者及使用者需要尽到保护相关数据的义务,避免滥用数据的风险。同时,人工智能技术的研发、使用通常并非个人行为,而是依靠团队协作完成的。笔者认为,在研发、设计、使用智能机器人的团队中,需要有专人进行保护数据的相关工作,或者通过第三方机构来专门负责数据安全的保障工作。

依笔者之见,研发者、设计者、使用者如果未履行上述义务,那么须承担相应过失犯罪的刑事责任。当然,正如笔者在前文所述,认定过失犯罪须以注意义务的存在为前提。同时,与"非法利用人工智能罪"所规定的故意犯罪相比,"人工智能事故罪"属于过失犯罪,其刑事责任理应更轻微。

在此需要予以说明的是,行为人在构成"非法利用人工智能罪"或"人工智能事故罪"时,仍有可能同时构成其他犯罪。例如,行为人教唆聊天机器人发表煽动民族歧视的言论,可能会同时构成煽动民族歧视罪与"非法利用人工智能罪"。笔者认为,上述现象的出现是不可避免的。原因是,人工智能技术发展"一日千里",刑事立法却要有相对的稳定性,社会发展的无限性和立法者智慧的有限性之间的矛盾导致了上述现象的发生。因此,在设立涉及人工智能的犯罪的相关罪名时,立法者应尽量从一般角度来设立条文,如果从各种具体情况出发设立法律条文,将会使条文过于庞杂,且无法适应之后可能出现的各种状况。对于在处理涉及人工智能的犯罪时所遇到的问题,可以考虑通过刑法相关理论予以解决。例如,对于上述法条竞合的问题,应遵循"特别法优于普通法为原则,重法优于轻法为补充"的法条竞合的处理原则。其中,"非法利用人工智能罪""人工智能事故罪"是普通法条。"非法利用人工智能罪"主要处罚犯罪分子故意实施的涉及人工智能的相关犯罪;"人工智能事故罪"主要处罚研发者、设计者或者使用者未履行相应注意义务而过失地导致具有严重社会危害性的结果出现的情况。两个条文相辅相成,从而实现对涉及人工智能的犯罪刑法规制之完善。由此可见,对上述两罪名的设置属于适当前瞻性的立法,是平衡技术快速发展和刑法条文的稳定性之矛盾后所做的正确选择。未来,当人工智能技术逐渐发展成熟,对于新出现的具体情况,可以通过相关司法解释作出更具体的规定。

综上所述,对于涉及人工智能的犯罪刑法应对策略及刑法理论、理念的探讨,并非形而上学、坐而论道,而是综合生产力发展水平、时代发展需求、社会发展阶段所做的前瞻性、具有实际意义的思索。在弱人工智能时代,智能机器人仍完全在人类为其编制与设计的程序控制范围内作出行为,相当于人类大脑与身体的延伸,实现研发者、设计者或者使用者的意志。从目前人工智能技术的发展水平来看,我国现行《刑法》规定能够对大部分涉及人工智能的犯罪予以规制,但是仍须对于条文规定模糊之处,以司法解释的形式予以明确,或者调整部分犯罪的构成要件,使之能够包含人工智能时代的新型行为方式。当然,对于在人工智能时代涌现的新型犯罪,现行《刑法》规定不能予以规制,应秉持前瞻性的刑法理念,增设"非法利用人工智能罪"与"人工智能事故罪"等新的罪名,以实现技术迅猛发展与刑法条文的相对稳定性之间的平衡。

第五章　人工智能时代刑法中犯罪论体系的省思

　　人工智能技术改变了人类的生产生活方式,使人类生存的环境发生了巨大变化;更有甚者,基因科学与人工智能技术结合能够改变人类身体的内部构造,乃至影响生命演进的方式。由此,人工智能技术为人类社会带来的影响和变化是从现在到未来、从外向内的,是逐渐深化、层层浸染的。智能武器的应用、无人驾驶汽车事故等的不断发生,让刑法学者开始密切关注人工智能在刑法研究领域激起的波澜,开始重视人工智能带来的刑事风险对现有的刑法体系的影响和冲击,也开始思考刑法理念与理论在人工智能时代的走向。人工智能时代到来所带来的刑事风险及对刑事风险的刑法规制,是现有刑法体系和刑法理论所面临的前所未见之难题与冲击,具体表现为刑事责任的主体认定、涉及人工智能的犯罪中行为人的主观罪过认定、刑法中行为内涵的重新确定等方面。为解决上述难题,我们要深入地挖掘刑法理论和刑法体系中相关概念之内涵,并进行深入思考和探索,从而作出适当的回应,以明确在人工智能时代中刑法理论的应然走向。

第一节　强智能机器人刑事责任主体地位的认定

关于超出人类为其编制与设计的程序控制范围而作出行为的强智能机器人是否具有刑事责任主体资格,存在"肯定说""否定说"两种截然相反的观点。坚持"否定说"的学者认为强智能机器人不能成为刑事责任主体;坚持"肯定说"的学者认为强智能机器人应当成为刑事责任主体。笔者同意"肯定说"的观点,因为"肯定说"的观点与人工智能技术发展的方向相契合,而"否定说"存在误区与缺陷。在本节,笔者将对"否定说"的观点进行深入、全面、细致的考察,并对其中的缺陷与误区一一作出解读与回应。

一、问题的缘起

人工智能技术自1956年的达特茅斯会议开始,已经经过了60余年的长足发展。虽然在此期间多次起起伏伏,但是近年来因为大数据和互联网相关技术的崛起,人工智能又进入了新一轮的繁荣期,与此同时带来了新的智能革命。新技术的发展带来了生产力的飞速发展和生活方式的日益便捷,我们在对此感到欢欣鼓舞时也应清楚地看到,人工智能的发展已经带来了并且有可能会继续带来诸多负面效应,可能会对国家与公共安全、公民人身与财产安全、经济与社会管理秩序等带来威胁乃至实际侵害。

人工智能发展速度可谓风驰电掣,短短数年时间已能在某些领域展现超出人类的能力。例如,阿尔法狗战胜围棋世界冠军,医疗智能机器人的诊断准确率与速度超过了人类医生。在感到欣喜的同时,人们不禁开始担忧,智能机器人是否会在未来的某一天全方面超越人类?到那时,以自然人为中心而建立起来的刑法体系是否会受到根本性的冲击?即使在弱人工智能时代,面对智能机器人失控杀死被害人、无人驾驶汽车造成严重交通事故等问题,学界也已出现有关智能机器人应否具备刑事责任主体资格的探讨。而当人类进入强人工智能时代,强智能机器人应否具备刑事责任主体资格,将成为刑法学者不能回避、必须解决的问题。这一问题是在根本层面上对以自然人为核心的刑法体系提出的挑战与质问,具有基础性。这一问题会在根本上、全局上影响后续一系列刑法问题(如现行刑法的归责体系应否调整、共同犯罪理论应否调整)的解决。

关于强人工智能应否具备刑事责任主体资格,如笔者在前文所述,存在"肯定说"与"否定说"两种截然相反的观点。持"否定说"的学者提出,智能机器人不能具备刑事责任主体资格,其只是从属人类的工具。[①] 即使智能机器人自主决定并引发了具有严重社会危害性的后果,也仍应由相关的自然人或单位承担责任,而不能把智能机器人作为新型犯罪主体看待。[②] 持"肯定说"的学者提出,强智能机器人应被作为新型犯罪主体来看待,因其具有主观上的理性与客观上的自主行为的能力,以及独立的辨认、控制能力。[③] 弱智能机器人没有自主意志与意识,只能在人类为其编制与设计的程序控制范围之内实施行为;强智能机器人能摆脱程序控制自主地作出行为。持不同观点学者的分歧主要集中在强人工智能应否具备刑事责任主体资格方面,而对于弱人工智能工具属性的认识并无分歧。

二、准确认定智能机器人刑事责任主体地位的重要性

有学者提出,探讨强智能机器人应否具备刑事责任主体资格没有实际的意义,其给出的理由是:其一,根据当前的技术发展水准,人工智能尚不能摆脱程序控制作出行为,"奇点"仍遥遥无期。在此背景下讨论强人工智

---

① 参见时方:《人工智能刑事责任主体地位之否定》,载《法律科学(西北政法大学学报)》2018年第6期。
② 参见叶良芳、马路瑶:《风险社会视阈下人工智能犯罪的刑法应对》,载《浙江学刊》2018年第6期。
③ 参见王耀彬:《类人型人工智能实体的刑事责任主体资格审视》,载《西安交通大学学报(社会科学版)》2019年第1期。

能应否具备刑事责任主体资格的问题,和异想天开的科幻小说没有区别。也有学者提出,与对自然人处罚进行类比,考虑处罚智能机器人,简直像是科幻主题。① 还有学者提出,对智能机器人是否具备刑事责任主体资格的探讨完全出自想象,没有可靠的科学依据,如同空中楼阁,和科幻小说并无不同。② 其二,与人类制造并使用的其他所有工具一样,人工智能也是工具,其存在之目的是解放人类的大脑和双手,替代人类进行特定活动。其是人类的附属,并不具有独立的价值,也不可能摆脱程序控制作出行为。正如有学者所言,智能机器人具有工具性,因此其天然具有利他的特性,在编程与算法的影响下,其本身很难产生利己的行为。③ 从上述学者的论述可以看出,持"否定说"的学者首先绝对否定智能机器人产生独立意志与意识的可能性,并进而在此基础上提出否定强人工智能具备刑事责任主体资格的理由。

对于上述持"否定说"学者提出的理由,我们可以将其总结为两点:第一,强人工智能不可能出现;第二,无论人工智能发展到哪种程度,其始终都是人类的工具。笔者认为,上述持"否定说"学者的观点与所持理由具有明显的误区与缺陷。现阶段,弱人工智能没有自主意志、意识,也没有能力摆脱程序控制作出行为,因而不具备刑事责任主体资格。但这并不意味着在弱人工智能时代,现行刑法体系和刑法理论不会受到任何冲击,事实上,弱智能机器人所具有的"智能"会在一定程度上影响刑事责任的分配与转移。同时,在将来——强人工智能时代,强智能机器人具有自主意志与意识,可以超出人类为其编制与设计的程序控制范围而实施行为。理由有如下几点。

第一,强人工智能时代并非遥不可及。人类由农业社会迈入工业社

---

① 参见储陈城:《人工智能时代刑法归责的走向——以过失的归责间隙为中心的讨论》,载《东方法学》2018年第3期。
② 参见时方:《人工智能刑事责任主体地位之否定》,载《法律科学(西北政法大学学报)》2018年第6期。
③ 参见张玉洁:《论人工智能时代的机器人权利及其风险规制》,载《东方法学》2017年第6期。

会,经过了上千年的时间;由工业社会迈入信息社会,经过了上百年的时间;由信息社会迈入智能社会,只经过了几十年的时间。在这短短几十年的时间中,人工智能技术给人类的生产生活带来了翻天覆地的变化。可见,技术发展是日新月异、一日千里的。正如有学者所言,AI系统自动化的程度远超绝大部分人的认知水平。它们能够通过自己的经验进行学习并且采取研发者、设计者意料之外的行动。曾经广泛流传的认知——"机器人只会做人类为其安排的事",已经不能再适用。[1] 未来人工智能发展的可能性会远超我们目前的想象。[2] 即使在弱人工智能时代,智能机器人也已在某些领域超越了人类,甚至有时可以作出连研发者都意想不到的行为。我们无法保证,人工智能发展的轨迹与人类想象与设计的路线完全吻合。所以,强人工智能时代的到来不一定会(乃至一定不会)是遥遥无期的,我们对于强人工智能应否具备刑责主体资格的探讨也并非异想天开的"科幻小说"。

第二,人工智能技术之本质就在于让智能机器人代替人类从事某些活动,从而将人类解放出来,并提高社会生产力的发展水平。智能机器人的智能水平越高,对人类社会所起的作用就越大,因此人工智能的首要任务就是提高智能水平。而人工智能在实现人类这一理想的同时也会产生相应的副作用,即当智能机器人的智能水平达到一定程度时,有可能会产生自主意志与意识,并摆脱工具属性。依笔者之见,智能机器人由普通智能机器人到弱智能机器人,再到强智能机器人的进化史,实际上就是人工智能当中的"人"的因素逐渐增强而"机器"的因素逐渐减弱的过程,同时还是人工智能的智能水平渐进提升并逐渐对自己行为的作用与影响实现自控的过程。随着人工智能技术的不断演进,智能机器人和自然人在对行为

---

[1] 参见[美]杰瑞·卡普兰:《人人都应该知道的人工智能》,汪婕舒译,浙江人民出版社2018年版,第5页。

[2] 参见[以色列]尤瓦尔·赫拉利:《人类简史》,林俊宏译,中信出版集团2017年版,第227页。

的决定与控制能力方面存在"此消彼长"的关系。尽管弱智能机器人仍然具有工具属性,但这并不意味着其完全等同于传统意义上的工具,且其工具属性的"含量"或者"成分"会随着技术的发展而发生变化。我们解析"人工智能"这四个字可以发现,智能机器人和普通的工具存在实质上的不同。一般认为,智能是人类特有的,任何其他的动物、物品等都没有智能,这也是人工智能和其他物品相区别的重要标志,即人工智能拥有本来仅人类才可能具有的智能。事实上,人工智能就是人类创造出本来只有自然人具有的智能。因此我们或许可以这样认为,人工智能时代就是把"机器"变为"人"乃至变为"超人"的时代。如果这一结论果能成立,那么将智能机器人简单粗暴地理解为普通工具明显有失妥当。

即使在弱人工智能时代,智能机器人也完全可能超出人类控制与想象而作出行为。时有发生的无人驾驶汽车事故,聊天机器人令人备感意外地发表有关种族歧视的言论,此类事例不胜枚举。弱智能机器人已经在很大程度上改变、更新了行为人进行犯罪的方式,当强人工智能时代来临时,犯罪的手段更会产生出人意料的翻新和改变。由此,人工智能在本质上区别于刀枪剑戟、枪支大炮等工具。即使是当今已出现的弱人工智能,人类也可能失去对它的控制。在这样的时代背景下,如果仍认为智能机器人永远不可能摆脱工具属性,应永远将智能机器人看作普通工具,显然是在自欺欺人,这样的观点明显不切实际、不合时宜。在审视强智能机器人的本质法律地位时,应考虑到其具有自主意志与意识,并能够超出人类为其编制与设计的程序控制范围而实施行为。当出现完全具备成立刑事责任主体所需的各种要件的智能机器人时,法律便应承认其刑事责任主体资格。

三、强智能机器人与其他刑事责任主体没有本质差异

现行刑法规定的刑事责任主体有两类——自然人与单位。坚持"否定说"的学者提出,智能机器人与自然人、单位存在本质差别,并将其作为否定强人工智能刑事责任主体资格的理由。持"否定说"的学者提出的理由具体如下。

第一,在本质上,强智能机器人和自然人有巨大差别。即使智能机器人拥有自主意志与意识,其智能也无法和人类智能相等同。原因在于:首先,二者的智能来源不同。自然人的智能来自生命体,无须经过精密的加工制造,不是依赖科技的力量而是依赖自然的力量;强智能机器人之智能来自精密的加工制造,依赖科技的力量而非自然的力量。其次,智能存在所要实现的目的不同。自然人"智能"是自然进化与物种选择的结果,人为目的在其中不可能产生一丝一毫的作用;强人工智能之"智能"是为了达到人为目的,即替代或者协助人类从事特定活动,完成工作任务。[①] 最后,智能发生、发展与丧失原因不同。自然人的智能在出生时产生,在生长发育过程中逐渐发展,在生命体死亡时丧失;强智能机器人之智能依附于程序算法,而程序算法又依附于载体,且载体可以无限复制,即使某一载体消失,智能也不会消亡,即只要程序算法未被彻底清除,智能就不一定会消亡。[②] 鉴于自然人的智能和强智能机器人的智能存在上述差别,因此以自然人为中心所形成的刑法体系无法将强人工智能纳入其中而作为刑事责任的主体。

第二,在本质上,强智能机器人和单位有巨大差别。单位的实际运营由自然人掌控,单位本质上是自然人之集合体。单位(法人)和智能机器人之重大的区别是,单位(法人)必须通过单位成员来运营,由自然人组成董事会,并且董事会行为会被认定为单位行为。[③] 从此意义上说,单位的所有行为都必须由自然人来实施,而自然人具有辨认、控制能力,则单位就间接具有了辨认、控制能力,也就满足了成为刑事责任主体的实质条件。但是,强智能机器人之行为不是由自然人来实施的,因此便缺乏具备刑事责任主

---

① 参见贺栩溪:《人工智能的法律主体资格研究》,载《电子政务》2019年第2期。
② 参见皮勇:《人工智能刑事法治的基本问题》,载《比较法研究》2018年第5期。
③ 参见[德]霍斯特·艾丹米勒:《机器人的崛起与人类的法律》,载《法治现代化研究》2017年第4期。

体资格的实质要件。① 单位"背后"有自然人,而强人工智能"背后"不是自然人,此即强人工智能与单位之本质差别。所以,单位应具备刑事责任主体资格,而强人工智能不应具备刑事责任主体资格。

第三,强智能机器人并没有自主意志与意识。目前智能机器人可谓有"智能"没"智慧",有"智商"没"情商",会"计算"不会"算计",有"专才"而无"通才"。智能可以通过人类编制与设计的程序赋予,但是智慧不能通过人类编制与设计的程序赋予,而必须在实践的过程中体悟与习得。② 强智能机器人的智能源于程序,鉴于其智能的来源和产生基础,其不可能在善和恶、合法和非法之间进行自由抉择。③ 换言之,强智能机器人不会产生自主意志。在刑法意义上,辨认能力是指对行为作用、性质、后果的认识。这种认识,既包括事实意义上的认识,也包括规范意义上的认识。④ 所谓规范层面之认识,指认识到自身活动是否违反了法律规范。有学者提出,尽管强智能机器人能够违反或者遵守人类的法律规范,但是这种违反或者遵守不是其进行自主选择后的结果,而是程序控制之结果。⑤ 同样地,控制能力也包含规范与事实两个层面的内容。当强智能机器人在事实层面违反刑法规范的时候,我们却很难判断其在主观方面具有故意或者过失。原因在于,未来的智能机器人成立"犯罪故意",除了需要追求或放任危害社会结果的发生,还要有漠视或者对抗法律规则的决意。⑥ 认定强智能机器人构成犯罪过失同样也要符合具有违法性意识的可能性和违反了注意义务这两个要件。⑦ 由此,强智能机器人并不具有自主意志与意识,不具有独立

---

① 参见时方:《人工智能刑事责任主体地位之否定》,载《法律科学(西北政法大学学报)》2018年第6期。
② 参见经济合作与发展组织(OECD):《以知识为基础的经济》,杨宏进、薛澜译,机械工业出版社1997年版,第6页。
③ 参见谢望原、邹兵:《论期待可能性之判断》,载《法学家》2008年第3期。
④ 参见刘宪权:《人工智能时代的"内忧""外患"与刑事责任》,载《东方法学》2018年第1期。
⑤ 参见皮勇:《人工智能刑事法治的基本问题》,载《比较法研究》2018年第5期。
⑥ 参见黎宏:《刑法学》,法律出版社2012年版,第196页。
⑦ 参见林亚刚:《刑法学教义》,北京大学出版社2017年版,第228页。

辨认、控制能力，也就不应具备刑事责任主体资格。

概括"否定说"的上述观点，即因强智能机器人在本质上区别于自然人与单位，且其不具备自主意志与意识，所以不应具备刑事责任主体资格。笔者认为，上述观点存在明显的误区与缺陷。具体理由有如下几点。

首先，自然人和强智能机器人之界限不是泾渭分明的。在此笔者需要说明，强智能机器人与自然人之间的最大区别就是是否拥有生命。但既然不具有生命体的单位能够作为刑事责任主体，就意味着拥有生命并非具备刑事责任主体资格之必备要件。所以，讨论强人工智能应否具备刑事责任主体资格的时候，我们关注的重点应是，除生命之外，自然人和强人工智能是否在其他方面存在对刑事责任能力有影响的本质差别。虽然强人工智能所拥有的"智能"的产生、发展、消亡规律和自然人"智能"具有差别，但是这种差别只要不会对刑事责任能力产生影响，就不应该被作为对强智能机器人应具备刑事责任主体资格的否定理由。正如人工智能的定义所昭示的，人工智能指的是开发、研究用来模拟、扩展与延伸人之智能的方法、技术、理论及应用的一门技术科学。[①] 人工智能自从"诞生"之日，它的根本宗旨即是用计算机模拟人脑思维。因此，在思维层面，自然人和强人工智能不存在泾渭分明的界限。人工智能这门科学可以实现让机器做那些本来需要人类智慧才能完成的事情。类脑智能的发展，使人工智能所拥有的智能甚至有可能全面超过人类智能，由此实现对人脑的替代乃至超越效应。当技术进一步发展到某种程度，当人工智能摆脱程序控制、自主作出行为时，无论是自然人还是拥有自主意志与意识的智能机器人，都具有独立的辨认、控制能力，都可以在自主意志与意识支配之下作出行为，即都具备了成立刑事责任主体所需的充要条件。因此，尽管自然人和强人工智能的智能在产生、发展和消亡等方面存在差别，但这并不是影响刑事责任能力的核心要素，以此作为否定强智能机器人具备刑事责任主体资格的理由

[①] 参见房慧颖：《强人工智能刑事责任主体地位之证成》，载《法律方法》2022年第3期。

不能成立。

其次,既然和自然人存在很大差别的单位都能够作为刑事责任主体,则强人工智能具备刑事责任主体资格也理应不存在障碍。应当看到,尽管单位由自然人构成,即单位"背后"有自然人,但是当若干自然人形成集合体(单位)时,单位就应作为法律上独立的个体(法人)而存在。每一个自然人都有人类特有的智慧,包括灵性与心灵。[①] 但是,自然人之集合体(单位)具有心灵和灵性,只能在抽象层面成立,法律经由"想象"将自然人所特有的心灵和灵性赋予单位,即法律经由"想象"将"人"的特定资格赋予单位。当单位作为犯罪主体时,单位在整体意志的支配下从事犯罪活动。而这里所谓的"整体意志"绝不是单位里的某个或者某些成员之意志,也不是所有成员意志之总和。换言之,所谓的单位意志本身就是一个抽象概念,其和自然人意志具有本质区别。单位具备刑事责任主体资格的主要原因是,在市场经济发展的过程中,出现了诸多为了自身利益而实施危害国家、社会及个人利益行为的单位。把单位拟制成刑事责任主体,能够更有利于对刑事责任进行认定与分配,顺应了时代发展需求。与此类似,目前尽管智能机器人尚没有心灵和灵性,但是其已具备本来只有自然人才具有的智能,且随着技术的进一步发展,智能机器人所拥有的智能也会随之发展,甚至将会超越人类智能,进而演进出独立意志与意识。尽管单位与强智能机器人所具有的意志都是自然人之意志的延伸与体现,然而强智能机器人可以在延伸、体现自然人意志的基础上实现对自然人之意志的超越,单位却不能实现这一点。从这个意义上来说,与单位相比,强智能机器人与自然人在本质上更接近。单位是集合体并依赖于内部成员而存在,缺少了成员,单位也不复存在。单位内部成员按照单位统一的要求和秩序相互作用、相互联系、协调一致,从而形成单位整体。可见,单位犯罪是单位这个

---

① 参见吴汉东:《人工智能时代的制度安排与法律规制》,载《法律科学(西北政法大学学报)》2017年第5期。

集合体在整体意志的支配之下而实施的具有严重社会危害性的行为。强智能机器人则和自然人更类似,其以个体而非集合体的形式存在。且人类将原本只有自然人拥有的意志与意识通过编制与设计的程序赋予强智能机器人,则强智能机器人所拥有的自主意志与意识就与自然人极为类似。所以,强智能机器人拥有比单位之整体意志更接近于自然人的自主意志与意识。既然1997年《刑法》承认单位的刑事责任主体资格,则刑法就不应将强智能机器人排除出刑事责任的主体范围。

在此,笔者需要说明,讨论强智能机器人应否具备刑事责任主体资格的时候,我们的目光不应聚焦在强人工智能和自然人、单位于自然属性方面的差别,而应聚焦在何种因素才是自然人、单位具备刑责主体资格之必备要件。如强智能机器人符合这一(或这些)必备条件,其就有可能具备刑事责任主体资格。正如当我们讨论飞行能力时,应关注的是飞行之必备要素(如能够摆脱地心引力),而非关注飞行所需的动力来源(鸟依靠翅膀提供的力量,飞机依赖发动机提供的动能,我们不能因飞机不依靠翅膀飞行,就断定飞机不会飞)。坚持"否定说"的学者将强智能机器人与自然人、单位于自然属性方面存在的区别,作为否定强人工智能具备刑事责任主体资格的理由,所陷误区正在于此。

最后,强人工智能是否具有自由意志,无法得出确定结论。有观点认为,即使强人工智能摆脱程序控制作出行为,其行为最后也可以追溯至程序设定,因而不能认为强智能机器人具有自由意志,只有人类才可能具有自由意志。笔者认为,这一观点纯属主观臆断,不能得到逻辑上的证明。假设自由意志由人类的大脑产生这个命题为真,则大脑是一个物质的实体,在运行时必然会遵循客观规律。大脑不是凭空产生自由意志的,而需要通过获取整合外部信息,在此基础上,才能够产生自由意志。由此,自由意志之产生依赖于两个因素:第一,大脑这一物质实体的存在;第二,大脑获取、整合外部各式各样的信息。① 而强智能机器人完全具备上述两个要素。其一,人工智能技术起源于一个问题——机器怎样思维,即计算机学家在创设人工智能学科伊始,就假定机器能够思维。② 强人工智能作出行为要依赖程序算法,而程序算法其实为人类大脑的替代品。所谓替代,便是实施与被替代品具有高度类似性的行为,即强智能机器人能够实施和本来需要依赖自然人之思维才能完成的行为。如前所述,强智能机器人具备的功能将会随着类脑工程等科技的发展,与人脑功能越来越接近,甚至会超越人脑的功能。因此我们可以这样认为,强人工智能有与人类大脑类似的"装置"(在绝大多数情况下以程序算法的方式呈现)。这就意味着,强智能机器人具有形成自由意志的要素之一。其二,过去的60余年中,人工智能技术的发展历经两次潮涨潮落,并在近年获得快速发展,这主要得益于大数据技术。大数据技术让人工智能技术重新快速发展,并为其提供发展所需的肥沃土壤。智能机器人在繁杂数据中获得有用信息的速度远超自然人,且其在获取数据之后可以通过深度学习等技能完成相应的任务。由此可见,强人工智能具有极强的获取、归纳、提炼、整合外界海量信息的能力。这就意味着,强智能机器人具有形成自由意志的要素之二。当然,我们也无法肯定地说,当强人工智能具备上述两个形成自由意志的必备要素之后,就一定能够形成自由意志,但是,仍然绝对否定强智能机器人可能会产生自由意志,是极不可靠、极为武断的论断。也有学者提出,自由意志是自然人之专有属性,是人类与其他所有物种相区别的唯一标志,其认为,人类以外的所有存在,在本质上都属于人类的工具。③ 笔者认为,此种观点的缺陷是将主观臆断作为绝对真理。是否具有自由意志,是一个客观命题,客观事物并不会随人之意志而转移。当强人工智能具备形成自由意志

---

① 参见[美]杰瑞·卡普兰:《人人都应该知道的人工智能》,汪婕舒译,浙江人民出版社2018年版,第103~104页。
② 参见程广云:《从人机关系到跨人际主体间关系——人工智能的定义和策略》,载《自然辩证法通讯》2019年第1期。
③ 参见刘洪华:《论人工智能的法律地位》,载《政治与法律》2019年第1期。

的必备要素之后,除非提出充分的否定理由和证据,否则谁都没有资格对强智能机器人可能产生自由意志的判断持绝对否定态度。综上可知,关于强智能机器人是否具有自由意志,无法得出确定结论,对无法确定的事物持绝对否定态度的论断似乎不能成立。

如前所述,只有自然人具有智能,其他任何物品或者动物都没有智能,而人工智能和普通机器之差异就在于,智能机器人拥有本只有自然人拥有的智能。换言之,所谓人工智能,就是人类创造出自然界中本只有自然人拥有的智能。同时,自由意志产生于智能,独立辨认、控制能力产生于自由意志,当智能机器人之智能达到一定程度,其可能会拥有自由意志并进而拥有独立的辨认、控制能力,就不言而喻了。

强智能机器人拥有辨认能力,且该辨认能力受其自主意志与意识的支配。强智能机器人在人类为其编制与设计的程序控制范围外实施行为的时候,很显然与研发者、设计者或者使用者的主观意志相悖,其实现的是自身意志。由于研发者、设计者或者使用者没有通过算法将超出程序控制作出行为的能力赋予人工智能,而强人工智能凭借自身智能,超出编制与设计的程序控制范围而实施行为,此即其自主意志、意识的体现,也即经过强人工智能独立思考之后产生的结果。根据信息能否被编码化,可以将信息划分为两类:归类信息与沉默信息。归类信息也可称为言传型信息,指能够被编码化之信息;沉默信息也可称为意会型信息,指不能被编码化之信息。[1] 普通人工智能完全按照程序指令作出行为,且不能在程序控制的范围内发挥自主性,只能机械执行程序命令;而弱智能机器人具有的深度学习能力,使其不仅能够获取、归纳、提炼归类信息,而且能够在一定程度上获取、分析沉默信息。举例而言,围棋棋谱属于归类信息,研发者、设计者能够通过编制与设计的程序,让智能机器人获取下棋的相关规则与技巧。

---

[1] 参见程广云:《从人机关系到跨人际主体间关系——人工智能的定义和策略》,载《自然辩证法通讯》2019年第1期。

然而,下围棋时还存在很多沉默信息,即需要在长期下棋的过程中靠自身的领悟力和经验才能会意到的技巧(如下围棋时的"弃子争先"①)无法通过程序算法来帮助智能机器人知晓和运用。况且研发者、设计者本人都未必了解下围棋所需的沉默信息,又怎可能经由程序算法将这样的信息传达给智能机器人?由此,弱智能机器人的智能已经能够在某些领域超越人类,而强智能机器人的智能相较于弱智能机器人而言会有指数级的提升,其有可能在各个领域超越人类智能。而且,这种智能既包括对归类信息的获取、整合、分析,也包括对沉默信息的获取、归纳、总结和运用。如前所述,在刑法意义上,辨认能力是指对行为作用、性质、后果的认识。这种认识,既包括事实意义上的认识,也包括规范意义上的认识。② 由笔者前文所述内容可知,无论是在事实层面还是在规范层面,强智能机器人对于行为性质、作用与后果的认知水平都不会低于自然人。换言之,强人工智能既可以对其行为在事实层面所具有的性质、后果等有所认识,而且还可以对其行为在规范层面所具有的性质、后果等有所认识。因此,强人工智能有在自主意志、意识支配下的独立辨认能力。

强智能机器人拥有控制能力,且该控制能力受其自主意志与意识的支配。强智能机器人在人类为其编制与设计的程序控制范围外实施行为的时候,要不要实施行为、怎样实施行为等完全由强智能机器人自主决定。我们设想下述案例:A(智能机器人研发者)设计、制造了智能机器人B(可以扮演妻子的角色),C(智能机器人使用者)购买了B并将其作为自己的妻子,后C又有了合法的妻子D(D为自然人)。智能机器人B对合法妻子D产生了嫉妒心理,并在自主意志与意识的支配下将D杀死(B所实施的行为完全超出了程序控制范围)。假设A在为B编制与设计程序时没有违反任何注意义务,C在使用B时也未违反操作规程,则在该案中,要不要

---

① 《棋经》云:"宁失数子不失一先。"弃子争先,指主动放弃一些意义不大,或很难处理的棋子,以获取先手之利,从而获得全局的胜利。
② 参见刘宪权:《人工智能时代的"内忧""外患"与刑事责任》,载《东方法学》2018年第1期。

杀死 C 以及怎样杀死 C 等完全由 B 自主决定和实施。此时 B 对其行为具有 100% 的控制力,其行为完全在实现其自身意志而非研发者或者使用者的意志。可以看到,在该案中,当 B 在自主意志与意识的支配下决意作出某种行为的时候,研发者 A 和使用者 C 无法对 B 的行为起到任何推进或者阻止作用。换言之,人工智能的使用者或者研发者控制智能机器人的唯一途径是程序,但当强智能机器人摆脱程序控制,自主实施行为时,使用者或者研发者就已失去控制强人工智能的唯一途径。由此,强人工智能摆脱程序控制作出行为时,其具有在自主意志与意识支配下的独立控制能力。

四、强智能机器人可能接受的刑罚处罚

持"否定说"学者列举的理由中的重要观点还包括,现行刑法中所规定的刑罚种类无法处罚强智能机器人。这些学者认为,即使强智能机器人在自主意志与意识的支配下作出具有严重社会危害性的行为,鉴于强智能机器人的特性,其无法感知到刑罚的痛苦,因此现有刑罚种类无法对其进行适用。具体分析如下。

第一,刑罚的痛苦无法为强人工智能所感知。边沁(英国法理学家、哲学家,其倡导功利主义哲学)曾提出罪刑相称原则,即当刑罚带来的痛苦大于犯罪所得的利益时,才有可能达到预防犯罪的效果。其认为,为了达到预防犯罪之目的,抑制犯罪动机的力度必须大于诱惑犯罪动机的力度,刑罚带给犯罪人的恐惧必须大于罪行带给犯罪人的诱惑。[1] 自然人与人工智能的认知能力存在巨大差别。自然人之认知包括五个层面,分别为神经层级认知、语言层级认知、思维层级认知、心理层级认知、文化层级认知。[2] 目前,智能机器人已经拥有神经层级、语言层级的认知,随着技术的发展,其可能会逐渐拥有思维层级认知,但是其很难获得心理层级和文化层级认

---

[1] 参见[英]边沁:《立法理论——刑法典原理》,李贵方等译,中国人民公安大学出版社 1993 年版,第 66~69 页。
[2] 参见蔡曙山、薛小迪:《人工智能与人类智能——从认知科学五个层级的理论看人机大战》,载《北京大学学报(哲学社会科学版)》2016 年第 4 期。

知,因此也就很难感知到刑罚带来的痛苦。因为缺乏心理层级认知与文化层级认知,所以强智能机器人不会拥有人类的善恶观、伦理观、道德观,其也不会拥有如边沁所描述的"诱惑""恐惧"等心理。让强智能机器人接受刑罚的处罚,不会收到预防犯罪之功效,和中世纪时审判动物的做法无异。[①] 所以,将刑罚施加于强智能机器人不会产生任何实际效用。

第二,现有刑罚种类无法施加于强智能机器人。强智能机器人既无生命、肉体、财产,也无任何权利,而现有刑罚种类主要是通过剥夺犯罪人的生命(死刑)、自由(管制刑、拘役刑、有期徒刑与无期徒刑)、财产(罚金刑、没收财产)、权利(剥夺政治权利)等,为犯罪人带来痛苦,以实现预防犯罪的功效。但是,这些刑罚无法施加于强智能机器人。在此情况下承认强智能机器人具有刑事责任主体资格必然没有任何意义。[②] 依笔者之见,上述学者所陈述的理由实际上属于典型的因果倒置,犯了依果推因的逻辑错误。事实上,有关强人工智能应否具备刑事责任主体资格的讨论,应首先探讨强人工智能有没有独立的辨认、控制能力,即有没有承担刑事责任的能力,从而确定其应否具备刑事责任主体资格。当上述问题可以得出肯定的结论时,再考虑能否对强智能机器人施加刑罚处罚及应使用何种刑罚手段。因为缺少能够施加于强人工智能的刑罚而否定其具备刑事责任主体资格,不符合正常逻辑顺序,所得出的结论也必定是不可靠的。

在此,笔者需要说明,对上述问题进行探讨时所应遵循的逻辑与纯粹的数理逻辑并不相同。在数理逻辑中,原命题与逆否命题是等价命题。当原命题"若 A,则 B"成立时,则逆否命题"若非 B,则非 A"也应成立。回到前面论述的强人工智能的刑事责任主体资格和具有处罚强人工智能的合适刑罚种类之间的逻辑关系,当"具有主体资格,就应有合适刑罚种类"的

[①] 参见叶良芳、马路瑶:《风险社会视阈下人工智能犯罪的刑法应对》,载《浙江学刊》2018 年第 6 期。

[②] 参见时方:《人工智能刑事责任主体地位之否定》,载《法律科学(西北政法大学学报)》2018 年第 6 期。

原命题成立时,逆否命题"没有合适刑罚种类,则不应具有主体资格"也应当成立。然而,刑法是社会的、历史的产物,不同的社会会孕育出不同的刑罚。[①] 主体资格与合适的刑罚种类并不是一成不变的。纵观刑法的发展历程,具备刑事责任主体资格的原本仅有自然人,后来发展为自然人与单位两种;刑罚的种类也历经了生命刑主导—肉刑主导—自由刑主导等多个时期。可见,在数理逻辑中,条件与结果通常是固定的,在此情况下原命题与逆否命题有等价性可以被作为真理。而刑法属于社会科学,社会科学会受到社会发展状况的影响,在此条件下,条件与结果可能会变动不居,当其中的一个因素有所改变,另外的因素也会随之变化。由此,上述学者所提出的因为现行刑法中所规定的刑罚种类没有办法处罚强智能机器人,所以强智能机器人不应具备刑事责任主体资格的论断,虽然在数理逻辑层面成立,但是不符合社会科学的发展规律,似乎不能成立。

事实上,关于上述论题,正确逻辑链应被设置为:有刑事责任能力—应具备刑事责任主体资格—实施了具有严重社会危害性的行为—应负刑事责任—应受刑罚处罚—选择适合的刑罚。从立法层面来说,无疑是先有犯罪,而后才有刑罚,并非先有刑罚,而后才有犯罪。例如,1979年《刑法》规定的刑事责任主体不包括单位,然而,随着生产力与经济的发展,单位犯罪可谓与日俱增,预防与遏制此类行为就成了社会对自身进行保护的需要。单位虽不能接受生命刑与自由刑,但可以接受财产刑,当然,还可以专为单位犯罪设置新型刑罚处罚方式。[②] 最终,立法者适当改革了刑罚适用的制度,对单位犯罪确立了双罚制,从此赋予单位刑事责任主体资格。可见,因现有刑罚无法施加于强人工智能而将其排除出刑事责任主体的范畴,显然无法成立。事实上,当强智能机器人具有独立的辨认、控制能力时,就应具备刑事责任主体资格。同时,为了解决现有刑罚无法施加于强人工智能的

---

① 参见黄云波:《论人工智能时代的刑法机能》,载《人民法治》2018年第11期。
② 参见马克昌主编:《犯罪通论》,武汉大学出版社2003年版,第251页。

问题,应重构我国刑罚体系,增设可以施加于强人工智能之刑罚处罚手段。

五、确立强智能机器人刑事责任主体地位不会违背罪责自负原则

有学者对强人工智能具备刑责主体资格的设想感到忧虑,认为如果承认强智能机器人的刑事责任主体资格并对实施了具有严重社会危害性的行为的强智能机器人予以刑罚处罚,则可能会加剧在风险社会中的"有组织性的不负责任"的状态。[①] 智能机器人的研发者、设计者、使用者等人通过证明自己和事故毫无关联或者自己是次要的参与者而摆脱相关刑事责任,这会让人类社会安全面临严峻的挑战,并且违背了刑法中的罪责自负原则。[②] 例如,有学者认为,在人工智能时代,军事斗争演变为高度机械化且冰冷的废铁在人的支配下,展开残酷杀掠的场景。[③] 如果刑法仅处罚智能机器人,则刑法体系就沦为战争操纵者规避刑事责任之盾牌。再如,如果在无人驾驶汽车致使严重交通事故发生的情况下,将无人驾驶汽车作为承担刑事责任的主体,则就会为无人驾驶汽车的设计者、研发者或者使用者逃避刑事责任提供了很好的借口。[④] 由此,刑法承认强智能机器人具备刑事责任主体资格,等同放纵自然人的犯罪行为,这与罪责自负的原则相悖。

笔者不同意以上观点。笔者认为,承认强人工智能具备刑事责任主体资格,不会成为本应承担刑事责任的主体(自然人、单位)用来推卸刑事责任之借口,也不会违背刑法中的罪责自负原则。

假设刑法已经承认强智能机器人具备刑事责任主体资格,以我们在上文中所举的智能机器人杀害自然人的案例来进行分析。A(智能机器人研发者)设计、制造了智能机器人 B(可以扮演妻子的角色),C(智能机器人

---

① 参见叶良芳、马路瑶:《风险社会视阈下人工智能犯罪的刑法应对》,载《浙江学刊》2018 年第 6 期。

② 参见[德]乌尔里希·贝克、[德]约翰内斯·威尔姆斯:《自由与资本主义——与著名社会学家乌尔里希·贝克对话》,路国林译,浙江人民出版社 2001 年版,第 143 页。

③ 参见夏天:《基于人工智能的军事智能武器犯罪问题初论》,载《犯罪研究》2017 年第 6 期。

④ 参见皮勇:《人工智能刑事法治的基本问题》,载《比较法研究》2018 年第 5 期。

使用者)购买了B并将其作为自己的妻子,后C又有了合法的妻子D(D为自然人)。智能机器人B对合法妻子D产生了嫉妒心理,并在自主意志与意识的支配下将D杀死(B所实施的行为完全超出了程序控制的范围)。假设A在为B编制与设计程序时没有违反任何注意义务,C在使用B时也未违反操作规程。则应由谁来对D死亡的结果负责?按照持"否定说"学者的观点,如果让强智能机器人B来为此负责,将会导致研发者A或者使用者C推卸本应由其承担的刑事责任。笔者认为,持"否定说"学者的这种担心完全是多余的。原因在于,在该案中,我们首先可以排除研发者A与使用者C的故意犯罪的嫌疑;其次,B所实施的行为完全超出了A所编制的程序控制范围,C在使用B时也未违反操作规程,则A与C也并未违反任何注意义务,不应构成过失犯罪。由此,A与C本就不应承担任何刑事责任。反观B的行为,B超出A为其设计的程序范围,自主作出杀人的行为,理应承担故意杀人罪的刑事责任(前面已假设B具备刑事责任主体资格)。因此,在该案中,应当承担刑事责任的本来就是B而非A或者C,如果刑法承认强人工智能刑事责任主体资格,那么最终也是由B承担刑事责任,并未出现任何刑事责任被推卸的情况。笔者在此想要补充的是,假如在该案当中,A或者C违反了相关的注意义务,则会被认定为过失犯罪;如果A或者C故意利用B实施相关犯罪行为,则会被认定为故意犯罪。当A未尽到注意义务而导致B的程序存在瑕疵,而造成具有严重的社会危害性的结果发生时,A应被认定为过失犯罪;如果A故意设定程序让B代替其实施故意犯罪,则A应被认定为故意犯罪;即使A设定的程序中并未明确B实施故意犯罪的时间、地点、对象等,只要A在相关程序设定中赋予B在面临某种情况时可自行决定实施犯罪行为,则也可认定A对B所实施的故意犯罪具有概括的故意,A也应被认定为故意犯罪。对使用者C的行为的认定与之类似,不再赘述。

通过对上述案例的分析可知,刑法承认强智能机器人具备刑事责任主体资格,不会成为本应承担刑事责任的主体(自然人或者单位)用来推卸责任的借口。对于原刑事责任主体——自然人与单位刑责的认定所考虑的因素仍为客观行为与主观罪过等,只不过对上述因素的判断标准可能会发生一定程度的变化。而这种变化所影响的是对刑事责任的分置或重新分配问题,并不会使某一方推卸责任的现象发生。相反,承认强人工智能具备刑责主体资格后所引起的对刑事责任的分置或重新分配,更加契合罪责自负原则所倡导的"谁犯罪,谁负责"的精神。由此,我们有充分的理由认为,上述持"否定说"学者所提出的理由均不能成立。

第二节 涉人工智能犯罪中行为人主观罪过的认定

研究和正确认定涉及人工智能的犯罪中行为人的主观罪过,对促进技术发展进步、防范技术风险具有重要意义。在此笔者需要说明,在本节中,笔者所论述的对于涉及人工智能犯罪之行为人的主观罪过认定,特指对于智能机器人研发者的主观罪过认定。原因在于,弱智能机器人可以在人类为其编制与设计的程序控制范围内发挥一定程度的自主性,强人工智能在程序内或者程序外均可发挥一定程度的自主性,而且研发者与智能机器人所实施行为之间介入了一个中间环节——使用者的行为,使研发者的研发行为的延伸(或拓展)与行为最终造成的结果之间出现了时间与空间上的间隙,即研发者的行为与结果存在时空分离,且在时空分离的间隙中介入了另外的行为人的行为。这就使对于研发者对所造成的具有严重社会危害性的结果的主观罪过的判断极具复杂性和不确定性。由此使对研发者主观罪过的判断远较使用者主观罪过的判断复杂得多,因为使用者行为与所造成的结果之间除介入了智能机器人行为之外并未介入其他行为人的行为。因此在本节中,笔者专门对涉及人工智能的犯罪中的研发者主观上的罪过认定进行探讨。依笔者之见,当研发者将人工智能设定为以实施犯罪为主要的目的时,其对人工智能引发的一切具有严重社会危害性的结果都具有直接故意;当研发者将智能机器人设定为以实施合法行为为主要的目的时,其对智能机器人引发的具有严重社会危害性的结果可能具有犯罪过失(在研发者违反注意义务,且刑法对此作出明确规定时)。对于研发者的犯罪过失的认定标准,应当依据智能机器人智能的程度分别参照直接过失、管理过失、监督过失这三种过失类型进行认定。

一、问题的缘起

人工智能是一门拓展与模拟人之智能的科学。[①] 以人工智能所具有智能的程度为依据,可以把人工智能划分为普通人工智能、弱人工智能与强人工智能。普通人工智能拥有极少部分的人脑功能,只能在极少的情况下代替人类从事智力活动。例如,ATM 具有识别功能,能替代银行柜员从事相关存取款等工作,但是并不具备深度学习的能力,而是完全依照程序设定机械地实现相关功能。但是,识别功能本来是只有人脑才具有的功能,具有识别功能的 ATM 在这一点上区别于普通机器。弱智能机器人已经具备了深度学习的能力,其可以于一定程度上代替人类从事某些智力活动,并可以在人类为其编制与设计的程序控制范围内发挥自主性。以阿尔法狗为例,其在围棋领域之造诣已经远远超越其研发者、设计者,正是强大的深度学习能力赋予其在程序范围内发挥自主性的可能性,而其在人类设计的程序外却可谓寸步难行。强人工智能不仅能够在某些领域代替人类从事智力活动,甚至可以摆脱程序控制而自主作出行为,有在各个方面超过人类的可能性,同时,强人工智能也有可能威胁人类的生存。由此,三种不同的人工智能,受程序控制的程度各不相同,而这种区别会直接或者间接地对研发者刑事责任的认定产生影响。由此可见,智能机器人的智能程度会影响刑事风险的类型与刑事责任的承担。具体而言,普通智能机器人的所有行为与表现都受程序严格控制,其无法在程序内或者程序外发挥任何自主性。当研发者为其编制与设计了作出犯罪行为的相关程序时,其造成

---

① 参见郭少飞:《"电子人"法律主体论》,载《东方法学》2018 年第 3 期。

的一切具有严重社会危害性的结果,都应由研发者承担,且研发者应构成相应的故意犯罪;当研发者为其编制与设计的程序不包含任何犯罪内容,而仅让其实施合法行为,普通智能机器人由于使用者的不当操作以及其他因素导致具有严重社会危害性的结果发生时,研发者无须承担任何刑事责任。由此可见,对于普通智能机器人的研发者刑事责任的认定,理论上不会存在过多争议,无须进行过多探讨。但是,对于弱人工智能与强人工智能来说,其均可能会在程序内发挥自主性,如果其引发了危害结果,且中间又介入使用者行为这一环节,在这样复杂的情况下,应该怎样判断研发者主观上的罪过?这是一个值得深入思考和探讨的问题。假设研发者设计出一种聊天机器人,笔者设想以下三种情境,并在后文中逐一进行讨论。

情境一:研发者以让智能机器人与别人聊天为目的设计出聊天机器人,该智能机器人能够在对话过程中交互学习,但是研发者并没有为智能机器人设置抵制不良言论的反制程序。聊天机器人在对话交流中学习到有关民族歧视的言论,从而大肆发表有关民族歧视的言论。

情境二:研发者为了宣扬民族歧视思想而设计出聊天机器人,其在编制与设计程序的时候故意将有关民族歧视的思想以算法形式编入聊天机器人的程序中。聊天机器人受到程序控制与支配,并通过深度学习,自主组织有关民族歧视的语言,从而大肆发表有关民族歧视的言论。

情境三:研发者以让智能机器人与别人聊天为目的设计出聊天机器人,该智能机器人能够在对话过程中交互学习,且研发者专门设置了反制程序以防止智能机器人发表不良言论。但是聊天机器人在深度学习过程中产生了自主意志,并脱离程序控制,自主发表民族歧视言论。

在笔者所设想的上述三种情境中,对聊天机器人实施的发表民族歧视言论的行为、研发者在设计聊天机器人时的目的,以及是否设置了防止智能机器人发表不良言论的反制程序等,是否会影响、会如何影响刑法对研发者主观上的罪过的认定?这是值得认真思考及深入探究的问题。

二、准确判定涉人工智能犯罪中研发者主观罪过的重要性

从笔者上述设想的三种情境可知,当人工智能作出的行为引发危害结果时,研发者对于结果所持的主观态度的不同会影响其刑事责任的有无或者轻重。认定涉人工智能犯罪中的研发者的主观罪过,包含两个层面的内容:一是认定在涉人工智能犯罪中研发者是否具有罪过;二是认定涉人工智能犯罪中的研发者具有何种罪过。第一个层面所起的作用是,防止对缺乏主观罪过的研发者进行刑罚处罚,以免阻碍技术发展;第二个层面所起的作用是,防止研发者把人工智能当成替代其实施犯罪的工具或因未充分履行注意义务而使智能机器人引发具有严重社会危害性的结果,以降低技术风险。准确地认定涉人工智能犯罪中研发者的主观罪过,对于避免轻罪重罚或者重罪轻罚、贯彻罪责刑相适应之刑法原则具有重要意义,同时有利于在促进技术发展与防范技术风险之间找寻到恰当平衡点。具体分析如下。

(一)有利于促进人工智能技术的发展

准确认定涉人工智能犯罪中研发者的主观罪过,对于促进技术发展具有重要意义。试想,假如对人工智能引发的危害结果,都追根溯源去追究研发者的刑事责任,则会导致研发者担惊受怕、瞻前顾后、畏首畏尾乃至不敢越雷池一步,进而对技术发展产生巨大阻碍。刑法在技术发展中应该扮演护航者而非绊脚石的角色。在技术发展过程中,有些风险是相伴而生、无法杜绝的。对于这些风险,法律不应该求全责备。比如,当交通事故的发生与汽车本身的质量或设计无关时,法律不应不分情况地一律追究汽车研发者的责任。再如,药品研发者按照法律法规、行业规范等对药品致敏性进行了严格的测试并在说明书上进行了详细说明,仍出现不按规定服药的患者死亡的后果,法律也不应不分情况地一律追究药品的研发者的责任。事实上,当汽车的研发者或者药品的研发者已经严格履行了法律法规、行业规范等规定的注意义务,其对严重危害社会的结果的发生就不存在犯罪过失,当然更不存在犯罪故意。正如有学者所言,在现代交通运输过程中,即使遵守了全部交通规则,也有可能导致他人受到损伤。在开采资源、经营工厂、建筑或者利用能源等的各个领域中,情况也大致相同。可以说,"被允许的危险表现了与社会生活必要性相结合的社会相当性"①。也就是为了获取到技术所带来的红利,就必须为与红利相伴而生的风险付出相应代价,而付出代价的应是享受到技术红利的全体社会成员而不应只是研发者。同时,主客观相一致原则被认为是我国刑法理论之"阿基米德支点"。追究行为人的刑事责任时,必须同时满足主观方面和客观方面的条件。当研发者不存在任何主观罪过时,无论其行为造成怎样严重的社会危害后果,刑法都缺乏追究其责任的依据。由此,准确地认定涉及人工智能的犯罪中研发者主观上的罪过,既可以避免对缺乏主观罪过的研发者不当追究刑事责任的情况发生,也可以保持研发者研发智能机器人的积极性,促进技术的长足发展。

(二)有利于防范涉人工智能刑事风险

准确认定涉人工智能犯罪中研发者的主观罪过,对于防范技术风险具有重要意义。人工智能发展应给人类社会带来福祉,而非灾难。自原始人制造出人类第一个工具开始,人类就走上了探索用工具替代双手来进行劳动与创造的道路。随着技术发展及人类智慧的增长,工具更新换代的速度越来越快,对人类的双手的替代作用也越来越强,甚至达到了完全替代人类双手的程度(机械自动化)。当人类在以工具代替双手的水平到达巅峰之后,便转而开始探索以工具代替大脑的路径。截至目前,人工智能可以在某一个特定领域与人类智慧相媲美乃至超越人类。人类探索替代双手的途径,是为了改善生产生活条件,使人类能够更好地生存与发展。不可否认,人类发展人工智能技术的最终目的只有一个——造福于人类。引领人工智能的强有力的主体之一便是研发者。人工智能所具有的智能的来源是程序,设计程序的人便是研发者,即研发者掌握着人工智能之命脉,其

---

① [韩]李在祥:《韩国刑法总论》,[韩]韩相敦译,中国人民大学出版社2005年版,第167页。

能够塑造智能机器人的"智商""情商"等所有要素。总而言之,人工智能在程序控制范围内作出行为时,能够掌控其行为的是研发者;当智能机器人超出人类为其编制与设计的程序控制范围而实施行为的时候,其行为的原动力也依然是程序,即其行为并未完全和研发者脱离关系。毫无疑问,涉人工智能刑事风险之源头,即研发者设计的程序。因此想要保证技术遵循正确的发展方向而造福人类,就需要从源头上进行管控,即控制和管理研发者编制与设计程序的行为,设定好研发者应遵循的注意义务,对研发者编程过程中可能造成的具有严重社会危害性结果的行为予以刑法规制。而进行刑法规制所不可或缺的要素便是准确认定研发者的主观罪过形式,以正确区分罪和非罪、罪轻和罪重。也许会有人提出,目前人工智能技术仍处于起步或者初期发展的阶段,其引起社会的深刻变革将会是很长一段时间之后的事情。[①] 当前的侧重点应是促进、鼓励技术发展,等到刑事风险变为实际的刑事危害时,再考虑用刑法加以规制也为时未晚。笔者不赞同上述观点。科学技术发展的速度往往超出人类的预期。例如,当爱因斯坦发现"$E=mc^2$"时,可能不会有人料想到这会作为研发、制造原子弹的理论基础,更不会料想到原子弹爆炸给人类带来的巨大灾难。"互联网之父"这一群体[②]创造、发展互联网的时候,可能也不会有人料想到在不久的将来,互联网会作为传播淫秽物品、网络诈骗、盗窃等犯罪的"温床"。对于网络犯罪的防控,我们应从中吸取一定的教训,即在网络犯罪已经呈现高发态势的时候才对其进行吓阻式的事后管控,其效果是不尽如人意的。针对相关网络犯罪,我国先后五次修改、制定刑事立法,但仍然未能有效遏制网络犯罪高发的态势。[③] 人工智能探索的是对人类大脑的替代路径,其为人类社会带来的影响丝毫不亚于甚至会远远大于互联网对人类社会的影响。如果不在发展初期进行有效的规制,则当智能机器人与人类发生利益冲突

[①] 参见庄永廉等:《人工智能与刑事法治的未来》,载《人民检察》2018 年第 1 期。
[②] "互联网之父"这个群体包括 Tim Berners-Lee、Vint Cerf、Robert Elliot Kahn 等。
[③] 参见皮勇:《人工智能刑事法治的基本问题》,载《比较法研究》2018 年第 5 期。

的时候,比人类更强大的智能机器人可能会对人类的生存和发展造成巨大威胁。① 因此,在仍处于人工智能技术发展初期的今天,法律就应管理、控制研发者的行为,以推动技术沿着有利于人类的正确轨迹和方向发展。正如前文所述,从根本上影响人工智能发展方向的是研发者的行为,因此,防控人工智能技术风险最有效的路径便是严格规制研发者的行为。

三、涉人工智能犯罪中研发者犯罪故意的认定

根据《刑法》的规定,犯罪故意是指行为人主观上明知自己的行为会引发具有严重社会危害性的结果,且希望或放任此结果的发生的心理态度。犯罪故意由两方面要素构成:认识要素(对自己行为会引发具有严重社会危害性结果的认识)和意志要素(对自己行为引发的危害结果所持的希望或放任态度)。② 根据研发者研发人工智能之目的,我们可将人工智能分为两类,即以犯罪为主的人工智能与以非犯罪为主的人工智能。在涉及两种不同的人工智能引发危害结果的刑事责任的认定中,对研发者主观罪过之认定也会有所区别。以笔者在前文中所描述的"情境二"为例,研发者为了宣扬民族歧视思想而设计出聊天机器人,其在编制与设计程序的时候故意将有关民族歧视的思想以算法的形式编入聊天机器人的程序中。聊天机器人受到程序控制与支配,并通过深度学习自主组织有关民族歧视的语言,从而大肆发表有关民族歧视的言论。在该案中,研发者研发、设计的智能机器人即以犯罪为主的智能机器人。毋庸置疑,对于该智能机器人宣扬民族歧视思想而造成的具有严重社会危害性的结果,应对其研发者以故意犯罪论处。再以笔者在前文中所描述的"情境一"为例,研发者以让智能机器人与别人聊天为目的设计出聊天机器人,该智能机器人能够在对话过程中交互学习,但是研发者并没有为智能机器人设置抵制不良言论的反制程序。聊天机器人在对话交流中学习到有关民族歧视的言论,从而大肆发表

---

① 参见[英]乔治·扎卡达基斯:《人类的终极命运:从旧石器时代到人工智能的未来》,陈朝译,中信出版集团2017年版,第284~285页。
② 参见刘宪权主编:《刑法学》(第4版),上海人民出版社2016年版,第152~154页。

有关民族歧视的言论。对于该案中研发者主观罪过的认定，应首先排除犯罪故意，理由有如下两点。

第一，当研发者设计的是以实施犯罪为主的人工智能的时候，对其行为引发的危害结果，在涉及犯罪的情况下，研发者的主观心态应被认定为"直接故意"。犯罪故意由认识要素与意志要素构成，可以将其进一步细分成三种不同情形：(1)研发者明知自己设计的人工智能必然将引发危害结果，而希望这样的结果发生；(2)研发者明知自己设计的人工智能可能将引发危害结果，而希望这样的结果发生；(3)研发者明知自己设计的人工智能可能将引发危害结果，而放任这样的结果发生。显然，当研发者设计以实施犯罪为主的人工智能的时候，其在程序中所输入的指令都是有关指导人工智能作出犯罪行为的算法数据，所以，对人工智能引发的危害结果，研发者对于结果的发生应是必然性认识而非可能性认识。换言之，当研发者设计以实施犯罪为主的人工智能的时候，笔者所列举的第一种情况成立，第二、三种情况均不可能成立。此处需要说明的是，"研发者明知自己设计的人工智能必然引发危害结果，而放任这样的结果发生"的情况是不存在的。笔者承认，理论上本应具备四种可能的情况，即假如将"研发者明知自己设计的人工智能必然将引发危害结果"用"a"来表示，将"研发者明知自己设计的人工智能可能将引发危害结果"用"b"来表示，将"希望结果发生"用"c"来表示，将"放任结果发生"用"d"来表示，研发者在主观上的罪过形式由其认识因素、意志因素结合之后的情况来决定，则依排列组合的基本原理，可能出现的四种情况为"ac""ad""bc""bd"。而"ad"这种情况不会在现实中出现。原因是，研发者明知自己设计的人工智能必然将引发危害结果，却仍作出这一行为，只能说明，研发者对自己设计的人工智能引发危害结果的态度是"希望"，即持肯定的态度。所谓"放任"，指行为人对自己所作出的行为引发危害结果的态度既不是肯定的，也不是否定的，这种态度只可能会出现于行为人对自己所作出的行为引发危害结果的认识为可能性认识的情况之下。综上，当研发者设计的是以实施犯罪为主的人工智能的时候,对于人工智能行为引发的危害结果,都是明知的,且持希望的态度,因此,其心态应被认定为"直接故意"。

第二,当研发者设计的是以非犯罪为主的人工智能的时候,即研发者设计人工智能,是为了让其作出合法行为而非作出犯罪行为,因此应首先排除研发者对人工智能引发危害结果持"希望"心态的可能性;同时,研发者设计的人工智能以作出非犯罪行为作为主要目的,则也应排除研发者对人工智能引发危害结果具有必然性认识的可能性。简言之,当研发者设计的是以非犯罪为主的人工智能的时候,其对人工智能引发的危害结果,不可能具有直接故意。与此同时,笔者也认为,此种情况下研发者也不可能具有间接故意。原因是,当研发者设计的是以非犯罪为主的人工智能的时候,其初衷不可能包含使人工智能行为引发危害结果之要素。当人工智能在其他力量或原因的支配之下引发具有严重社会危害性的结果的时候,研发者主观上持否定的态度,即智能机器人引发的结果与研发者的意志相悖。所以,此种情况下研发者的主观心态不应被认定为犯罪故意,至于其是否构成犯罪过失,笔者在后文中将进行详细阐述,此处不再赘述。可能会有学者提出,虽然研发者研发、设计的是以非犯罪为主的智能机器人,但是研发者应该很清楚,人工智能完全有可能在一些特定情形下作出犯罪行为,而其却没有采取制止措施,可以理解为其放任结果发生,因此可以将其主观心态认定为"间接故意"。例如,如果将军事人工智能武器用于侵略别国,将会侵害人的生命,威胁人类的生存。而军事人工智能武器的研发者明知自己设计的人工智能有上述危险,却仍设计这样的人工智能,则对于军事人工智能武器引发的全部危害结果,都可以间接故意犯罪追究研发者的刑事责任。① 笔者不同意上述观点。原因在于,行为人构成犯罪故意,在意志要素方面需要具有希望或放任。"希望",可以理解为对危害结果的发生持肯定的态度,即行为人积极地追求危害结果的发生;"放任",可以理解

---

① 参见夏天:《基于人工智能的军事智能武器犯罪问题初论》,载《犯罪研究》2017年第6期。

为对危害结果的发生既不持肯定态度也不持否定态度,其底线是"不否定",即危害结果的发生与行为人的意志并不相悖。但是,在上述笔者所论述的研发者研发、设计以非犯罪为主的智能机器人的情况下,智能机器人在某种因素的影响下引发具有严重社会危害性的结果,是与研发者的意志相背离的。犯罪故意的成立必须同时具备认识要素、意志要素这两个要素,缺一不可。即使研发者具备构成犯罪故意之认识要素,即其明知自己研发的人工智能可能引发危害结果,因其不符合构成犯罪故意所必需的意志要素,也不可能构成犯罪故意。此处,笔者需要说明,我们不能将以犯罪为主的智能机器人与有可能作出犯罪行为之智能机器人相等同。以前文所述的军事智能机器人为例,军事智能机器人不是以犯罪为主的智能机器人,但其是有可能作出犯罪行为之智能机器人。毋庸讳言,军事智能机器人既可被用来发动战争侵略别国,也可被用来正当防卫以对抗侵略者,或者对潜在侵略者起到震慑作用。① 比如,用于扫雷的军事智能机器人在战场上进行扫雷,大大降低了人类士兵的伤亡率。② 按照前文所述的学者的观点与论证逻辑,我们能够得出下述结论,即当军事智能机器人在保障国家利益、国防安全等方面发挥作用时,军事智能机器人的研发者是无罪的;而当军事智能机器人在侵略战争等方面发挥作用时,军事智能机器人的研发者就因构成间接故意犯罪而应当承担相应的刑事责任。但是众所周知,当军事智能机器人被生产出来之后,研发者便无法密切控制其用途及产生的影响。我们得出存在明显缺陷的结论,正说明上述学者在观点与论证逻辑方面存在问题。综上可知,当研发者设计的是以非犯罪为主的人工智能的时候,对其引发的具有严重社会危害性的结果,研发者不可能具有犯罪故意。

笔者还须作出说明的是,根据刑法的一般理论,对行为人主观上罪过

---

① 参见叶良芳、马路瑶:《风险社会视阈下人工智能犯罪的刑法应对》,载《浙江学刊》2018年第6期。
② 参见夏天:《基于人工智能的军事智能武器犯罪问题初论》,载《犯罪研究》2017年第6期。

的判定所依据的标准应为行为人对于自己的行为造成的结果所持的心理态度,而笔者在论证研发者设计以犯罪为主的人工智能的时候,对研发者主观上罪过的判定所依据的标准为研发者对于人工智能的行为造成的结果所持的心理态度,这并不是笔者的疏漏,而是存在充分的法理依据。依笔者之见,人工智能的行为相当于研发者的行为的延伸,因此将研发者对人工智能行为造成的危害结果所秉持的心理态度与研发者自己的行为造成的危害结果所秉持的心理态度同等看待,具有合理性。当研发者研发、设计的是以实施犯罪为主的智能机器人的时候,我们完全有理由相信,研发者将自己的犯罪故意通过编程算法融入智能机器人所实施的具有严重社会危害性的行为之中,因此人工智能所作出的危害行为的动力来源就是研发者编制与设计的程序算法。换言之,研发者的行为是智能机器人所实施的危害行为的原因力,研发者对一切人工智能作出的危害行为都具有概括故意,其中蕴含着研发者积极追求具有严重社会危害性结果的内容。因此,将研发者对智能机器人行为所造成结果的心理态度作为判断研发者主观上罪过形式的标准,具有合理性。

四、涉人工智能犯罪中研发者犯罪过失的认定

当研发者研发、设计以犯罪为主的人工智能的时候,对人工智能行为引发的危害结果,研发者具有直接故意;当研发者设计以非犯罪为主的人工智能的时候,对人工智能行为引发的危害结果,研发者主观上的罪过不可能为犯罪故意。我们须在此基础上进一步探讨,基于智能机器人所具有的特殊性,研发者应否因其所处的特殊地位而对智能机器人行为的合法、安全负有相应的注意义务?应负何种注意义务?如果未履行这些注意义务,研发者是否构成过失犯罪?可见,研发者所负的注意义务以及研发者对智能机器人行为的影响程度(研发者的特殊地位),将成为判断研发者是否具备犯罪过失的至关重要的因素。

(一)研发者的注意义务

根据《刑法》的规定,所谓犯罪过失,是指行为人有义务预见到自己的行为可能会引发具有严重社会危害性的结果,由于疏忽大意并未预见,或者虽已预见但轻信可以避免,最终导致此种结果发生的主观心理态度。在理论上,前者叫作无认识过失,后者叫作有认识过失。[①] 对于无认识过失而言,行为人承担着对自己行为可能引发危害结果的预见义务,并须在预见的基础上采取有效措施避免结果发生;对于有认识过失而言,行为人承担着采取有效、合理的措施避免危害结果发生的注意义务。无论是成立无认识过失,还是成立有认识过失,行为人均违反了注意义务,并最终引发了危害结果。在涉人工智能的犯罪中也是如此,研发者构成过失犯罪的前提是违反了注意义务。涉及人工智能犯罪的法律规范尚不够成熟完善,但认定智能机器人研发者主观上具有犯罪过失的关键是为研发者设置明确、合理的注意义务,否则,即使研发者所设计、研发的智能机器人引发了具有严重社会危害性的结果,刑法也不能认定研发者具有犯罪过失的主观罪过。以前文"情境一"(见前文138页)为例,研发者以让智能机器人与别人聊天为目的设计出聊天机器人,该智能机器人能够在对话过程中交互学习,但是研发者并没有为智能机器人设置抵制不良言论的反制程序。聊天机器人在对话交流中学习到有关民族歧视的言论,从而大肆发表有关民族歧视的言论。对于聊天机器人宣扬民族歧视言论的结果,研发者有没有主观上的罪过,即是否可能成立犯罪过失,取决于其是否具有确保智能机器人不发表不当言论的注意义务。而这种注意义务需要相关法律法规以及行业规范等作出明确规定。如果相关法律法规及行业规范等赋予研发者此种注意义务,研发者在编制与设计聊天机器人的程序算法时就必须设置反制程序,以免聊天机器人基于其深度学习能力而发表不当言论。如果研发者未充分履行此项义务,使聊天机器人发表了宣扬民族歧视的言论,则研发者主观上的罪过应被认定为犯罪过失。反之,假如相关的法律法规及行业规范等均未对研发者规定上述注意义务,则当聊天机器人发表宣扬民族歧视

[①] 参见刘宪权主编:《刑法学》(第4版),上海人民出版社2016年版,第159~160页。

的不当言论时,研发者因不具有注意义务防止这一危害结果的发生而不具有任何主观罪过。又如,加拿大的琴鸟公司研发出 AI 语音系统,可以通过对数据的收集分析而在极短时间内模仿任何人类的声音和讲话的语调。利用此项技术,只需要为此 AI 语音系统提供简短的对话资料,其就能模仿对话资料中的人的讲话,且能够做到以假乱真。科技是一把"双刃剑",试想,假如犯罪人利用该语音系统以被害人亲人或朋友的身份给被害人打电话谎称急需一笔数额较大的钱财,被害人听到了经语音系统转换的与自己亲人或朋友完全一样的声音与语气后,毫不迟疑地将钱转到犯罪人所提供的银行账户中,从而遭受了财产损失。在上述案例中,犯罪人(智能机器人使用者)的行为无疑应被认定为故意犯罪——诈骗罪,而智能机器人的研发者即开发该语音系统的人不可能成立故意犯罪(该语音系统属于以实施非犯罪为主的智能机器人,研发者主观上的罪过不可能被认定为犯罪故意,原因已在前文中详述),则研发者是否有可能构成过失犯罪呢?这当然应取决于研发者是否具有相应的注意义务。研发者在不同情况下,是否具有注意义务以及注意义务的内容如何确定?研发者的注意义务是否会随着情况变换而发生变化?解答以上问题的关键是确定研发者承担注意义务的来源。

笔者认为,研发者所承担注意义务之来源理应包含下列三个方面:一为法律法规。法律法规是全体国民都须遵守的规范,研发者当然也不能例外。如果法律法规明确规定了研发者应遵守的注意义务,那么这必将作为研发者所要承担注意义务之重要来源。二为行业规范。行业规范是在业内得到普遍认可的具有科学性、专业性的标准与规范。与其他行业相比,人工智能行业的专业性与科学性更强,所以人工智能的行业规范更应全面、准确地反映技术发展现状并引领行业发展方向。与法律法规相比,人工智能行业规范会更具针对性、专业性,其等同于法律法规对研发者规定的注意义务进行的具体阐释与细化,无疑应被作为研发者的注意义务来源之一。三为研发者对产品的承诺。此处所说的产品是指智能机器人。研发者对于产品的承诺,能够准确地体现其对于智能机器人引发风险的预见程度与能力。① 笔者曾在前文阐述,认定研发者在主观上具有犯罪过失,须以其有相应的注意义务作为前提,而研发者有相应的注意义务的前提则应为其对风险具有预见能力。如果基于科技发展水平与研发者的认识水平,研发者对人工智能可能引发的危害结果不具有预见的可能性,则刑法就不应认为研发者有相应的注意义务,也就更不可能认定研发者在主观上成立犯罪过失。由此,研发者注意义务的来源应包括法律法规、行业规范、对产品的承诺等三个方面。

在此笔者须说明的是,有学者认为,研发者注意义务的来源只能是法律法规,而不应包括行业规范和对产品的承诺。持此种观点的学者提出,行业规范和对产品的承诺,属于民间标准或者个人标准,不一定和刑法所规定的注意义务保持一致,因此不应当成为研发者所应履行的注意义务之来源。② 笔者认为上述学者提出的反对将行业规范与对产品的承诺作为研发者注意义务来源的理由似乎并不妥当。理由是:其一,虽然行业规范不是立法机关制定的,确实未体现出制定法律之民主性,但是其在判断研发者是否具有预见可能性的方面所起的作用,和法律法规别无二致。而且判断预见义务时考虑的因素应为对研发者编制程序算法的过程起到一定的约束作用,而注意义务的来源是否体现了民主性本不应成为判断预见义务时需要考虑的因素。对于人工智能这一行业来说,基于产品特征、安全等特殊需求的行业规范,通常只可能高于而不可能低于法律法规对研发者规定的相关注意义务。如果不将行业规范作为研发者注意义务的来源,就等同于不当降低了研发者注意义务的水准,也等同于不当升高了技术风险。其二,和行业规范类似,研发者对于产品的承诺也只可能高于而不可能低于法律法规与行业规范规定的相应注意义务,将对产品的承诺排出研发者

---

① 参见彭文华:《自动驾驶车辆犯罪的注意义务》,载《政治与法律》2018 年第 5 期。
② 参见储陈城:《人工智能时代刑法归责的走向——以过失的归责间隙为中心的讨论》,载《东方法学》2018 年第 3 期。

注意义务的来源范畴，也等同于不当降低了研发者注意义务的水准和不当升高了技术风险。同时，将法律法规、行业规范列入研发者的注意义务的来源范畴时，我们主要关注的是对于研发者的"疏忽大意过失"的认定，即研发者应预见到自己的行为有可能引发危害结果而未预见，最终导致结果发生的情况；而将对产品的承诺纳入研发者的注意义务的来源范畴时，我们主要关注的是对于研发者"过于自信的过失"的认定，即研发者已预见到自己的行为有可能引发危害结果却轻信可避免，最终导致结果发生的情况。上述学者所主张的不将对产品的承诺作为研发者的注意义务来源范围，等同于忽略了研发者成立"过于自信的过失"的可能性，缺乏周延性。同时，笔者还想强调的是，探讨研发者承担的注意义务的来源范畴，目的是发挥刑法保护社会的机能，从源头上防范技术风险，保障技术健康、安全、有序发展。人工智能引发危害结果的源头，无疑应为研发者编制与设计的程序。换言之，研发者编制与设计的程序算法可以影响智能机器人的行为方式、能力、发展出独立意志与意识之可能性等，乃至影响智能机器人为客观世界带来的所有影响。如果想达到将技术风险降至最低的目的，我们就不能过度地限缩研发者的注意义务的来源范畴。当然，这并不意味着刑法会成为人工智能发展道路上的"绊脚石"。当研发者尽到法律法规、行业规范、对产品的承诺等所规定的注意义务，仍未预见到智能机器人可能引发具有严重社会危害性的结果，或者虽预见到但未能有效阻止该结果的发生时，刑法应认定研发者不存在任何主观上的罪过，也就不应承担刑事责任。以前文"情境三"（见前文138页）为例，研发者以让智能机器人与别人聊天为目的设计出聊天机器人，该智能机器人能够在对话过程中交互学习，且研发者专门设置了反制程序以防止智能机器人发表不当言论。但是聊天机器人在深度学习的过程中产生了自主意志，其脱离程序控制，自主发表有关民族歧视的言论。研发者已然尽到了所有注意义务，却仍没有预见人工智能会引发危害结果。换言之，研发者不具有预见结果的可能性。法律不应强人所难。在这种情况下，研发者在主观上没有任何罪过。囿于技水平或社会发展状况的限制,当下的技术水平可能会无法消除安全风险,即人工智能技术安全系数的提高有赖于技术的进一步发展。此种情况下,技术的风险应由技术的全体获益者承担而不应由智能机器人的研发者独自承担。对于智能机器人引发的具有严重社会危害性的结果,应按照刑法中对于意外事件的相关规定处理。人类社会应鼓励技术创新,假如因人工智能技术相对不成熟而放弃研发智能机器人,则对人类社会而言显然弊大于利。《中华人民共和国产品质量法》第46条规定:"本法所称缺陷,是指产品存在危及人身、他人财产安全的不合理的危险;产品有保障人体健康和人身、财产安全的国家标准、行业标准的,是指不符合该标准。"国家允许制造、生产智能机器人并投放市场,就必须制定现有技术水平所能企及的标准(包括国家标准、行业标准等),只要产品符合了该标准,便不能被认定为缺陷产品,该产品导致的危险也不能被认定为"不合理的危险"。换言之,对于在投放市场时无法用现有技术水平发现缺陷的产品所造成的危害结果,尚不能追究相关人员的民事责任,追究刑事责任更是无从谈起。此外,追究研发者的过失犯罪的刑事责任,应遵循刑法中处罚故意犯罪为原则、处罚过失犯罪为例外的标准。只有当研发者没有尽到注意义务并引发具有严重社会危害性之结果发生,且有刑法明文规定的情况下,刑法才可以追究研发者过失犯罪的相关责任。

(二)研发者犯罪过失认定中的特殊问题

认定人工智能研发者有犯罪过失时,存在的特殊之处是:智能机器人有普通智能机器人、弱智能机器人与强智能机器人三种类型,涉及不同的类型时,对研发者主观上的犯罪过失认定的标准也会有所不同。普通智能机器人只能严格依照研发者编制与设计的程序实施行为,其所实施的行为与研发者意欲让其实施的行为之间完全等同,因此当研发者违反了注意义务,且人工智能引发了危害结果时,应按照一般的过失犯罪原则来追究研发者的过失犯罪的刑事责任。对此情况无须进行过多的讨论。弱人工智能尽管仍在程序控制内作出行为,但是其在程序范围之内具有发挥自主性的可能性,这是由其深度学习能力所决定的。在某些情况下,弱人工智能作出的行为有可能会在研发者的意料之外。例如,阿尔法狗在只掌握围棋规则与棋谱的情况下,能够自主探索下围棋的技巧,并战胜围棋世界冠军。应当看到,弱人工智能虽然能够自主地选择达成目的的途径与方法,但是其所作出的行为不可能违背研发者的意志。强智能机器人能够超出研发者编制与设计的程序控制范围而自主实施行为,其不仅能够自主选择途径与方法,而且能够违背研发者的意志而实现自身意志。虽然强智能机器人在自主意志与意识支配之下作出的行为没有体现乃至从根本上违背了研发者的意志,但应当看到,其行为的原动力(或者说原因力)仍来自研发者。鉴于智能机器人和一般工具存在区别,对以实施非犯罪为主要目的的人工智能引发的危害结果,在认定研发者主观上的犯罪过失时,应充分考虑智能机器人之特性,而采取与直接过失认定标准相区别的特殊认定标准。

笔者认为,判断弱智能机器人或者强智能机器人的研发者是否在主观上具有犯罪过失的时候,可以参考监督过失与管理过失的相关理论。监督过失在广义上也将管理过失包括在内,在狭义上并没有将其包含在内。笔者在此采取狭义上的说法。监督过失,是指直接行为人未充分履行让别人不能犯过失的注意义务之过失。例如,工厂厂长作为直接行为人,疏忽对现场的工作人员的监督、指挥,导致工作人员因疏忽大意、违规操作而引发爆炸事故。管理过失,是指管理者对人力、设备、物力等在管理中存在不恰当之处而成立的过失。例如,管理义务人应确保火灾报警设施处于正常的工作状态,但其疏于履行此义务而引发火灾蔓延致多人死亡的后果。[①] 人工智能的研发者和人工智能的关系,类似于监督管理过失的理论中所论述的管理者和被管理的对象、监督者与被监督的对象之间的关系。其中,弱人工智能和研发者之间的关系与管理者和被管理的对象之间的关系类似;

---

① 参见[日]大谷实:《刑法讲义总论》(新版第2版),黎宏译,中国人民大学出版社2008年版,第188~189页。

强人工智能和研发者之间的关系与监督者和被监督的对象之间的关系类似。理由是，弱人工智能仅可在程序内发挥自主性，实现的并非自己的意志。而与普通机器相比，弱智能机器人尽管具有一定的智能，但是在可控性方面和普通机器并不存在本质上的差别，即弱人工智能所作出的行为以及行为所产生的结果，都在研发者的概括掌控之中。因此，弱人工智能和研发者的关系，与管理者和被管理对象之间的关系类似。强人工智能可摆脱程序控制、自主作出行为，与独立的自然人个体存在很大的相似性，而研发者对其掌控力比较弱，研发者和强智能机器人都具有各自独立的意识、意志，因此二者的关系与监督者和被监督者的关系类似。需要明确的是，在论及研发者对于强人工智能之监督过失时，仅限于强人工智能主观上存在过失的罪过并引发危害结果的情况。假如强人工智能主观上具有故意的罪过，则与监督过失基本理论不符。弱智能机器人不存在自主意志与意识，其不可能具有与自然人相类似的主观上的犯罪故意或者犯罪过失。而强人工智能有自主的意志与意识，其可能会产生与自然人相类似的犯罪故意或者犯罪过失。因此，当强人工智能主观上存在犯罪故意并引发具有严重社会危害性的结果时，对于研发者行为的刑法规制无法参考有关监督过失的理论，而应当依据研发者是否违反了应尽的注意义务来判断其是否成立犯罪过失；当强人工智能主观上存在犯罪过失并引发危害结果时，对于研发者行为的刑法规制可以参考有关监督过失的理论。

综上，当研发者设计以实施犯罪为主的人工智能的时候，对人工智能引发的一切危害结果，刑法应认定研发者具有直接故意的主观罪过；当研发者设计以实施非犯罪为主的人工智能的时候，对人工智能引发的危害结果，研发者有违注意义务并且刑法对此作出明文规定的，刑法应认定研发者具有犯罪过失的主观罪过。同时，应当依据人工智能之智能程度来分情况判断研发者是否成立犯罪过失。当上述具有严重社会危害性的结果的引发者是普通智能机器人的时候，研发者主观上的过失类型是直接过失；当上述危害结果的引发者是弱人工智能的时候，应当参考管理过失的相关理论来确定对研发者的犯罪过失之认定与处理标准；当上述具有严重社会危害性的结果的引发者是强人工智能的时候，应当参考监督过失的相关理论来确定对研发者的犯罪过失之认定与处理标准。

当然也应看到，研发者注意义务的来源的范畴界定，以及参考监督过失、管理过失的相关理论来确定对研发者的犯罪过失之认定与处理标准，目前都没有刑法的直接规定。还应当看到，刑法所规定的监督过失、管理过失责任承担的主体之一是有领导职责的人。例如，《刑法》中有关重大责任事故罪（《刑法》第134条）、重大劳动安全事故罪（《刑法》第135条）的条文明确规定，当发生重大的伤亡事故或者造成了其他的严重后果时，相关的主管人员以及直接责任人就需要承担相应的刑事责任。监督过失、管理过失责任承担的主体之二，是负有特定的职责的国家机关工作人员。例如，《刑法》中有关环境监管失职罪（《刑法》第408条）、传染病防治失职罪（《刑法》第409条）的条文明确规定，负有环境保护的监督和管理职责以及具有传染病防治职责的国家机关工作人员，如因严重不履行监管责任，最终引发重大的责任事故时，须承担刑事责任。通常认为，监督过失的责任与管理过失的责任属推定的责任。换言之，只有存在足够的证据可以证明，监督责任的主体已充分履行相应监督义务的时候，才能够免除刑事责任。追究行为人过失犯罪的责任，须以法律作出的明确规定为前提。依照我国现行《刑法》的规定，监督过失的责任主体并不包括智能机器人的研发者，被监督对象也不包括智能机器人，因此研发者不可能承担监督过失的责任。这可能是刑法防控人工智能技术带来的刑事风险的弱势之处。对于人工智能时代多重的刑事风险，现行刑法在追究研发者故意与过失犯罪之刑事责任方面仍有尚须完善之处。法律是具有滞后性的，现行刑法在规制涉及人工智能的犯罪方面所存在面临的挑战，主要是因其未预见到（也很难预见到）人工智能快速发展所带来的诸多安全风险。所以，依我国现行的刑法体系，研发者的诸多行为不在刑法规制范畴之内。为确保技术的安全性，使人工智能真正服务于人类社会，我国刑法需要针对人工智能时代的各种新情况作出相应适度调整。因此,在人工智能时代,对于刑法理论之完善仍任重道远。刑法在作为技术"护航者"促进技术发展的同时,又须时刻警惕技术风险,以从源头上遏制风险,发挥技术的最大效用。这是刑法促进人类文明进步的必由之路,也是人工智能时代的应有之义。

第三节 人工智能时代刑法中的行为含义新解

在人工智能时代,对于融入了弱人工智能的能动性之行为性质的认定,以及对强人工智能在自主意志与意识支配下实施行为性质的认定,使传统刑法理论中行为的含义面临冲击。融入了弱人工智能能动性之行为,仍是在人类的意志与意识支配之下所作出的行为;强人工智能在自主意志与意识支配下作出的行为和自然人在自主意识的支配下作出的行为,在本质上没有区别,都是实施行为的主体的自由意志之体现。根据刑法中行为含义的相关法理根基,应把融入了弱人工智能能动性之行为,以及强人工智能在自主意志、意识支配之下所作出的行为,都纳入刑法中的行为范畴,这是在人工智能时代中对刑法中的行为含义的应然拓展。

一、问题的缘起

人工智能时代的来临,会冲击刑法中的行为之认定标准,这是由人工智能时代和智能机器人的特征所决定的。换言之,在人工智能时代,我们必须重新解读刑法中的行为的含义。智能机器人不只是人类四肢的延伸,同时更是人脑的延伸。所以,智能机器人的产生,相当于是在传统的行为模式中融入了新因素。新因素的融入可能会在根本层面上改变原来的行为模式。

(一)弱人工智能时代:弱智能机器人的能动性融入自然人行为之中

弱智能机器人拥有深度学习的能力,但是其仍仅能于人类为其编制与设计的程序控制范围之内实施行为,实现人类的意志。有学者提出,弱智能机器人实现的都是人类意志而非自身意志,因此和传统工具并无差别。①笔者不能认同此观点。事实上,反驳这一观点的同时,也就从正面对弱人工智能行为的融入如何对传统的行为模式产生实质性影响这个问题作出了回答。应当看到,弱智能机器人有能力在某个或某些领域内独自完成相应任务。对"独自"的强调,意在说明弱智能机器人在完成任务的过程中无须人类的协助或操纵。例如,阿尔法狗和围棋世界冠军下棋的时候,无须研发者对阿尔法狗下棋的每一步都进行指导;无人驾驶汽车上路时,也无须使用者或者研发者操控汽车来完成转弯、刹车、加速等动作;人工智能手术机器人在协助医生进行手术的时候,无须使用者或者研发者"悉心"指导其如何完成每一个缝合细节;智能军事机器人在攻击目标的时候,也无须研发者、设计者或者使用者具体指导或操控其行进路径;等等。应当看到,阿尔法狗和围棋世界冠军下棋的时候,阿尔法狗可以靠自身力量掌控棋的下法。如果对围棋技巧有所了解,就会知晓,在下围棋过程中所涉及的诸多信息是只能意会不能言传的,这些技巧是下棋的人在长期下棋的过程中依据自身悟性积累而得的。阿尔法狗的胜利,说明在研发者将围棋棋谱编成程序并为其输入之后,阿尔法狗依靠自身深度学习的能力,知悉、掌握了人类依靠言传和意会所能够获取的全部信息,且其水平一跃而居于人类的最顶尖水平之上。因此在对弈的时候,阿尔法狗并不是仅依靠研发者为其输入的数据,而是在获取原始数据的基础上,又发挥自身的能动性(其能动性的表现形式就是超越人类顶尖水平的围棋技巧)。当无人驾驶汽车在马路上行驶的时候,何时加速、怎样转弯、路线规划等并不需要人类的操纵,其完全能够依靠经深度学习而获得的技巧与经验,自主对何时何处实施何种行为作出判断。究其本质,无人驾驶汽车的行驶无须人类全程操纵,而是融入了无人驾驶汽车的能动性(其能动性的表现形式就是依据道路实时

---

① 参见时方:《人工智能刑事主体地位之否定》,载《法律科学(西北政法大学学报)》2018年第6期。

状况来决定驾驶行为)。与此类似,当人工智能手术机器人协助医生进行手术的时候,其也发挥了自身能动性(其能动性表现形式就是在细节之处比人类医生做得更完美等);当智能军事机器人攻击目标的时候,也融入了自身能动性(其能动性表现形式就是自主决定攻击时机、攻击路线等)。综上,弱人工智能代替人类实施某些行为的时候,并不需要人类对其进行全程操纵。弱人工智能能动性融入自然人的行为中,这是弱人工智能和普通工具在本质上的差别,也是弱人工智能时代之时代特征。

(二) 强人工智能时代:强智能机器人自主实施行为

尽管弱人工智能可以在实施行为的时候融入自身能动性,但其行为始终都在人类为其编制与设计的程序控制范围之内,实现的只能是人类意志而非自身意志;强人工智能却可以摆脱程序控制、自主作出行为,实现自身意志,即强人工智能能够自主地作出和自然人行为有同等社会危害性之行为。为了对此进行更好地说明和论证,笔者假定下述场景:甲(自然人)购买了乙(智能机器人)作为伴侣,乙长期扮演甲的妻子角色。[①] 后甲和丙(自然人)成为合法夫妻。乙对丙产生嫉妒心理,并杀害了丙。在本案例中,乙杀人的行为并没有体现研发者、设计者或者使用者之意志,而且其实施的杀人行为超出了程序控制范围,实现的是智能机器人自身的意志。乙无疑应属强智能机器人。可以看到,乙作为强智能机器人,其所实施的杀害丙的行为之社会危害性(引发丙的生命权遭受非法剥夺的结果),与某一自然人实施杀害丙的行为之社会危害性,事实上并不存在任何区别。乙所实施的行为完全受其自身意志与意识的支配,而未受到研发者、设计者或者使用者意志与意识的支配,甚至从根本上违背研发者、设计者或者使用者的意志。简言之,强智能机器人不仅在行为中融入其能动性,而且其能动性对行为所起的支配作用能够达到100%,即实现了对行为的绝对支配

[①] 众所周知,随着人工智能技术的发展,智能机器人伴侣不仅可以拥有与自然人相类似的长相、体温,从而在外形和触感上可以达到以假乱真的效果,而且逐渐可以拥有与自然人相类似的感情、情绪等,从而与使用者进行情感上的交流,增强用户在使用时的愉悦程度。

与掌控。这也正是强智能机器人超出编制与设计的程序控制范围而作出行为的本质特点。

尽管弱智能机器人仍只能在人类为其编制与设计的程序控制范围之内实施行为,但是其拥有的深度学习的能力,使其能够在作出行为时融入自身能动性。例如,在研发者仅将棋谱和围棋规则输入阿尔法狗的编程中的情况之下,阿尔法狗就能够战胜围棋世界冠军。这一点是阿尔法狗的研发者没有能力做到的。可见,阿尔法狗在围棋领域的水平已远超研发者。在下棋的时候,阿尔法狗发挥了其自身能动性。强人工智能能够摆脱程序控制作出行为。换言之,强人工智能在作出行为的过程中发挥能动性的范围与程度远比弱人工智能高。当弱人工智能在自然人所实施的行为过程中发挥了一定程度的能动性时,这一行为是否仍可被认定为自然人实施的行为?当强人工智能摆脱程序控制、自主作出行为时,其行为在应然层面能否被认定为刑法中之行为?也就是说强人工智能的上述行为是否契合了刑法中之行为的含义与要素?对上述问题进行回答的前提是,确定刑法中行为的含义,因为刑法中行为的含义是判定某一行为能否被认定为刑法中之行为的准则。

二、准确确定人工智能时代刑法中行为含义的重要性

确定某一行为是否属于刑法中之行为的原因,是刑法中的行为含义有界限机能。"无行为则无犯罪这一法谚表明了刑法中行为在构成要件中的重要性。"[1]当某一行为不属于刑法中行为时,其从最初就已被排除了成立犯罪之可能。所以,厘清刑法中行为的含义,对于在人工智能时代准确地界定犯罪的范围,具有重要的意义,这是在人工智能时代中进行刑法研究时不能回避、必须解决的问题。基于智能机器人的特有属性及其在行为中发挥能动性等因素,在人工智能时代,我们须重新确定刑法中之行为的含义。

---

[1] 马克昌:《比较刑法原理——外国刑法学总论》,武汉大学出版社2002年版,第151页。

(一)人工智能时代之前刑法中行为的含义

有关刑法中行为的含义,在理论上有多种学说,包括目的行为论、因果行为论、人格行为论等。各学说虽都在一定程度上对刑法中行为的特征与性质进行了揭示与阐述,但仍有偏颇之处。要想准确地界定刑法中行为的含义,需要对各学说去粗取精、去伪存真,发现刑法中行为的本质含义。

有关刑法中之行为的各种理论学说主要形成于20世纪,对各学说论述的刑法中行为的含义,笔者作以下简要概括。[1] 其一,因果行为论,包含有意行为说与身体动作说。有意行为说提出,行为是意思支配下的身体动静。行为包含二要素:意识支配可能性与有体性(外部的态度)。身体动作说提出,行为仅指身体动作,与是否被意识支配没有关系,而意识支配仅会影响刑事责任的承担。依笔者之见,身体动作说不考虑意识支配要素,并无实际价值,应予摒弃;有意行为说重视意识的影响作用,并将不受意识支配的身体动作排除出刑法中的行为范畴,对于实现刑法中行为之界限机能具有重要意义。其二,目的行为论认为,刑法中之行为即为了达到某一目标而进行的有计划行动。依笔者之见,该说过分强调目的的作用,将主观要件中的故意内容不当地转移到客观要件中,而且容易造成过失与间接故意两种不同行为的混淆,应予摒弃。其三,人格行为论认为,刑法中的行为是实施行为之人的人格在外界的表现。笔者认为,该学说存在以下可取之处:一是将无意识的身体动作排除在刑法中之行为范畴之外;二是将单纯的思想排除在刑法中之行为范畴之外。该学说存在的缺陷在于,没有对"人格"的具体含义作出阐释,使"人格"的含义具有不确定性,以此解释刑法中行为含义,也使刑法中之行为的含义有了不确定性。其四,社会行为论认为,刑法中的行为指的是人所作出的有一定社会意义的身体动静。笔

---

[1] 参见[日]大谷实:《刑法讲义总论》(新版第2版),黎宏译,中国人民大学出版社2008年版,第93~95页;[德]乌尔斯·金德霍伊泽尔:《刑法总论教科书》(第6版),蔡桂生译,北京大学出版社2015年版,第43~46页;[德]汉斯·海因里希·耶赛克、[德]托马斯·魏根特:《德国刑法教科书(总论)》,徐久生译,中国法制出版社2001年版,第267~278页;张明楷:《刑法学》(第5版),法律出版社2016年版,第141~142页。

者认为,社会行为论的缺陷和人格行为论相似,所谓的社会意义本身也不具有确定性。该理论最重要的缺陷就是"失之太泛",因为该理论中作为划定行为之范围的标准——社会意义,本身就具有不确定性,①应予摒弃。

综合以上各种学说,可以发现,身体动作说不以意识为必备要件,不当地扩大了刑法所评价行为的范围;社会行为论、人格行为论都用不具有确定性的概念作为界定刑法中行为含义之标准,也是行不通的;行为目的论混淆了主观要件与客观要件各自需要评价的因素,也不具有合理性。由此,身体动作说、社会行为论、人格行为论、目的行为论均应被摒弃;而有意行为说具有明显的合理之处,应予继承和发扬,来帮助我们界定刑法中之行为的含义。

有学者提出,有意行为说存在明显缺陷:其一,该学说虽然强调了意识支配对于刑法中之行为的必要性,但是并没有明确说明意识内容,即把意识存在和意识内容分离开来,从而使意识变成一个空洞的概念。② 其二,该学说不能对不作为作出解释,即该说确定的刑法中之行为的概念不是作为与不作为之上位概念。③ 笔者认为,上述批判有意行为说的理由均不成立。原因是:第一,有意行为说将意识存在和意识内容分离,正好是对目的行为论缺陷的克服,把主观要件中的要素与客观要件中的要素进行了正确的归位,即将意识存在归入客观要件中的要素,将意识内容归入主观要件中的要素。第二,有意行为说不能解释不作为的说法是不能成立的。在应作为却不作为之场合,不作为可以引发与作为具有同等性的危害结果,④所谓不作为应被理解为,在意识支配下所实施的影响、改变客观事物的活动。换

---

① 参见[意]杜里奥·帕多瓦尼:《意大利刑法学原理》,陈忠林译,法律出版社1998年版,第106页。
② 参见[德]汉斯·海因里希·耶赛克、[德]托马斯·魏根特:《德国刑法教科书(总论)》,徐久生译,中国法制出版社2001年版,第269页;张明楷:《刑法学》(第5版),法律出版社2016年版,第141页。
③ 参见[日]大谷实:《刑法讲义总论》(新版第2版),黎宏译,中国人民大学出版社2008年版,第91页。
④ 参见马克昌:《比较刑法原理——外国刑法学总论》,武汉大学出版社2002年版,第157页。

言之,有意行为说所论述的刑法中之行为的含义是作为与不作为之上位概念。由此,上述学者所提出的对于有意行为说的批判理由不成立。

在有意行为说的基础上,可以总结出刑法中行为的特征:第一,被人的意识所支配;第二,可以影响、改变客观事物;第三,具有法定性(被刑法明文规定予以禁止)。① 其中,第三个特征(法定性)的确立是罪刑法定原则的基本要求——"法无明文规定不为罪,法无明文规定不处罚",从而将刑法条文中没有明确规定的行为排除出刑法中之行为的范畴,以更好地实现刑法中行为的界限机能。同时,刑法条文并非一成不变的,而是随着时代和社会发展需求而不断变化的,当立法者认为应对某种具有严重社会危害性的行为予以刑罚处罚时,便会将其纳入刑法条文规制的范畴。因此,对于刑法中之行为的法定性特征,此处无须再作赘述,笔者仅对前两个特征进行如下具体分析:其一,刑法中的行为被人的意识支配,是人内在意识之外在表现。由此,所有不能表现人内在意识之行为均不是刑法中之行为。例如,梦游的行为,并非被人意识所支配的行为,因此不属于刑法中之行为;在身体受强制或者不可抗力之下作出的行为,虽然行为人在当时有意识,但其是意识无法支配行为,因此也不属于刑法中的行为。其二,刑法中的行为可以影响、改变客观事物。由此,单纯的内心活动(思想)不应属于刑法中的行为。这也是道德与法律的重要区别。简言之,道德规范(包括宗教教义等)是向内作用于人的内心,调整人内心的想法;而法律规范是向外作用于人之行为的。

由此,刑法中之行为的"被人的意识所支配"的特征揭示了自然现象(包括动物的行为、暴雨等自然界现象等)和刑法中之行为的区别;刑法中之行为的"可以影响、改变客观事物"的特征揭示了单纯的内心活动与刑法中之行为的区别;刑法中之行为的"法定性"特征揭示了纯个人身体活动及普通违法行为(如随地吐痰虽然也可以影响、改变客观事物,但不属于刑法

---

① 参见刘宪权主编:《刑法学》(第4版),上海人民出版社2016年版,第103~104页。

中之行为)与刑法中行为的区别。以上对刑法中之行为特性的论述以及对行为含义的界定,是在对各种学说理论进行扬弃的基础之上所形成的。由于上述关于刑法中之行为特性的论述以及对行为含义的界定在确立时,人类社会尚未进入人工智能时代,并未考虑到特殊的人工智能的时代特征与背景,因此笔者称其为"人工智能时代到来以前的刑法中之行为的含义"。

(二)智能机器人的行为对刑法中之行为的含义的冲击

弱智能机器人代替人类实施行为的过程中融入了其自身能动性;强智能机器人能够在自主意志与意识支配之下作出行为。显然,这两种行为都可以影响、改变客观事物,符合刑法中行为的第二个特征。智能机器人的行为对于刑法中之行为的含义的冲击,主要体现在对人工智能行为是否符合刑法中的行为第一个特征(是否被人的意识支配)的判断与考察。

笔者之所以把智能机器人行为称为对刑法中之行为的含义的"冲击",主要原因是:第一,刑法中之行为具有界限机能,如果将上述智能机器人行为排除出刑法中之行为范畴,则刑法无法规制与惩罚上述行为。这可能会在一定程度上导致放纵犯罪后果的发生,毕竟弱人工智能行为体现的是人类意志,而强人工智能行为也可能具有严重的社会危害性。第二,将上述智能机器人行为认定为刑法中之行为,同样面临以下困境:其一,弱智能机器人能动性融入的这一因素是否会影响行为人的意识对行为所产生的支配力的评价。刑法中之行为的第一个特征即"被人的意识所支配",对于"支配"的理解通常是,意识对行为的影响是100%的。但是,在弱人工智能能动性对行为产生影响的情况下,行为人意识对行为的作用似乎不是100%。例如,在智能军事机器人实施攻击行为时,攻击的路线、攻击的时机均由智能军事机器人自行决定,而非由使用者或者研发者决定。在实施攻击目标之行为的时候,使用者或者研发者对智能军事机器人攻击目标的行为过程所起的作用与影响并未达到100%。在此情况下,这种攻击行为能否仍被理解成被人的意识所支配?其二,对于"被人的意识所支配"的理解,是否必须将主体限定为"人"?能否包括具有和人的意识相类似意识的他种主体？如果答案是肯定的，即承认强人工智能在程序范围之外作出的行为和自然人在自主意志与意识支配下所作出的行为，具有等价性，这就更极大地冲击了传统理论对于刑法中之行为含义的界定。可能会有人提出，对上述"冲击"的担忧与思考并无必要，因为"理论来源于实践""法律的生命在于经验而不在于逻辑"，等到这种"冲击"完全变为现实的时候，我们再考虑对刑法理论加以调整以适应时代实际发展需求即可。笔者不赞同此观点。对于人工智能已经或者可能为人类社会带来的风险，应始终坚持用前瞻性的眼光看待，用前瞻性的理念对待。[①] "居安思危"比"亡羊补牢"对人类社会发展更有利。无论是研究人工智能行为对刑法中之行为含义的相关理论所带来的冲击，还是研究强智能机器人的刑事责任的主体资格，都是必要的。在危机全面爆发以前，进行相关的研究并考虑刑法规制的策略，可以避免当危险实际来临时立法与司法的措手不及。可以看到，事实上，对于强人工智能在程序范围外作出的危害行为的性质认定和对强智能机器人的刑事责任的主体资格的探讨殊途同归。

三、刑法中行为含义的法理根基

根据上述对人工智能时代到来之前传统刑法理论对刑法中之行为的含义所作的概括可知，刑法中之行为须符合被人的意识所支配，可以影响、改变客观事物等条件。但是在新的人工智能时代背景下，融入弱人工智能发挥了自身能动性之行为，以及强人工智能摆脱程序控制作出的行为，是否能被视为刑法中的行为，成为值得被讨论的问题。这对于传统理论中刑法中之行为的含义产生了冲击。想要探索是否能够把弱人工智能自身能动性之行为以及强人工智能摆脱程序控制作出的行为看作刑法中行为的理论基础，我们就要从根本上寻求刑法中行为的含义所依赖之法理根基。如果上述智能机器人行为在本质上与刑法中行为含义所依赖之法理根基

[①] 参见刘宪权、房慧颖：《涉人工智能犯罪的前瞻性刑法思考》，载《安徽大学学报（哲学社会科学版）》2019年第1期。

相契合,则刑法需要考虑把上述人工智能行为纳入刑法中的行为范畴。

(一)自然现象和刑法中行为的本质区别

应当看到,可以影响、改变客观事物的不只有刑法中的行为,自然现象、人所实施的不属于刑法中的行为的其他行为[①]等,都可以对客观的事物产生一定影响。比如,洪水、海啸等自然灾害能够为人类社会带来令人感到触目惊心的损害。换言之,自然现象等在客观上完全可能会引发比刑法中的行为更严重的后果。因此,可以影响、改变客观事物,并非刑法中之行为与自然现象等的根本区别。除了可以影响、改变客观事物的特征外,刑法中之行为的另外一个特征为被人的意识所支配。而探索刑法中之行为与自然现象等的根本区别,实际上就是在探索"被人的意识所支配"这一要素在刑法中的行为与自然现象等二者之间画出了什么样的鸿沟以及这一鸿沟产生的原因为何。

例如,海啸、地震、火山喷发等自然灾害在客观上会给人类的生命与财产安全带来极大威胁,但是人类却完全没有办法通过制定法律法规来阻止上述自然灾害的发生;而故意杀人的行为或者抢劫的行为同样会威胁到人们的生命与财产安全,但是人类却能够通过制定法律法规来规制上述行为。事实上,海啸、地震、火山喷发等自然灾害的发生只会受自然规律的支配,即使在科技已经高度发达的今天,我们也必须承认,在大自然面前,人类是非常渺小的,如同沧海一粟。简言之,人类虽然能够改造自然,但是却永远无法改变自然规律。如同荀子所说,"天行有常,不为尧存,不为桀亡"[②]。无论是个人还是人类集体,都永远无法影响或改变自然规律。人类评价某个事物是"善"的,目的是发扬这样的"善";人类评价某个事物是"恶"的,目的是遏制这样的"恶"。人类评价事物的目的不是单纯为某个

[①] 在单位犯罪中,单位行为最终也只能通过自然人所实施的行为来体现,所以在这里,笔者不单独列举单位行为。但笔者承认,单位行为所体现的意志与自然人意志具有本质上的不同,单位行为体现的意志是上升为抽象概念的单位内部自然人的集体意志,而并非某个自然人的意志或者单位内部自然人意志的总和。

[②] 《荀子·天论》。

事物贴上标签,而是为了对这个事物中所包含的"善"或者"恶"进行发扬或者遏制,即把人类自身的能动性融入事物发展变化的过程中。但是,对于自然规律,人类无法改变,无法对其进行发扬或者遏制,所以也无必要对其进行"善"或者"恶"的评价。正如黑格尔所说的,"自然的东西自在地是天真的,既不善也不恶"①。不同的是,刑法中的行为被人的意识所支配,即人在自身意志支配下能够决定是否要实施某行为、实施此行为或实施彼行为、针对哪个对象来实施行为等。"如果违反该命令,则科以刑罚,这就是法律规范的本质特征。"②刑法对实施了具有严重社会危害性行为的人予以刑罚处罚,就是通过告知民众实施这种行为的不利后果来达到禁止这种行为的目的,即通过对人之意识施加一定影响,从而使被意识支配的人的身体作出或者不作出某种行为。因此,刑法中的行为与自然现象等的本质区别就在于,可否通过刑法规范禁止或鼓励其发生。具体而言,人类不能利用刑法规范来禁止或者鼓励受自然规律支配的自然现象的发生,但能够利用刑法规范来禁止或者鼓励被人的意识所支配的某种行为的发生。人类通过制定刑法规范,来禁止或者鼓励某种被人的意识所支配的行为,就是在其中发挥人的能动性的过程。换言之,人之能动性不能对自然现象的发生与否有所影响,但是能够对刑法中行为的发生与否有所影响。

在此笔者需要明确说明的是,幼童、精神病人(刑法所认定的无刑事责任能力人)之行为不被认定为刑法中的行为,正是由于幼童、精神病人之行为不会因刑法规范的禁止或鼓励而有所改变,其与自然现象类似。因此,为了方便下文的论述,笔者将人类行为划分成两类:一是不被意识所支配的行为(包括无刑事责任能力之人行为、无意识行为等);二是被意识所支配的行为。刑法中的行为的发生时间、发生程度等都受人之意识影响,因此刑法中的行为是被意识所支配的行为的一部分。简言之,刑法中的行为

---

① [德]黑格尔:《法哲学原理》,商务印书馆1961年版,第145页。
② [日]西原春夫:《刑法的根基与哲学》,顾肖荣译,法律出版社2004年版,第109页。

都受到意识支配,而受意识支配的行为未必都是刑法中的行为。原因是,刑法中的行为除了具有被意识所支配这一要件之外,还要满足刑法中的行为的其他要求。不被意识所支配的行为没有其他选择的可能性,但被人的意识所支配的行为受人的意识的影响,其发生的原动力便是人之意识。例如,精神病人或者动物是否去实施某行为并不是自我抉择的结果,但一个年满16周岁、精神正常的人是否实施某行为是其自我抉择的结果。在进行抉择的过程中,人之意识发挥了重要的作用。而在意识支配下进行抉择以决定是否实施某行为,就是我们通常所说的"意志自由"。正如笔者在前文所述,刑法中的行为是被意识支配的人类所实施的部分行为,所以是否实施刑法中之行为同样是人在自由意志作用下,进行抉择之后的结果。正是因为具有自由意志之人在能够选择不作出犯罪行为的时候,仍选择作出犯罪行为,所以刑法将这类行为认定为"恶"的,并给予此人刑罚处罚,来实现遏制此类行为的目的。

(二)"自由意志"作为认定刑法中行为前提的缘由

人因有自由意志而能够在意识支配下选择作或不作某行为,即作用于受意识支配行为之上的是自由意志。可以在自由意志的作用下作出抉择,是自然现象和受意识支配之行为的本质差别。"动物之恶的种种表现都是其自然本能的必要伸展,而人类之恶的种种表现却是其自由意志的选择性扩张。"[1]刑法把某行为认定为"恶"的,并用刑法规范来予以禁止,其前提是,人在自由意志的作用下通过意识支配来决定是否作出此行为。根据费尔巴哈所提出的"心理强制说",任何人都有趋利避害的本性。在实施行为之前,人们会进行比较与权衡。如果行为人最终选择作出犯罪行为,也是由于其比较与权衡犯罪带来的"快感"和刑罚所产生的"痛感"之后,认为犯罪带来的"快感"大于刑罚所产生的"痛感"。[2] 刑法明确规定对某些行

---

[1] 冯亚东:《理性主义与刑法模式》,中国政法大学出版社1999年版,第99页。
[2] 参见刘宪权:《刑法学名师讲演录》(第2版),上海人民出版社2016年版,第46页。

为的定罪处罚方式,就是为了让人们实施该行为之前便可知晓实施该行为所带来的"痛感"程度,以此达到遏制该行为的目的。人的行为不被意识所支配时,无论刑法如何规定对此行为的处罚方式,都不会对该行为实施与否具有丝毫影响。因为在此情形下,人的行为和自然现象没有差别,此时人并无选择的余地。例如,即使刑法规定梦游行为构成犯罪,也不可能遏制梦游行为之发生。而人在没有选择可能性的情形下,就等同于缺乏自由意志,因为人对实施或不实施某行为进行抉择之前提就是拥有自由意志。人的行为属于自由意志之选择性扩张的时候,刑法对作出该行为施加刑罚所带来的痛感便会提醒人的意识,使其因害怕承受痛感而放弃实施该行为。综上,当人有在意识支配之下作出抉择之可能,即拥有自由意志的时候,刑法将某行为认定为犯罪并作出刑罚处罚的做法,才可能达到遏制某种行为发生的目的。因此,刑法中的行为的前提与根基便是人拥有自由意志。

四、人工智能时代刑法中行为的应有之义

"经济基础决定上层建筑",为了适应经济社会发展现状,法律制度在不断进行变革与更新。人工智能的兴起与发展,使社会发生了天翻地覆的变化,刑法规范作为法律的组成部分,也应顺应时代潮流,进行变革与更新。在保持与刑法中行为之法理根基相契合的前提下,刑法中行为的含义也应随人工智能时代的需求作出相应调整。

(一)应从刑法中行为的本质出发确定刑法中行为的新内涵

传统刑法理论关于刑法中行为的含义所作的总结为:第一,被人的意识所支配;第二,可以影响、改变客观事物;第三,法定性。根据笔者在上文所作的分析可知,自然人实施的行为,包含弱人工智能之能动性的行为,强人工智能在程序控制范围之外所实施的行为,都可以影响、改变客观事物,即上述行为都符合刑法中之行为含义的第二点要求。同时,当某行为与刑法中之行为的内涵特征相契合的时候,立法者自然会于合适的时机在刑法中对此行为作出明文规定。笔者在此想要说明的是,对于是否符合刑法中之行为含义的第三点要求的论证,不能误入循环论证的"怪圈"。所谓循环论证,在此处应指,刑法没有明确禁止某个行为,则该行为不属于刑法中之行为;某行为属于刑法中之行为时,必须符合法定性的特征。事实上,合理的逻辑应为,符合刑法中行为的含义与特征的行为,从应然层面而言,其是刑法中之行为;从实然层面而言,立法者应在合适的时机,修改刑法条文,对该行为进行刑法规制。所以,在探讨是否可以将某行为列入刑法中之行为范畴时,不能将"法定性"这一特征作为判断的依据。笔者已在前文论述,是否为拥有自由意志之主体在意识的支配下所作出的自主抉择亦为关键因素。笔者承认,拥有自由意志之主体在意识支配下作出自主抉择的行为,并不一定是刑法中的行为,也有可能是其他法律所进行规范的行为,甚至可能在法律不评价的范围之中。这些行为和刑法中的行为,都属于被意识所支配的行为。因此,刑法中之行为的范围小于被意识所支配的行为的范围,即被意识所支配的行为可以涵括刑法中之行为。既然如此,"刑法中之行为"的构成要素理应多于"被意识所支配的行为"之构成要素,多出来的要素恰为"可以影响、改变客观事物"与"法定性"这两个特征。而包含弱人工智能之能动性的行为,以及强人工智能在程序控制范围外作出的行为,完全有可能符合"可以影响、改变客观事物"与"法定性"这两个特征。如果我们可以证明,包含弱人工智能之能动性的行为,以及强人工智能摆脱程序控制作出的行为,契合刑法中的行为第一个特征,则上述两个行为就符合了刑法中的行为全部的特征,可以被认定为刑法中之行为。

(二)融入弱智能机器人能动性的行为属于刑法中的行为

弱人工智能可在某领域替代人作出行为,等同于延伸了人类的大脑与身体。弱人工智能区别于普通工具,其在行为过程中将自身能动性融入进去,无须人类进行全程操纵,甚至完全无须人类操纵。包含弱人工智能之能动性的行为是否契合刑法中之行为的含义?答案理应是肯定的。举例而言,假如行为人让自己的狗咬人,狗就等同于行为人的身体的延伸,虽然狗独立完成了咬人的动作,但实际上狗咬人的动作是受到行为人之意识支配的,刑法仍将狗咬人的动作作为行为人所作出的行为。此时,可将狗看成人体的分身。而弱智能机器人只能在程序控制范围之内作出行为,其不仅是人体的延伸,更是人脑的延伸。我们可把弱智能机器人看作人体与人脑的分身。虽然在行为的过程之中,融入了弱人工智能自身的能动性,但是能动性的来源是程序。既然弱人工智能等同于人体与人脑的分身,则即使弱人工智能发挥了能动性,其能动性发挥的方向也不会背离人的意识,而应始终处于人的意识涵摄的范围内。在此情况下,弱人工智能之能动性事实上可以被等同于人类意识特殊的组成部分,只不过这种特殊组成部分因依托于深度学习、神经网络等技术而产生了极其强大的力量。举例而言,某人欲从A地前往B地,其乘坐汽车将会比步行花费更少的时间和体力,但是目的地、出发时间等都受其意识支配。同样地,弱智能机器人能够使人类生活更便利,甚至可以让犯罪分子实施犯罪的手段更加"先进",但是无论如何,弱人工智能行为始终未摆脱程序控制,始终都在人类意识的掌控之下。这与人借助普通工具所实施的行为并无本质差别。综上,融入弱智能机器人之能动性的行为仍然被人的意识所支配,同时其符合"可以影响、改变客观事物"和"法定性"的特征,应当被认定为刑法中之行为。

(三)强智能机器人自主实施的行为应属刑法中的行为

强人工智能摆脱程序控制作出的行为并不体现人的意识。那么,能否将强人工智能在自主意志、意识支配下作出的行为看作刑法中之行为？在此,笔者需要说明,我们是在应然层面探讨上述问题。刑法明确规定,强智能机器人在自主意志与意识支配下实施的行为属于刑法中之行为之前,其在实然层面当然不属于刑法中的行为。但是在应然层面,当强人工智能的行为符合刑法中的行为含义与特征时,理应被作为刑法中之行为。笔者已在前文论述过,强人工智能在自主意志、意识支配下作出的行为符合"可以影响、改变客观事物"与"法定性"这两个特征,只要我们能够证明其符合"被意识所支配"这一特征,就可以断定其属于刑法中之行为。笔者将原来的"被人的意识所支配"表述为"被意识所支配",原因在于,刑法中之行为的首要特征的实质含义是,拥有自由意志之主体自主对是否实施某一行为进行抉择。如若人类之外的其他拥有自由意志的主体也能够自主地对是否作出某一行为进行抉择,则其就与人类受自由意志影响而自主对是否实施某一行为进行抉择并无区别。正如笔者在前文所详细论述的,被意识所支配的行为(包括刑法中之行为)与不被意识所支配的行为的本质差别是,前者存在基于自由意志的行为选择可能性。由此,我们就可将待证命题——强人工智能在自主意志与意识支配下作出的行为属于刑法中之行为,分解为两个独立的待证命题:其一,强人工智能有自由意志;其二,强人工智能可在自由意志影响之下对是否作出某行为作出抉择。如果我们成功证明了上述两个待证命题,则强人工智能在自主意志、意识支配下实施的行为就属于刑法中的行为。具体证明过程如下。

首先,强人工智能有自由意志。自由意志的产生需要一定的物质基础,强人工智能具备这些物质基础。根据现代科学,自由意志由人脑产生,但也会受客观环境的影响。虽然强人工智能并无与人类大脑构造别无二致的物质实体,但是从功能性角度来说,强人工智能可以通过程序系统实现人类大脑可以实现的所有功能。甚至,强人工智能的程序系统处理信息的能力是人脑的若干倍。即使是弱人工智能,其对数据的获取、分析、整合等能力都已让人瞠目结舌,何况更先进的强人工智能?可能会有人认为,自由意志虽产生于大脑,但仍受到周围环境的影响。即使人工智能的程序系统可以实现人类大脑的全部功能,但也不一定能模拟出与人类所处环境相类似的环境,也就未必能像自然人一样有自由意志。笔者对这种观点并不赞同。实际上,每个自然人所处的外部环境不尽相同。从中到外、从古至今,人们所处的环境可谓千差万别,但是现代刑法都承认符合一定条件的自然人拥有自由意志。由此可见,只要某一主体具备了产生自由意志所需的物质实体,则无论处于何种环境中,法律都应承认其拥有自由意志,只不过自由意志外在的表现会因环境的不同而有所不同。强人工智能拥有产生自由意志的物质基础,则我们并无理由对强人工智能产生与人类类似的自由意志之可能予以否定。可能还会有人提出，强人工智能有自由意志仅仅是一种假设与推测，没有办法得以证明。笔者承认这一观点具有合理性，但是我们应当看到，所谓自由意志，本身就是一个抽象概念。我们说人拥有自由意志，是通过对其客观行为进行观察所得出的结论。同样地，如果需要证明强人工智能有自由意志，也只能依靠其客观表现而得出结论。反之，如果因依推测认为强人工智能有自由意志的不可靠性而否定其有自由意志，则同样可以得出人类也不具有自由意志的结论。原因是，到目前为止，人类对人脑运作的机制知之甚少，人类对人脑的了解也可谓"冰山一角"，人脑运作的机制仍如同"黑箱"一般，我们只能借助推测来得知，人类可能有自由意志。因此，自然人与强人工智能可能有自由意志都是依靠推测得出的结论，强人工智能和自然人实施的行为并不存在本质区别。既然刑法承认自然人在意识支配中所作出的行为属于刑法中行为的范畴，就没有理由否定强人工智能在意识支配下所实施行为属于刑法中之行为。

其次，强人工智能能够自主地对是否实施行为作出抉择。强人工智能所作出行为的原动力是程序，然而，当强人工智能摆脱程序控制、自主作出行为时，其行为就不再受人类意识的控制，也不体现人类的意志。在笔者前文所举案例中，智能机器人"妻子"在嫉妒心理的支配下杀死了自然人妻子，这一行为完全超出了程序控制的范围，体现的也并非自然人的意志，而是人工智能自身意志。此时的人工智能即为强人工智能。当强人工智能在人类为其编制与设计的程序控制范围外作出行为的时候，已经不受人类掌控，此时其能够自主抉择行为方式、行为时间、行为对象等。而能够进行上述抉择的前提，就是强人工智能有自由意志。假如强人工智能没有自由意志，则其作出的所有行为就与动物的行为（自然现象）别无二致，都属于自然本能之必要伸展，而并非自由意志的选择性扩张。这与事实并不相符。所以，应当承认，强人工智能在作出行为的时候受到自由意志的影响，由此其能够在自主意志与意识支配之下作出行为。这是强人工智能时代的特征，也是在强人工智能时代刑法中行为的含义的应然拓展。

综上所述,在传统刑法理论中,刑法中之行为有三个特征:第一,被人的意识所支配;第二,可以影响、改变客观事物;第三,法定性。在人工智能时代,融入了弱人工智能之能动性的行为,仍被人的意识所支配,且完全符合刑法中行为的第二与第三个特征,理应归属于刑法中的行为范畴。而强人工智能有自由意志,且能够在自身意识的支配下自主作出行为,从应然层面而言,属于刑法中的行为;从实然层面而言,有待在其他条件成熟的时候,通过刑法条文将其明确纳入刑法中之行为范畴。

第六章　人工智能时代刑法中刑罚论体系的重构

　　强智能机器人有独立的辨认、控制能力,当其摆脱程序控制作出危害行为时,理应受到刑罚处罚。根据我国《刑法》之规定,我国的刑罚体系由生命刑、自由刑、财产刑与资格刑构成,刑罚处罚的方式和对象并不包含强智能机器人。重构我国刑罚体系,把强人工智能作为刑罚处罚之对象,既符合刑罚目的,也符合时代发展的需求,且并没有违背基本的法理。笔者建议,增设能够适用强智能机器人的刑罚处罚方式,如修改部分程序、删除部分程序、销毁全部程序等。强智能机器人被纳入刑罚处罚范围,从本质上来说是对其社会成员的资格予以承认,这是由其对人类生产与生活参与的程度和所处的社会地位所共同决定的。

第一节　人工智能时代我国刑罚体系重构的必要性

到目前为止,虽然智能机器人的行为仍只能在编制与设计的程序控制范围内作出行为,实现研发者、设计者或者使用者的意志,但是人工智能日新月异的发展速度表明,出现有着独立辨认、控制能力,可以自主作出行为的强人工智能不是很久以后才可以实现的虚无缥缈的幻想,而是技术进步与发展的必然结果。在程序控制范围内作出行为的智能机器人(普通智能机器人与弱智能机器人),因没有独立辨认、控制能力,故具有工具属性。在此种情况下,即使人工智能作出危害行为,也不可能追究其任何刑事责任。而能摆脱程序控制作出行为的强人工智能,因有独立辨认、控制能力,如其实施了具有严重社会危害性的行为,有没有可能构成犯罪？如其可以构成犯罪,刑法应如何对其进行处罚？这是在全新的人工智能时代,我们所面临的时代之问。但到目前,我国刑罚体系对上述问题还没有回答或解决方式。"凡事预则立,不预则废"[1],"迨天之未阴雨,彻彼桑土,绸缪牖户"[2],面对时代之问,刑法学者不能漠不关心,刑事司法与立法体系也不应不知所措,而应当未雨绸缪,提前做好相应准备。我们应顺应时代发展需求,构建符合人工智能时代特征的刑罚体系,这是当代刑法义不容辞的责任与任务。

一、强智能机器人犯罪应受刑罚处罚的原因

人工智能的行为可被分为两类:一是在人类为其编制与设计的程序控制范围内的行为;二是超出人类为其编制与设计的程序控制范围的行为。智能机器人的程序体现了研发者、设计者或者使用者的意志,智能机器人

---

[1] 《礼记·中庸》。
[2] 《诗经·豳风·鸱鸮》。

在程序控制内作出行为，即意味着其在实现使用者或者研发者的意志；而智能机器人超出程序控制范围而实施行为的时候，是在实现自身意志而非研发者、设计者或者使用者的意志。

智能机器人在程序控制范围内实施行为的时候，始终是有工具属性，其行为始终未超出人类的预期技术射程。此情况下的智能机器人没有独立的辨认、控制能力，也不具有刑事责任能力。应当看到，行为人承担刑事责任的前提条件就是具有刑事责任能力。根据责任前提说，责任能力和具体的犯罪行为并无关联，责任能力应被理解为能够独立进行判断的一种人格能力。① 特拉伊宁更是进一步指出，如果缺乏责任能力，则刑事责任这个问题就不可能发生，犯罪构成这一问题也就不可能发生，正因如此，责任能力并非犯罪构成之因素，也非刑事责任之根据；责任能力应为刑事责任必备的主观要件，也应为刑事责任在主观上的前提。② 另外，根据责任要素说，刑事责任的主体是人，更准确地说，刑事责任的主体是有刑事责任能力之人。③ 责任能力作为责任的要素，总是和具体行为相关联，离开具体行为，责任能力将不复存在。既然我们要探讨的是可否因某一具体行为而对行为人进行谴责，则我们就必须追问行为人有无选择、决定这一具体行为之能力。④ 上述刑法理论所论述的刑法观点表明，在程序控制范围之中作出行为的人工智能，不能自主地对作出或者不作出某行为进行抉择，不具有独立的意志与意识，不具有独立的辨认、控制能力，也就不可能承担刑事责任。无论是根据责任前提说，还是根据责任要素说，在程序控制范围之中作出行为的人工智能没有刑事责任能力，也就不能因其所实施的行为而承受刑罚谴责。如果此种人工智能被使用者或者研发者利用而作出危害行为，那么利用者应承担全部刑事责任，人工智能不承担任何刑事责任。

---

① 参见马克昌主编：《犯罪通论》，武汉大学出版社2003年版，第251页。
② 参见［苏联］A.H.特拉伊宁：《犯罪构成的一般学说》，王作富译，中国人民大学出版社1958年版，第60页。
③ 参见张智辉：《刑事责任通论》，警官教育出版社1995年版，第276页。
④ 参见冯军：《刑事责任论》，法律出版社1996年版，第122页。

虽然在人工智能时代,弱智能机器人的出现在一定程度上会使传统犯罪发生"质变"或者"量变",在一定程度上影响对犯罪性质的认定,但是我国刑罚体系仍可满足对研发者、设计者或者使用者等主体进行处罚之需求。在此笔者不作赘述。

但是,强智能机器人超出人类为其编制与设计的程序控制范围而作出行为的时候,其已不再具有工具属性。此时强人工智能具有独立的辨认、控制能力,作出行为的根据不再是程序指令,而是实现自身意志。在使用者或者研发者存在故意或者过失,而导致人工智能摆脱程序控制作出危害行为的时候,使用者或者研发者需要承担刑事责任,且强人工智能自身也应承担责任。如果使用者或者研发者不存在主观上的故意或者过失,仅是强智能机器人自身原因导致具有严重社会危害性的结果发生,则应由其独自承担刑事责任。

如前所述,强智能机器人超出人类为其编制与设计的程序控制范围作出行为的时候,其具有独立的辨认、控制能力,也即具有刑责能力。基于此,当强人工智能实施了具有严重社会危害性的行为时,理应受到刑罚处罚。应当看到,刑罚是承担刑事责任的最主要方式。在承认强智能机器人具有刑事责任主体资格的基础上,我们需要讨论对强智能机器人适用刑罚的问题。理论上认为,刑罚有一般预防与特殊预防两种功能。对强智能机器人来说,一般预防与特殊预防的功能同样可以对其适用。原因在于,刑罚所具有的特殊预防的功能针对的是犯罪人,通过剥夺、限制其再犯的能力,起到威慑、教育与改造的作用。与自然人一样,强智能机器人也可以被改造。在绝大多数情况下,强智能机器人之犯罪意识是在深度学习的过程中逐渐产生的,通过"回炉重造",可以消除其犯罪意识,使其继续为人类所用甚至为人类社会做出贡献。刑罚所具有的一般预防的功能针对的是除犯罪人之外的其他主体。对实施了具有严重社会危害性的强智能机器人进行刑罚处罚,不仅可以对自然人起到一般预防的作用,也可以对其他的强智能机器人起到一般预防的作用,让有可能实施犯罪行为的强智能机器人或者自然人因目睹强智能机器人受到的刑罚处罚而悬崖勒马,也可以帮助一般的自然人或者强智能机器人深刻理解法律规定,自觉控制自身的行为。笔者认为,在人工智能时代,对实施了具有严重社会危害性行为的强智能机器人施加刑罚处罚,可以维护社会的稳定,防止社会的动荡,保障人民安居乐业。但是也应看到,我国刑罚体系尚存在一定的局限性,如无法对强人工智能施加刑罚处罚,无法适应人工智能时代的特性与需求。所以,笔者认为,有必要重构我国刑罚体系,使之适应时代需求。

二、人工智能时代我国现行刑罚体系的局限性

我国刑法中规定的刑罚包含主刑与附加刑。其中,主刑包括管制刑、拘役刑、有期徒刑、无期徒刑、死刑;附加刑包括罚金、剥夺政治权利、没收财产和驱逐出境。上述刑罚又可被分为生命刑(死刑)、自由刑(管制刑、拘役刑、有期徒刑、无期徒刑)、财产刑(罚金、没收财产)、资格刑(剥夺政治权利、驱逐出境)。上述四种刑罚都可以被适用于自然人犯罪分子,而犯罪的单位只可以适用罚金刑。从上述刑罚种类以及刑罚的对象来看,并无适合施加于强智能机器人的刑罚种类。因为强智能机器人没有生命,就不可能被施加生命刑或者自由刑;法律承认强人工智能具有财产权利或者政治权利以前,其也不可能被施加财产刑或者资格刑。有学者对我国刑罚体系进行总结及评价,其提出,我国的刑罚体系中有主刑和附加刑,二者在明确区分的同时又互相配合;既有轻刑又有重刑,按照由轻到重的次序排列,相互衔接;刑种数量适中,每一刑种都具有特定的作用与内容,充分地体现出我国的刑罚体系之科学性。[①] 在人工智能时代尚未来临以前,上述学者的观点颇具合理性。总结刑罚的嬗变规律,我们可以发现,刑罚体系的发展历程为:死刑中心—肉刑中心—徒流刑中心—自由刑中心。[②] 我国目前的刑罚体系以生命刑、自由刑为主刑,以财产刑、资格刑为附加刑,且以自由

[①] 参见高铭暄主编:《刑法学》,北京大学出版社1989年版,第270页。
[②] 参见蔡枢衡:《中国刑法史》,广西人民出版社1983年版,第2页。

刑作为刑罚体系的中心,循序渐进地废止死刑。这体现了刑罚宽缓化趋势,与刑罚发展规律相契合。着眼过去可以看到,上述刑罚体系符合社会生产力的发展水平与时代发展的规律,顺应历史潮流。但放眼未来,当强人工智能摆脱程序控制作出危害行为时,上述刑罚体系显然无能为力。上述刑罚体系中的四种刑罚方式无法施加于强智能机器人。具体理由如下。

第一,强人工智能与原有的犯罪主体(自然人与单位)存在明显的差别。其一,强人工智能和自然人犯罪主体存在的最重要的区别在于是否具有生命体。自然人的生命权依托于生命体而存在,强智能机器人因无生命体而不能享有生命权。对自然人机体的伤害会导致对其生命权、健康权的剥夺,而强智能机器人并无生命体,只具有可修复、可替换的机器躯体。若强行将生命权赋予智能机器人,则过分扩大了生命之内涵与本质,不符合人类基本的伦理观念。自然人的生命不可逆转,始于出生、终于死亡。自然人从出生开始,就不可逆地走向衰老和死亡,这是由自然规律决定的。同时,自然人随着年龄的增长,其辨认、控制能力也逐渐增强,即自然人之刑事责任能力伴随着自然人生理机体的成长而逐渐增强,并随着生命结束而终结。生命具有不可逆转性,则自然人之刑事责任能力也是不可逆转的。强人工智能拥有的辨认、控制能力的来源是程序,而程序能够被补充、修复、删除与恢复,因此强人工智能之"生命"是可以逆转的,强人工智能之刑事责任能力也是可逆转的。如果将自然人的刑事责任能力随着年龄增长而逐渐增长的过程看作"纵向"的增加过程,则强智能机器人从程序控制范围内(无刑事责任能力)到程序控制范围外(有刑事责任能力)的行为所体现的刑事责任能力就是"横向"的转化过程。具体而言,人工智能在程序控制内作出行为的时候,具有工具属性,实现的是研发者、设计者或者使用者的意志,不具有独立的辨认、控制能力,也即没有刑事责任能力;人工智能摆脱程序控制作出行为的时候,不再具有工具属性,实现的并非研发者、设计者或者使用者的意志而是其自身的意志,具有独立的辨认、控制能力,也即具有刑事责任能力。由此,自然人与强人工智能的辨认、控制能力产生、发展、消亡的过程存在本质差别。同时也应看到,强智能机器人因没有生命体而不具有自由权。"人人生而自由,在尊严和权利上一律平等。"[1]在本质上,天赋人权就是在一定社会文化制度结构中所实现的个人自由的最大化。[2] 需要明确指出的是,从刑法意义来看,自由权是人身权利的重要组成因子,而所有的人身权利之存在均以生命为前提。生命丧失是所有人身权利终结的标志。如前所述,强智能机器人和自然人之间的最大差异在于是否拥有生命,强智能机器人因没有生命而不享有与生命相关的所有的人身权利,包括自由权。从价值论的角度分析,智能机器人具有独特的价值。智能机器人的诞生背景、研发目的等均决定其存在的价值是服务人类,即其根本价值就是服务价值。而将自由权赋予强智能机器人显然与其根本价值相冲突,不利于其发挥服务人类的价值。其二,强智能机器人和单位存在的主要差别是,强智能机器人以个体形式存在,而单位以集合体形式存在。单位是由成员组成的一个集合体,失去成员,单位也就不复存在;而单位的成员脱离单位之后就仅能作为独立个体,不再具有作为成员而在单位中的性质与作用。同时,单位成员需要相互联系、相互作用,根据单位的统一要求和秩序,组成一个协调一致的单位整体。由此可见,单位是集合体,单位如果要实施犯罪行为,需在其整体意志支配之下进行。所谓"整体意志",既不能理解为单位内部的某个成员之意志,也不能理解为所有成员意志的总和。对强智能机器人来说,即使其超出了人类为其编制与设计的程序控制范围而作出行为,其实施行为之最初动力与来源也是程序,只不过其借助深度学习等对自身程序进行了"改良"。强人工智能摆脱程序作出的行为,体现了其自身意志,属个体意志,从本质上区别于单位的整体意志。

第二,我国刑罚处罚的方式不适用于强人工智能。其一,生命刑无法

---

[1] 《世界人权宣言》第1条。
[2] 参见陈兴良:《刑法的价值构造》,中国人民大学出版社2006年版,第101页。

施加于人工智能。正如笔者在前文所述,人工智能没有生命,当然也无生命权。自然人生命的产生与消亡本应受自然规律掌控,人为地剥夺自然人的生命打破了自然规律,实现的是法律上的报应。生命刑以剥夺自然人生命为内容,体现了法律报应的思想。"杀人者死"就是法律报应的原则。[①]但是,强智能机器人并非自然界的产物,其产生与消亡也不受自然规律掌控,而是受程序掌控。而且强智能机器人没有生命,剥夺其生命就无从谈起。刑罚没有办法通过剥夺子虚乌有之事物而给犯罪人带来痛苦,也就没有办法起到其应有的作用。其二,自由刑无法施加于人工智能。人工智能既然没有生命,也就没有附随于生命的人身权。但自由权产生与存在的基础正是人身权。我国目前的刑罚体系的中心就是自由刑。自由刑的执行方式是关押,同时实现犯人和社会的隔离。[②] 强人工智能因没有生命而不享有基于生命所产生的其他的人身权利,也就当然地不享有自由权,由此,无法对其施加剥夺自由权的刑罚。同时,智能机器人并非都具有物质实体,其完全可能以程序的形式隐藏在电脑中。对于没有物理形体的强智能机器人来说,对其施加剥夺自由权的刑罚更是无稽之谈。其三,财产刑、资格刑暂时无法施加于强智能机器人。财产刑、资格刑是通过剥夺人的财产或者政治权利,给其带来痛苦,从而起到对犯罪人予以惩罚的作用。虽然说财产刑、资格刑对于强智能机器人暂时无法适用,但随着技术的进一步发展,法学、伦理学在这一领域的进一步深入研究,以及随着人们思想观念的变迁,将财产权或者一定政治权利给予强智能机器人并不是天方夜谭。例如,沙特阿拉伯是世界上第一个承认智能机器人的公民身份的主权国家。可以预想,在将来可能会有更多国家或者地区将财产权、公民权等各种权利赋予强人工智能。虽然到目前为止,我国的法律还未作相关规定,但这并不妨碍学者通过研究人工智能的相关特征来为其建构权利模型。

---

① 参见陈兴良:《刑法哲学》,中国政法大学出版社2014年版,第305页。
② 参见[日]大谷实:《刑法讲义总论》(新版第2版),黎宏译,中国人民大学出版社2008年版,第463页。

例如,在知识产权领域,已经有不少学者在讨论应否让人工智能对自己创作的作品享有著作权。[1] 如若强人工智能摆脱程序控制作出危害行为,则剥夺其一定财产或者政治权利不失为一种惩罚手段。但是,财产刑、资格刑在我国的刑罚体系中不占主导地位,而属于附加刑,是补充主刑(生命刑、自由刑)而适用于犯罪人的刑罚方法,又可被称为从刑。[2] 附加刑惩罚的效力与强度有限。只有针对比较轻的犯罪才适合独立适用附加刑。对于引发危害后果的强人工智能而言,仅对其使用附加刑不一定能起到理想的作用。何况在法律未将财产权、政治权利给予强智能机器人之前,对其施加财产刑、资格刑本身也并不现实。

由笔者在前文的分析可知,我国目前的刑罚体系是历史进步发展的产物,在一定时期内适应了经济社会发展的需求,但是随着人工智能时代的来临,对于新时代出现的风险,可能会力有不逮。对此,我们的刑事立法、刑事司法应当有所作为。依笔者之见,应当将强人工智能纳入刑罚的处罚范围,并且须设立契合强人工智能自身特点的特殊刑罚处罚方式,以适应新时代的需求。

第二节 人工智能时代我国刑罚体系重构的可行性

把强人工智能纳入刑罚处罚的范围不仅可以充分地体现出刑罚的功能,而且还可以对刑罚的目的与功能的实现产生重要的推进作用,同时还符合刑事立法的规律。

一、能够实现刑罚的功能

把强人工智能纳入刑罚处罚的范围,有利于实现刑罚的多项功能。首

---

[1] 参见王迁:《论人工智能生成的内容在著作权法中的定性》,载《法律科学(西北政法大学学报)》2017年第5期。

[2] 参见刘宪权主编:《刑法学》(第4版),上海人民出版社2016年版,第306页。

先,有利于实现刑罚传递价值和信息的功能。刑罚不仅是控制社会的工具与实现报应的手段,其还须传达某种内涵,以让行为人知晓其行为的错误与可耻之处,以及其承受刑罚处罚属于罪有应得。用刑罚来对犯罪人进行处罚,无论可能会产生何种善,都不能作为刑罚正当性的理由。刑罚正当性的理由仅仅是,犯罪人犯罪后应受到相应的惩罚。换言之,刑罚被当作功利主义之产物并不完全合理,事实上,刑罚本身就是在表达、弘扬某种价值,其表达、弘扬价值的形式正是:违反该价值便会受到惩罚。由此可见,刑罚有着传递价值与信息、重塑价值观之功能。强人工智能有自主的意志、意识,也具有独立的辨认、控制能力,其完全可以顺利地接收到刑罚传递的价值和信息,并深入领会人类价值规范,并内化于"心"(程序)。其次,有利于保证被谴责者作出相应反应的权利。如果某种害恶所施加的客体不具有辨认、控制能力,则其无法对自身承受的害恶作出反应;而当某种害恶所施加的客体具有辨认、控制能力时,其必然会且应当会有所反应,这种反应本身是由其自身意志所自主生发的。刑罚还有一个非常容易被人忽略的重要功能,即赋予被谴责的人作出反应的机会与权利。[①] 被谴责者可以提供证据证明或者为自己辩解,以说明施加于自身的害恶是不正当或者不合理的。同时,当害恶以刑罚的形式出现的时候,此刑罚的作出须建立在严格、正当的刑事诉讼程序基础之上,以保障被谴责者的程序权利与实体权利。强智能机器人有自主的意志与意识,具有独立的辨认、控制能力,其在受到刑罚等害恶的时候,有能力对此作出反应,包括为自己辩解、参与刑事诉讼程序等。

二、能够实现刑罚的目的

把强智能机器人纳入刑罚处罚的范围,有利于实现刑罚的目的。刑罚的目的是预防犯罪,包括一般预防和特殊预防。对摆脱程序控制作出危害

---

① 参见[英]威廉姆·威尔逊:《刑法理论的核心问题》,谢望原等译,中国人民大学出版社2015年版,第65页。

行为的强人工智能予以刑罚处罚,符合刑罚的目的,有利于实现刑罚预防犯罪之功能。对某一个强智能机器人施加刑罚处罚,就意味着对其自身进行了强烈谴责,对其行为进行了彻底的否定,同时,合适的刑罚处罚方式能够让其感知到痛苦。对于有着独立的辨认、控制能力的强人工智能来说,对其自身的谴责、对其行为的否定以及对其所施加的痛苦,会促使其鉴别自己的行为与价值取向,进行自我反省,并及时纠正自己错误的行为。这就能够实现刑罚对实施了具有严重社会危害性行为的强智能机器人之特殊预防的目的。与此同时,通过对某一个强智能机器人施加刑罚处罚,能够影响潜在的有可能实施具有严重社会危害性的行为的强智能机器人的意志与意识,强化其遵守法律、遵守规范的意识。如此便实现了刑罚的一般预防目的。当然,如若想更好地实现刑罚一般预防的目的,必须注重刑罚及时性、必然性的实现以及刑罚强度的适宜。① 使强人工智能意识到,当其实施了危害行为以后,必然会面临刑罚处罚,并且刑罚处罚会迅速到来,使强人工智能把自己所作出的危害行为和及时、严厉的刑罚处罚联系起来,这有利于迫使强人工智能自觉遵守法律秩序、社会秩序,防止其陷入犯罪的泥沼。另外,刑罚的最终目的就是预防犯罪,所以,超出这一目的之刑罚就属无必要、不合理的刑罚。只要犯罪带来的好处小于刑罚带来的恶果,刑罚就可以获得应有的效果。超出这一限度的刑罚都是多余的、暴虐的。② 对自然人处以适当强度的刑罚处罚,更多的是出于"人道主义"的考量;而提倡对强人工智能处以适当强度的刑罚处罚,笔者认为,更多的是从经济的角度加以考虑。对人工智能的设计与应用,是社会经济发展的结果,也是社会经济实现更好更快发展的需要。人工智能不仅蕴含着巨大的技术含量,而且蕴含巨大的经济价值。如果将所有实施了具有严重社会危害性行为的强智能机器人都进行简单粗暴的处理(如彻底销毁),则会给经

---

① 参见陈伟:《教育刑与刑罚的教育功能》,载《法学研究》2011年第6期。
② 参见[意]切萨雷·贝卡利亚:《论犯罪与刑罚》,黄风译,北京大学出版社2008年版,第63页。

济社会带来重大的损失，也不利于技术的发展进步。

强人工智能能够感知到刑罚所带来的痛苦，并且其具有自由意志，可以在刑罚的痛感与犯罪的快感之间进行理性的权衡，并作为调整之后行为的参考。换言之，强智能机器人拥有自由意志，并具有深度的学习能力，因此其可以接受深度的改造。刑罚的一般预防功能在强智能机器人身上会得到更充分的体现。强智能机器人具有自主意志与意识，能够进行学习与思考，因此未作出危害行为的强人工智能，可以从接受刑罚处罚的强人工智能的受刑经历当中，受到教育与威慑，从而在自己的程序当中塑造、改进、加深"价值观"，使之更符合人类社会的规范。如若我们不考虑强人工智能拥有自由意志的事实，将其作为普通的工具、物品来看待，一旦其实施了具有严重社会危害性的行为，便简单粗暴地将其予以损毁，则人类将会为此付出巨大的经济成本，刑罚的预防功能也无从体现。唯有承认并尊重强智能机器人所拥有的自由意志，将其看作社会成员与行为主体，对其实施的具有严重社会危害性的行为，经由刑事诉讼的程序进行审判之后再予以刑罚处罚，方可在其程序中建立符合人类社会文明与规范的价值体现，使其自觉地遵守、维护人类社会秩序，实现强智能机器人由"人工人"到"社会人"之转变。这是当强人工智能时代来临的时候，我们所应作出的理性选择与所要践行的必由之路。如此，方能最大限度地降低社会治理成本，促进经济社会的良好发展。

三、符合刑事立法规律

把强人工智能纳入刑罚处罚的范围，符合刑事立法的规律。依笔者之见，把摆脱程序控制作出危害行为的强人工智能，纳入刑罚处罚的范围中，符合立法的规律，并且没有违背基本的刑法理论。长久以来，世界各国有诸多刑法学家认为，单位（法人）不应具有刑事责任主体资格，不能作为犯罪主体。如木村龟二对于法人不能作为犯罪主体所提出的依据是：第一，法人与自然人不同，其没有肉体和意志，也就不会有行为能力；第二，法人本身就是由自然人组成的集合体，因此处罚法人内部的自然人已经足够，无须再对法人本身作出处罚;第三,如果对法人本身作出处罚,则法人内部与犯罪无关的其他成员也相当于遭到了处罚,这是不合理的;第四,现行刑罚制度的设立是以自然人为中心的,能够施加于法人的刑罚有限,只包括财产刑,尤其是罚金刑。[1] 把强人工智能纳入刑罚处罚的范围和把单位(法人)纳入刑罚处罚的范围,存在相同难点,具体在于:其一,二者都没有生命;其二,现行刑法体系(包括刑罚制度)都是以自然人为中心而设立的。事实证明,上述两个难点的存在根本没有阻止单位(法人)被作为刑罚处罚的对象。我国 1997 年《刑法》专门规定了"单位犯罪"一节便是最好例证。在社会经济迅速发展的同时,单位(法人)犯罪可谓与日俱增,预防和遏制此类行为成为社会进行自我保护的必然要求。单位(法人)有独特的表现自身意志的形式,并且,虽然单位(法人)无法承受生命刑、自由刑、资格刑,但是其能够承受财产刑,当然,立法者也可以为单位(法人)专门增设新的符合单位(法人)特点的刑罚处罚的方式。[2] 所以,把单位(法人)纳入刑罚处罚的范围具有合理性。同样地,上述两个因素的存在,也不能成为阻碍强智能机器人被纳入刑罚处罚范围中的理由。与单位(法人)相比,强智能机器人具有以下特征:其一,虽然强智能机器人也没有生命(肉体),但是其拥有基于程序而产生的独立、直接的辨认、控制能力,能够自主地对是否作出某一行为进行抉择。然而,单位刑事责任能力的来源是内部成员所具有的辨认、控制能力,是一种间接的辨认、控制能力。其二,单位(法人)以集合体的形式存在,决定单位(法人)行为的是集体意志;强人工智能却是独立个体,决定其行为的是独立自主的意志与意识。可见,和单位(法人)相比,强智能机器人拥有直接的独立辨认、控制能力。法人被法律拟制为"人",其所拥有的辨认、控制能力更接近于一种抽象概念,等同于内部自然人辨认、控制能力之聚合体与升华体;强人工智能除了没有生命之外,和自

---

[1] 参见[日]木村龟二:《刑法总论》(增补版),有斐阁 1984 年版,第 149~150 页。
[2] 参见马克昌:《比较刑法原理——外国刑法学总论》,武汉大学出版社 2002 年版,第 142 页。

然人在辨认、控制能力,自主意志与意识等方面没有任何本质上的区别。所以,因单位是刑事责任的主体而也应将强智能机器人作为刑事责任主体的根本原因,不是强智能机器人类似于单位,而是强智能机器人比单位更接近于"人"。由此,强智能机器人应被纳入刑罚处罚的范围。

第三节 人工智能时代我国刑罚体系重构的设想

李斯特曾言:"刑法既是善良人的大宪章,也是犯罪人的大宪章。"[①]刑罚,即国家对实施了犯罪行为的人合法施加的暴力,其本质仍是对犯罪人的权利所进行的合法侵害,既然如此,便应将此种合法侵害严格地控制在一定范围内,而这种范围应以刑法规定为标准。这是刑法作为犯罪人大宪章的基本要求。具体到强智能机器人,现行刑罚体系中不存在能够对其施加的刑罚方式,应根据强智能机器人所享有权利和自身特点重建刑罚体系,以便更好地在强智能机器人身上实现刑罚的目的。笔者建议,在刑罚体系中增加适合于强智能机器人的刑罚方式,包括修改部分程序、删除部分程序、销毁全部程序等。另外,随着技术的发展及社会观念的变化,如果将来的法律承认强智能机器人拥有政治权利或者财产权利,则可以针对强智能机器人增加有关剥夺财产权或者政治权利的刑罚。

一、具体刑罚体系设计应坚持的原则

增加适合于强智能机器人之刑罚处罚的方式,应坚持下述三个原则。

首先,罪刑相适应的原则。强智能机器人作出的犯罪行为与其承受的刑罚处罚之间,须保持实质对应的关系,做到重罪重罚、轻罪轻罚,构筑层次分明、轻重适当的刑罚阶梯。对强智能机器人所适用的刑罚处罚方式,绝非销毁、断电如此简单,应根据技术发展现状与未来趋势,探索强智能机

[①] 参见[德]李斯特:《德国刑法教科书》,徐久生译,法律出版社2006年版,第31页。

器人的内在属性与特点,并以此为依据构筑刑罚体系。

其次,刑罚目的导向的原则。刑罚在本质上就是一种报应,实施了犯罪行为的行为人便会受到刑罚处罚的报应,因此立法者应把具有严重的社会危害性的行为认定为犯罪行为;同时,立法者如果经过考察,认为对某一行为进行刑罚处罚是不必要的、无效果的,或者有其他更好的处罚方式可以替代刑罚处罚方式,那么可能会不再将此种行为认定为犯罪行为。对于何种行为应被认定为犯罪行为,要坚持刑罚目的导向的原则来进行认定,而刑罚种类的选择与设定也须以刑罚目的作为导向。刑罚的目的为预防犯罪,不能实现这一目的或者不符合这一目的的刑罚都是没必要、不合理的刑罚。例如,断电能否作为处罚强智能机器人的一种刑罚方式,取决于断电这种方式能否实现刑罚的预防目的。如若强智能机器人并未从被断电的处罚方式中感知到刑罚所带来的痛苦,不能对其产生有效威慑,不能对其之后的行为起到应有的矫正作用,则断电就不适合作为处罚强智能机器人的一种刑罚方式。

最后,刑罚节俭性的原则。只要犯罪带来的好处小于刑罚带来的恶果,刑罚就可以起到应有的作用。超出这一限度的刑罚都是多余的、暴虐的。[①] 节俭性是刑罚所应具有的品格。在过去,刑法理论中对刑罚节俭性的原则的强调,更多的是基于人道主义之考量,而在人工智能时代,在对强智能机器人施加刑罚处罚时强调刑罚节俭性的原则,更多的是从经济角度进行的考量。强人工智能是社会生产力发展的产物,也是经济社会发展的产物。法律对强智能机器人的刑事责任主体资格的承认,更多的也是基于平衡风险防范和经济发展的需求,因此更应该强调刑罚的经济性、节俭性。所以,如果有某些处罚方式能够在未全面破坏强智能机器人的情况下可以实现对强智能机器人的教育改造,便应尽量选择这些刑罚方式来处罚强智

---

① 参见[意]切萨雷·贝卡利亚:《论犯罪与刑罚》,黄风译,北京大学出版社2008年版,第63页。

能机器人。例如,如果在不全面销毁强智能机器人程序的情况下,即通过删除部分程序或者修改部分程序即可对强智能机器人以后的行为起到良好的矫正作用时,便不应销毁强智能机器人的全部程序。

综上所述,罪刑相适应的原则、刑罚目的导向的原则和刑罚节俭性的原则,是在人工智能时代中进行刑罚体系重构时所应坚持的基本原则。

二、具体刑罚体系设计构想

在刑罚体系中增加能够施加于强智能机器人的刑罚处罚的方式,是在人工智能时代中重构我国刑罚体系的重要内容。如前所述,我国目前的刑罚体系包括四种刑罚种类,即生命刑、自由刑、资格刑与财产刑。这四种刑罚种类因与强智能机器人特性不相符,而不能施加于实施了具有严重的社会危害性的行为之强智能机器人。笔者建议,在刑罚体系当中增加适合于强智能机器人的刑罚处罚的方式,即修改部分程序、删除部分程序和销毁全部程序等。同时,如果将来的法律承认强智能机器人拥有政治权利、财产权利等,也可以对其单处或者并处资格刑或者财产刑。

应当看到,我国刑法对实施了犯罪行为的单位的处罚方式非常单一,只有罚金刑这一种刑罚处罚方式,这也是契合单位(法人)特点的刑罚处罚的方式。单位(法人)拥有财产权与相应资格,但是没有生命权以及附随于生命权的人身权,因此无法对单位(法人)施加生命刑与自由刑。与之类似,在考量应对强智能机器人施加何种刑罚处罚的方式时,也应着重考虑其自身特性。强智能机器人作出行为所依赖的是程序,程序是其行为的原动力。对于强智能机器人来说,程序就是其"生命"。所以,增设适合于强智能机器人的刑罚处罚的方式,仍须从程序着手。

如笔者在前文所论述的,目前来看,适合于强人工智能的刑罚处罚的方式可能有以下三种:修改部分程序、删除部分程序、销毁全部程序。这三种针对强智能机器人的刑罚处罚的方式体现了刑罚处罚的层次性,与强人工智能作出行为的社会危害程度及其自身危险性呈现出对应关系。当然,未来的强智能机器人拥有法律所承认的财产权利或者其他权利的时候,对于摆脱程序控制作出危害行为的强人工智能,可以再附加适用或者单独适用剥夺相关权利的刑罚处罚的方式。

笔者已在前文详细论证了强智能机器人有自主的意志与意识,有独立的辨认、控制能力,更有实施具有严重社会危害性的行为的可能性,与单位(法人)相比,其与自然人更加地接近。在某一强智能机器人作出刑法规定的具有严重的社会危害性的行为时,人类可以对其施以修改部分程序、删除部分程序、销毁全部程序的处罚,从而使其不致再危害社会。这些新型刑罚处罚的方式与种类,将成为在人工智能时代重构刑罚体系的重要内容。

然而,可能会有人提出,人们可以用类似于维修电脑时的重置程序的方式来实现对强人工智能的控制。为何必须将上述修改部分程序、删除部分程序、销毁全部程序的方式作为刑罚处罚的方式呢?也就是为何要将上述处罚方式以"刑罚"的面目来呈现而不以处置普通的危险物品的方式来呈现呢?应当承认,对强智能机器人施加修改部分程序、删除部分程序、销毁全部程序等刑罚处罚的方式,不仅会彻底改变传统的刑罚体系,并且可能会耗费漫长的时间与司法资源。针对上述疑惑,笔者认为,必须对在人工智能时代重构刑罚体系之重要意义作出解读,并且要明确在人工智能时代重构刑罚体系的依据。否则,笔者的上述主张势必难以被人们真正理解与接受,重新构造刑罚体系之设想也难以被落实。

如前所述,是否具有独立的辨认、控制能力,是强智能机器人能否被纳入刑罚处罚范围中的关键与核心。甚至可以这样认为,正是由于强智能机器人有独立的辨认、控制能力,其才能够广泛地参与到人类的社会生活中来,成为人类的得力助手乃至合作伙伴,并和人类形成互相依存的关系。也正是由于强人工智能有独立的辨认、控制能力,其才能在人类的社会生活中扮演着越来越重要的角色,从而从效用、法律地位、伦理地位等方面根本区别于普通的工具或者物品,从而可能获得社会成员的资格和主体身份。主体身份是指强人工智能具有社会成员的资格,其基于社会成员的资格,可以享受一定的权利并承担相应的义务。社会中的任何自然人都应具有主体的身份,主体身份的有无与智商、社会地位等任何因素都应毫无关联。与主体身份相对应的是客体身份。所谓客体,指人类活动指向的对象,其不具备社会成员的资格,没有法律赋予的权利,也不需要承担义务。在将来,刑罚体系背后之刑罚权,有可能不仅来自人类对权利与自由的让渡,而且有可能来自人类和强人工智能共同对权利与自由的让渡,即社会全体成员对权利与自由的让渡。正如贝卡利亚所言,"当人们在连续战争的折磨下变得筋疲力尽、朝不保夕时,便无心享受那种只有空名的所谓自由,法律将这些人联合起来,让人们通过牺牲自己的一部分自由,来平安无忧地享受剩余的自由。而人们为了自身的切身利益而让渡出的自由的总和,就是刑罚权"①。基于强智能机器人独立的辨认、控制能力的存在以及将来生产力发展水平和生产关系变革趋势,也基于对人类自身根本利益的考量,笔者认为,法律应承认强人工智能的社会成员的资格与刑事责任主体的资格。理由有如下几点。

其一,具有主体身份的群体范围是由生产力的发展水平与生产关系决定的。虽然谁拥有主体的身份最终是由法律来确立的,但是同政治、文化相同,法律也属于上层建筑之组成部分,法律的发展样态与程度也是由生产力发展水平(经济基础)所决定的。法律所规定的主体身份范围有多大,归根结底仍是由经济社会的发展水平与阶段决定的。譬如,虽然人是社会动物,但并非天生就拥有社会成员的资格。即便是人类本身,也曾经经历过相当一部分人不具有社会成员的资格的时代。例如,在奴隶社会中,奴隶不具有社会成员的资格,不具有主体的身份,而是奴隶主个人的财产,奴隶主有权力奴役、买卖乃至杀害自己的奴隶且无须承担责任,此时奴隶虽然是人,但其法律地位与社会地位和动物并无很大差别。本应是主体的部

---

① [意]切萨雷·贝卡利亚:《论犯罪与刑罚》,黄风译,中国法制出版社2002年版,第9~10页。

分人被当作客体,无疑是人类不文明的体现。在封建社会,所有的人都被作为主体,但是主体与主体之间的身份仍然不平等,最为典型的是男女之间的不平等,这同样体现了人类的不文明之处。有学者曾提出,文明的历史,事实上即减轻非人的范围与程度的历史,即社会中的人格差距不断缩小的历史。① 笔者认同此观点。但是如果从更深层次思索,每一个时代的文明都是由该时代的生产力发展的水平、经济社会发展的状况所决定。在奴隶社会中,生产力发展水平极其低下、资源非常有限,广泛确认主体的身份以分配稀缺的资源在当时是不现实的,由此导致一部分人被当作了"资源"本身。封建社会是农耕社会,男子具有在田间劳作的天然生理优势,而女性囿于生理限制,无法与男子获得相对等的法律地位和经济地位。由此可见,生产关系是由生产力决定的,而法律制度是由生产关系决定的。某一事物是否具备社会成员的资格,即是否能得到法律对其社会成员的资格的认可,是由其经济社会地位所决定的,与其是否有生命并无绝对关联。

其二,强智能机器人有独立的辨认、控制能力,并能在社会经济中发挥重要作用。强智能机器人所发挥的作用并不是简单的生产工具的升级换代。人工智能时代,人机协作将成为重要的生产方式,智能机器人更类似于人类的合作伙伴而非简单的工具。虽然目前仍处于弱人工智能时代,弱智能机器人尚不具有独立的辨认、控制能力,但是人工智能技术已呈现出势如破竹的发展态势。比如,医疗智能机器人能够通过医师执业资格考试,并能运用其通过深度的学习所获得的医学知识帮助病人解除部分病痛。从健康管理、医学影像到辅助诊疗等,在医疗的链条之上的几乎每个环节,都有智能机器人的身影。阿里健康于2017年发布的医疗智能机器人"Doctor You",其目标是在未来承担起医生助手角色。在某些领域,智能机器人能够无须人类参与而独当一面,解决实际问题。2017年8月8日,一个写稿智能机器人仅用时22秒就写作完成并发布了一篇543字的报

---

① 参见李锡鹤:《民法原理论稿》(第2版),法律出版社2012年版,第1118页。

道九寨沟地震相关事件的新闻稿。从世界范围来看,目前大部分机器人通过一般的深度学习技术获取数据、分析数据,数据来源由研发者、设计者或者使用者提供,但是也已有能够进行强化学习(深度学习的一种)的智能机器人,其无须人类为其提供所需学习的数据,如阿尔法元,其能够在研发者、设计者仅为其提供了基础的围棋规则的条件下,通过强化学习,最终以100∶0的成绩战胜阿尔法狗。毋庸置疑,未来的人工智能会越来越聪明,甚至能够无须人类为其提供有关经验或者训练的数据而自主研究、思考,最终习得人类都不具备甚至超出人类想象的技能。按照如今的人工智能高速发展的势头,其将会在不久的将来成为各个工作岗位的"主力军",和人类并肩合作、相互依存。而具有独立的辨认、控制能力的强智能机器人与人类所形成的相互依存、协同生产关系,将会为其自身获得社会成员的资格提供坚实的社会经济基础。

其三,专门设置可施加于强智能机器人身上的刑罚,既是对其独立的辨认、控制能力的适应,也是对其具有社会成员资格的承认。刑罚的内涵并非只有"预防犯罪"和"报复犯罪人"。对于对人类社会造成严重危害的动物,人类鞭打它甚至杀害它,使其承受一定的痛苦并遭受"报应",或者让其永久远离人类社会,上述所有惩罚动物的手段都不能被看作"刑罚"。动物不具有独立的辨认、控制能力,其当然只能永久地处于客体地位,不能被看作刑事责任的主体。主体之于客体,采取的所有强制性举措,都只能被看作"处置"而非"刑罚"。刑罚是主体范围内每个个体让渡出部分权利给主体全体,而由主体全体对主体中的某个个体所作的惩罚。而且刑罚只能对社会成员适用,只能作为社会成员违背社会规范之后的结果。笔者主张将"修改部分程序、删除部分程序、销毁全部程序"作为专门施加于强智能机器人的刑罚,并主张将这些刑罚种类列入刑罚体系中,根本原因在于,强人工智能具有独立的辨认、控制能力,人类应基于其所具备的独立的辨认、控制能力而将其看作社会成员而非客体,承认其具备刑事责任主体的资格,这是由人工智能时代生产力发展水平与生产关系状况所共同决定的。

依笔者之见,把强人工智能纳入刑罚处罚范围的根本原因在于,强人工智能具有独立的辨认、控制能力。独立的辨认、控制能力是具备刑责主体资格的唯一依据。自然人无论是否具有独立的辨认、控制能力,都有可能实施具有严重社会危害性的行为,但是二者的行为所产生的法律效果截然不同,受到处罚的性质与内容也截然不同。以自然人为例,具有独立的辨认、控制能力之自然人,具备刑事责任主体的资格,其作出危害行为的时候,应当受到刑罚处罚;不具有独立的辨认、控制能力之自然人(如精神病人、幼儿等),不具备刑事责任主体资格,即使其实施了具有严重社会危害性的行为,也无须承担任何刑事责任,当然也不会受到刑罚处罚。同理,之所以要将"修改部分程序、删除部分程序、销毁全部程序"提升至刑罚的层次与高度,原因在于,强智能机器人具有独立的辨认、控制能力,由此便决定了国家对其施加的"害恶"不能被作为单纯的对于物品的处置,而应被看作对其所进行的刑罚。同时,国家对强智能机器人施加的"害恶"(刑罚)须契合强智能机器人自身的特点,以达到防止其再次犯罪之目的。而防止强智能机器人再次犯罪最有效的途径便是从指引其行为的程序着手,通过对程序的修改或者删除,来限制甚至剥夺其辨认、控制能力,达到防止其再次犯罪的目的。反观适用于自然人的刑罚,主要是通过剥夺自然人的生命权、自由权、财产权和参与国家政治生活的权利,来达到防止自然人再次犯罪的目的。虽然施加于强智能机器人的刑罚与施加于自然人的刑罚在具体种类、执行方式等方面会存在很大的差异,但是在防止再犯的目的实现方面可谓殊途同归。"一言以蔽之",决定某一事物是否应作为刑法规制对象的因素为是否具有独立的辨认、控制能力,而决定适用于犯罪主体的刑罚种类、执行方式等因素为预防犯罪主体再犯的有效性。

科技发展是爆炸式的,人工智能时代已然来临,出现可以超出人类为其编制与设计的程序控制范围而自主作出行为的强人工智能并不是无稽之谈。但是,目前的刑罚体系不能对强人工智能施加有效的处罚。为了防止对作出危害行为的强人工智能的放纵,保障社会稳定有序地发展,应当未雨绸缪,预想在强人工智能时代刑罚体系重构的路径与具体内容,把强人工智能纳入刑罚处罚的范围,针对其自身特点增设刑罚处罚的方式,以对摆脱程序控制作出危害行为的强人工智能施加合理的处罚,达到预防其再次犯罪的目的,促进社会的健康发展。

参考文献

一、著作及编著类

1. 马克昌:《比较刑法原理——外国刑法学总论》,武汉大学出版社2002年版。

2. 马克昌主编:《犯罪通论》,武汉大学出版社1999年版。

3. 高铭暄主编:《刑法学》,北京大学出版社1989年版。

4. 储槐植:《美国刑法》,北京大学出版社1987年版。

5. 刘宪权:《刑法学名师讲演录》(第2版),上海人民出版社2016年版。

6. 刘宪权主编:《人工智能:刑法的时代挑战》,上海人民出版社2018年版。

7. 刘宪权:《人工智能时代的刑法观》,上海人民出版社2019年版。

8. 刘宪权:《金融犯罪刑法学原理》,上海人民出版社2017年版。

9. 刘宪权主编:《刑法学》(第4版),上海人民出版社2016年版。

10. 张明楷:《刑法学》(第5版),法律出版社2016年版。

11. 陈兴良:《本体刑法学》,商务印书馆2001年版。

12. 陈兴良:《规范刑法学》,中国政法大学出版社2003年版。

13. 陈兴良:《刑法的人性基础》,中国方正出版社1999年版。

14. 陈兴良:《刑法的价值构造》,中国人民大学出版社2006年版。

15. 陈兴良:《刑法哲学》,中国政法大学出版社2004年版。

16. 蔡枢衡:《中国刑法史》,广西人民出版社1983年版。

17. 冯亚东:《理性主义与刑法模式》,中国政法大学出版社1998年版。

18. 冯亚东:《罪与刑的探索之道》,中国检察出版社2005年版。

19. 冯军:《刑事责任论》,法律出版社1996年版。

20. 冯象:《我是阿尔法——论法与人工智能》,中国政法大学出版社2018年版。

21. 尼克:《人工智能简史》,人民邮电出版社2017年版。

22. 王骥:《新未来简史》,电子工业出版社2018年版。

23. 周晓垣:《人工智能开启颠覆性智能时代》,台海出版社2018年版。

24. 黎宏:《刑法学总论》(第2版),法律出版社2016年版。

25. 王觐:《中华刑法论》,中国方正出版社2005年版。

26. 杨春洗等:《刑法总论》,北京大学出版社1981年版。

27. 林亚刚:《刑法学教义(总论)》(第2版),北京大学出版社2017年版。

28. 王作富:《中国刑法适用》,中国人民公安大学出版社1987年版。

29. 高铭暄、马克昌主编:《刑法学》,北京大学出版社、高等教育出版社2010年版。

30. 劳东燕:《风险社会中的刑法:社会转型与刑法理论的变迁》,北京大学出版社2015年版。

31. 赵敦华:《西方哲学简史》,北京大学出版社2000年版。

32. 李书源:《图说克隆技术》,吉林出版集团有限责任公司 2012 年版。

33. 张智辉:《刑事责任通论》,警官教育出版社 1995 年版。

34. 李锡鹤:《民法原理论稿》(第 2 版),法律出版社 2012 年版。

35. 许玉秀:《当代刑法思潮》,中国民主法制出版社 2005 年版。

36. 许玉秀:《主观与客观之间——主观理论与客观归责》,法律出版社 2008 年版。

37. 林山田:《刑法通论》,北京大学出版社 2012 年版。

二、译著类

1. [英]玛格丽特·博登:《人工智能的本质与未来》,孙诗惠译,中国人民大学出版社 2017 年版。

2. [英]乔治·扎卡达基斯:《人类的终极命运:从旧石器时代到人工智能的未来》,陈朝译,中信出版集团 2017 年版。

3. [英]吉米·边沁:《立法理论——刑法典原理》,孙力等译,中国人民公安大学出版社 1993 年版。

4. [英]威廉姆·威尔逊:《刑法理论的核心问题》,谢望原等译,中国人民大学出版社 2015 年版。

5. [美]E.博登海默:《法理学——法律哲学与法律方法》,邓正来译,中国政法大学出版社 1999 年版。

6. [美]杰瑞·卡普兰:《人人都应该知道的人工智能》,汪婕舒译,浙江人民出版社 2018 年版。

7. [美]Ray Kurzweil:《奇点临近》,李庆诚等译,机械工业出版社 2011 年版。

8. [以色列]尤瓦尔·赫拉利:《人类简史》,林俊宏译,中信出版集团 2017 年版。

9. [德]康德:《纯粹理性批判》,邓晓芒译,人民出版社 2017 年版。

10. [德]黑格尔:《法哲学原理》,范扬等译,商务印书馆 1961 年版。

11. [德]恩施特·贝林:《构成要件理论》,王安异译,中国人民公安大学出版社 2006 年版。

12. [德]乌尔斯·金德霍伊泽尔:《刑法总论教科书》,蔡桂生译,北京大学出版社 2015 年版。

13. [德]克劳斯·罗克辛:《德国刑法学总论:犯罪原理的基础构造》(第 1 卷),王世洲译,法律出版社 2005 年版。

14. [德]李斯特:《德国刑法教科书》,徐久生译,法律出版社 2006 年版。

15. [德]汉斯·海因里希·耶赛克、[德]托马斯·魏根特:《德国刑法教科书(总论)》,徐久生译,中国法制出版社 2001 年版。

16. [德]卡尔·拉伦茨:《法学方法论》,陈爱娥译,商务印书馆 2003 年版。

17. [德]卡尔·拉伦茨:《德国民法通论》,王晓晔等译,法律出版社 2004 年版。

18. [德]G.拉德布鲁赫:《法哲学》,王朴译,法律出版社 2005 年版。

19. [德]安塞尔姆·里特尔·冯·费尔巴哈:《德国刑法教科书》,徐久生译,中国方正出版社 2010 年版。

20. [德]乌尔里希·贝克、[德]约翰内斯·威尔姆斯:《自由与资本主义——与著名社会学家乌尔里希·贝克对话》,路国林译,浙江人民出版社 2001 年版。

21. [意]杜里奥·帕多瓦尼:《意大利刑法学原理》,陈忠林译,法律出版社 1998 年版。

22. [意]切萨雷·贝卡利亚:《论犯罪与刑罚》,黄风译,北京大学出版社 2008 年版。

23. [日]大谷实:《刑法讲义总论》(新版第 2 版),黎宏译,中国人民大学出版社 2008 年版。

24. [日]平野龙一:《刑法的基础》,黎宏译,中国政法大学出版社 2016 年版。

25. [日]西原春夫:《刑法的根基与哲学》,顾肖荣译,法律出版社 2004 年版。

26. [日]冈田朝太郎口述:《刑法总则》,熊元翰编,张勇虹点校,上海人民出版社 2013 年版。

27. [日]松宫孝明:《刑法总论讲义》(第 4 版补正版),钱叶六译,王昭武审校,中国人民大学出版社 2013 年版。

28. [日]西田典之:《日本刑法总论》,刘明祥、王昭武译,中国人民大学出版社 2007 年版。

29. [日]川岛武宣:《现代化与法》,王志安等译,中国政法大学出版社 1994 年版。

30. [日]樱井丰:《被人工智能操控的金融业》,林华、沈美华译,中信出版集团 2018 年版。

31. [韩]李在祥:《韩国刑法总论》,[韩]韩相敦译,中国人民大学出版社 2005 年版。

32. [奥]凯尔森:《法与国家的一般理论》,沈宗灵译,中国大百科全书出版社 1996 年版。

33. [苏联] A. H. 特拉伊宁:《犯罪构成的一般学说》,王作富译,中国人民大学出版社 1958 年版。

三、期刊杂志类

1. 刘宪权、胡荷佳:《论人工智能时代智能机器人的刑事责任能力》,载《法学》2018 年第 1 期。

2. 刘宪权:《人工智能时代的刑事风险与刑法应对》,载《法商研究》2018 年第 1 期。

3. 刘宪权:《人工智能时代刑事责任与刑罚体系的重构》,载《政治与法律》2018 年第 3 期。

4. 刘宪权:《人工智能时代我国刑罚体系重构的法理基础》,载《法律科学(西北政法大学学报)》2018 年第 4 期。

5. 刘宪权:《人工智能时代机器人行为道德伦理与刑法规制》,载《比较法研究》2018 年第 4 期。

6. 刘宪权:《人工智能时代的刑事责任演变:昨天、今天、明天》,载《法学》2019 年第 1 期。

7. 刘宪权:《涉人工智能犯罪刑法规制的路径》,载《现代法学》2019 年第 1 期。

8. 刘宪权:《涉人工智能犯罪中研发者主观罪过的认定》,载《比较法研究》2019 年第 4 期。

9. 刘宪权:《人工智能时代刑法中行为的内涵新解》,载《中国刑事法杂志》2019 年第 4 期。

10. 刘宪权:《人工智能时代的"内忧""外患"与刑事责任》,载《东方法学》2018 年第 1 期。

11. 陈兴良:《刑事政策视野中的刑罚结构调整》,载《法学研究》1998 年第 6 期。

12. 陈兴良:《刑法谦抑的价值蕴含》,载《现代法学》1996 年第 3 期。

13. 张明楷:《刑事责任能力若干问题的探讨》,载《中南政法学院学报》1994 年第 1 期。

14. 吴允锋:《人工智能时代侵财犯罪刑法适用的困境与出路》,载《法学》2018 年第 5 期。

15. 何荣功:《社会治理"过度刑法化"的法哲学批判》,载《中外法学》2015 年第 2 期。

16. 皮勇:《人工智能刑事法治的基本问题》,载《比较法研究》2018 年第 5 期。

17. 卢勤忠、何鑫:《强人工智能时代的刑事责任与刑罚理论》,载《华南师范大学学报(社会科学版)》2018 年第 6 期。

18. 李振林:《人工智能刑事立法图景》,载《华南师范大学学报(社会科学版)》2018 年第 6 期。

19. 时方:《人工智能刑事主体地位之否定》,载《法律科学(西北政法大学学报)》2018年第6期。

20. 储陈城:《自动汽车程序设计中解决"电车难题"的刑法正当性》,载《环球法律评论》2018年第3期。

21. 储陈城:《人工智能时代刑法归责的走向——以过失的归责间隙为中心的讨论》,载《东方法学》2018年第3期。

22. 彭文华:《自动驾驶车辆犯罪的注意义务》,载《政治与法律》2018年第5期。

23. 杜严勇:《现代军用机器人的伦理困境》,载《伦理学研究》2014年第5期。

24. 杜严勇:《论机器人权利》,载《哲学动态》2015年第8期。

25. 胡玉鸿:《法律主体概念及其特性》,载《法学研究》2008年第3期。

26. 胡玉鸿:《"法律人"建构论纲》,载《中国法学》2006年第5期。

27. 吴汉东:《人工智能时代的制度安排与法律规制》,载《法律科学(西北政法大学学报)》2017年第5期。

28. 封锡盛:《机器人不是人,是机器,但须当人看》,载《科学与社会》2015年第2期。

29. 沈寨:《从"伦理人"到"科学人"——以民法为例看近现代中国法律上的"人"的变迁》,载《太平洋学报》2011年第8期。

30. 马骏驹、刘卉:《论法律人格内涵的变迁和人格权的发展——从民法中的人出发》,载《法学评论》2002年第1期。

31. 段艳杰等:《深度学习在控制领域的研究现状与展望》,载《自动化学报》2016年第5期。

32. 史平:《量变和质变关系之新解》,载《江西社会科学》1998年第1期。

33. 叶良芳、马路瑶:《风险社会视阈下人工智能犯罪的刑法应对》,载《浙江学刊》2018年第6期。

34. 王耀彬:《类人型人工智能实体的刑事责任主体资格审视》,载《西安交通大学学报(社会科学版)》2019年第1期。

35. 张玉洁:《论人工智能时代的机器人权利及其风险规制》,载《东方法学》2017年第6期。

36. 郭少飞:《"电子人"法律主体论》,载《东方法学》2018年第3期。

37. 王肃之:《人工智能犯罪的理论与立法问题初探》,载《大连理工大学学报(社会科学版)》2018年第4期。

38. 李怀胜:《三代网络环境下网络犯罪的时代演变及其立法展望》,载《法学论坛》2015年第4期。

39. 侯国云、么惠君:《辨认控制能力不等于刑事责任能力》,载《中国人民公安大学学报(社会科学版)》2005年第6期。

40. 邢会强:《证券期货市场高频交易的法律监管框架研究》,载《中国法学》2016年第5期。

41. 利子平:《风险社会中传统刑法立法的困境与出路》,载《法学论坛》2011年第4期。

42. 贺栩溪:《人工智能的法律主体资格研究》,载《电子政务》2019年第2期。

43. 谢望原、邹兵:《论期待可能性之判断》,载《法学家》2008年第3期。

44. 陈伟:《教育刑与刑罚的教育功能》,载《法学研究》2011年第6期。

45. 程广云:《从人机关系到跨人际主体间关系——人工智能的定义和策略》,载《自然辩证法通讯》2019年第1期。

46. 刘宪权:《网络侵财犯罪刑法规制与定性的基本问题》,载《中外法学》2017年第4期。

47. 刘宪权:《刑事立法应力戒情绪——以〈刑法修正案(九)〉为视角》,载《法学评论》2016年第1期。

48. 刘宪权:《网络犯罪的刑法应对新理念》,载《政治与法律》2016年第 9 期。

49. 刘宪权:《论互联网金融刑法规制的"两面性"》,载《法学家》2014年第 5 期。

50. 刘洪华:《论人工智能的法律地位》,载《政治与法律》2019 年第 1 期。

51. 蔡曙山、薛小迪:《人工智能与人类智能——从认知科学五个层级的理论看人机大战》,载《北京大学学报(哲学社会科学版)》2016 年第 4 期。

52. 夏天:《基于人工智能的军事智能武器犯罪问题初探》,载《犯罪研究》2017 年第 6 期。

53. 吴尚赟:《注意规范保护目的理论的本土化展开》,载《政法论坛》2018 年第 2 期。

54. 庞婧、赵微:《论客观归责理论的合理借鉴——以海上交通事故类犯罪因果关系判断为例》,载《苏州大学学报(哲学社会科学版)》2019 年第 2 期。

55. 蔡桂生:《非典型的因果流程和客观归责的质疑》,载《法学家》2018 年第 4 期。

56. 易益典:《监督过失型渎职犯罪的因果关系判断》,载《法学》2018 年第 4 期。

57. 王迁:《论人工智能生成的内容在著作权法中的定性》,载《法律科学(西北政法大学学报)》2017 年第 5 期。